ESG経営

成長の源泉

経営者が語る

日経ESG
経営フォーラム
未来戦略
インタビュー

日経ESG経営フォーラム 編著

日経BP

CONTENTS

はじめに――8

第1章 ESG経営の実践 13

アサヒグループホールディングス　代表取締役社長 兼 CEO
勝木 敦志氏
「サステナビリティと経営の統合」を着々と――14

高砂熱学工業　代表取締役社長COO　小島 和人氏
施工プロセスを変革し現場を効率化――22

三和ホールディングス　代表取締役社長 執行役員社長
髙山 靖司氏
ものづくり、環境、人の3分野に注力――26

ナブテスコ　代表取締役社長CEO　木村 和正氏
緊張感ある挑戦楽しみ新事業を創造――30

花王　代表取締役 社長執行役員　長谷部 佳宏氏
事業モデル変革で未来志向の企業へ――34

ユニ・チャーム　代表取締役 社長執行役員　高原 豪久氏
ESG経営をグローバルで深掘り――38

アルプスアルパイン　代表取締役社長　栗山 年弘氏
企業風土改革で持続的な成長基盤を確立――42

アンリツ　代表取締役 社長 グループCEO　濱田 宏一氏
新領域と人材活用で社会に貢献――46

沖電気工業　代表取締役社長 兼 最高執行責任者　森 孝廣氏
社員発のイノベーションを実践モードに――50

SAPジャパン　代表取締役社長　鈴木 洋史氏
経営の「グリーンライン」を見える化――54

出光興産　代表取締役社長　木藤 俊一氏
事業改革投資と人的投資が両輪 —— 62

長瀬産業　代表取締役社長　朝倉 研二氏
「全員参加」で質を追求 —— 66

共同印刷　代表取締役社長　藤森 康彰氏
究極のアウトソーサーを目指す —— 70

パソナグループ　代表取締役グループ代表　南部 靖之氏
日本の縮図、淡路島から地方創生 —— 74

第2章 脱炭素編 79

ダイドーグループホールディングス　代表取締役社長　髙松 富也氏
自販機ビジネスで脱炭素を実現 —— 80

大林組　代表取締役社長　蓮輪 賢治氏
「自分ごと」の脱炭素で変革を加速 —— 84

関電不動産開発　代表取締役社長　藤野 研一氏
未来型街づくりでCO_2排出をゼロに —— 92

大成建設　代表取締役社長　相川 善郎氏
ゼロ・カーボン・ビルの実現を推進 —— 96

東急不動産ホールディングス　代表取締役社長 社長執行役員　西川 弘典氏
再エネ事業を拡大し環境先進企業へ —— 100

DOWAエコシステム　代表取締役社長　矢内 康晴氏
廃棄物処理で資源循環・脱炭素を両立 —— 104

リンナイ　代表取締役社長　内藤 弘康氏
燃焼技術で脱炭素社会に貢献 —— 108

荏原製作所　取締役 代表執行役社長　浅見 正男氏
「熱と誠」の精神で社会の発展に貢献 —— 112

住友化学　代表取締役社長　岩田 圭一氏
GXに「責務」と「貢献」の両輪で向き合う ―― 116

アズビル　取締役 代表執行役社長　山本 清博氏
先端オートメーションで良い社会作り ―― 120

日本貨物鉄道（JR貨物）　代表取締役社長 兼 社長執行役員
犬飼 新氏
貨物鉄道の拡大で脱炭素を推進 ―― 128

ヤマトホールディングス　代表取締役社長　長尾 裕氏
EV、太陽光でグリーンデリバリー ―― 132

サンゲツ　代表取締役 社長執行役員　安田 正介氏
仕入れ先と協業しスコープ3削減へ ―― 136

農林中央金庫　代表理事理事長 兼 執行役員　奥 和登氏
脱炭素と農林水産業者の所得増目指す ―― 140

YKK AP　代表取締役社長　堀 秀充氏
窓から住宅の省エネに取り組む ―― 148

敷島ファーム　代表取締役　高田 正樹氏
農場を起点にCO_2排出ゼロを実現 ―― 152

第3章　SDGs編　157

アイ・エフ・エフ日本　代表取締役社長　塚越 伸朗氏
大豆たんぱくで環境保全に貢献 ―― 158

オリオンビール　代表取締役社長 兼 執行役員社長 CEO
村野 一氏
沖縄を活性化して持続可能性を強化 ―― 162

キッコーマン　代表取締役社長 COO　中野 祥三郎氏
「食を通じた喜び」を世界で提供 ―― 166

シップヘルスケアホールディングス　代表取締役社長
大橋 太氏
医療の総合プロデュースで社会に貢献 ―― 170

フィード・ワン　代表取締役社長　庄司 英洋氏
飼料で日本の畜産と水産業を支える　174

森永乳業　代表取締役社長　大貫 陽一氏
「おいしいと健康」で人や社会に貢献　178

ロッテ　代表取締役社長執行役員　牛膓 栄一氏
食育に注力、その狙いは社会貢献と一体感　182

新日本空調　代表取締役社長　前川 伸二氏
人的資本の価値向上を目指す　186

積水ハウス　代表取締役 社長執行役員 兼 CEO
仲井 嘉浩氏
良質な住宅ストック実現へ主導力発揮　190

長谷エコーポレーション　代表取締役社長　池上 一夫氏
独自のDXを推進力に社会課題に挑む　198

UACJ　代表取締役社長兼社長執行役員　石原 美幸氏
「人権尊重」を明確化しグループで推進　202

日阪製作所　代表取締役社長 社長執行役員　竹下 好和氏
技術力と社会貢献で企業価値を向上　206

サカタインクス　代表取締役 社長執行役員　上野 吉昭氏
インキ技術で持続可能な社会に貢献　214

サラヤ　代表取締役社長　更家 悠介氏
衛生・環境・健康を軸に成長する　218

積水化学工業　代表取締役社長　加藤 敬太氏
社会貢献と事業成長の両立に挑戦　226

ポーラ　代表取締役社長　及川 美紀氏
人・社会・地球をケアする事業を推進　234

オカムラ　代表取締役 社長執行役員　中村 雅行氏
新しい働き方に合わせオフィスを提案　238

ウシオ電機　代表取締役社長　内藤 宏治氏
光技術を主軸に社会課題を解決　242

ブラザー工業　代表取締役社長　佐々木 一郎氏
顧客に寄り添って課題解決 246

ミネベアミツミ 代表取締役会長 兼 社長執行役員（CEO&COO）　貝沼 由久氏
新時代の道路灯で社会課題に挑む 250

三井倉庫ホールディングス　代表取締役社長 グループCEO　古賀 博文氏
物流の総合力で持続可能性を提供 254

スギホールディングス　代表取締役社長　杉浦 克典氏
トータルヘルスケアで地域社会に貢献 258

日本調剤　代表取締役社長　三津原 庸介氏
医療の最前線で社会課題に向き合う 262

日本出版販売　代表取締役社長　奥村 景二氏
流通改革で持続可能な出版界へ 270

白銅　代表取締役社長　角田 浩司氏
分科会を中心にSDGs活動を進める 274

ビザ・ワールドワイド・ジャパン　代表取締役社長　スティーブン・カーピン氏
世界にデジタル決済を提供 278

HRガバナンス・リーダーズ　代表取締役社長 CEO　内ヶ崎 茂氏
信頼される〝かかりつけ医〟になる 282

グローバルヘルス技術振興基金　CEO 兼 専務理事　國井 修氏
感染症の新薬開発に積極投資 286

染めQテクノロジィ　代表取締役　菱木 貞夫氏
再生・延命技術で人とモノを守る 290

B&DX　代表取締役社長　安部 慶喜氏
「人的資本経営」への変革を支援 294

ミダックホールディングス　代表取締役社長　加藤 恵子氏
事業と社員活動の両輪でSDGsを推進 302

第4章 資源循環 307

不二製油グループ本社　代表取締役社長
酒井 幹夫氏
植物性素材でサステナビリティを追求 308

竹中工務店　取締役 執行役員社長　佐々木 正人氏
木造建築の推進で林業・地域を活性化 312

新東工業　代表取締役 社長執行役員　永井 淳氏
ものづくりを通じて循環型社会を作る 316

三和油化工業　代表取締役社長　柳 均氏
ものづくりの力で産廃に価値を付加 320

大王製紙　代表取締役社長 社長執行役員　若林 頼房氏
紙の製造技術を強みにリサイクル促進 324

アスクル　代表取締役社長CEO　吉岡 晃氏
クリアフォルダーを再資源化し商品に 328

ウォータースタンド　代表取締役社長　本多 均氏
ペットボトル削減で環境問題を解決 332

大栄環境　代表取締役社長　金子 文雄氏
循環経済実現に向けて施設拡充を加速 336

日経ESGついて 341

日経ESG経営フォーラムについて 342

はじめに

本書は、日経BPが発行する月刊誌「日経ESG」2022年6月号〜23年5月号に掲載された、企業・組織のトップによる「未来戦略インタビュー」を収録している。このインタビューは会員組織「日経ESG経営フォーラム」に参加する企業（「日経ESG」掲載時）に対して行なわれた。このインタビューのうち社長として職務を担う経営者のインタビューで、特別に転載の許諾を得た記事を抜粋して収録した。

2022年に行なわれた東京証券取引所の市場再編に際して、特に最上位のプライム市場に上場している企業は、経営にESGを組み込み、その実態や進捗を投資家に対して開示していくことが求められるようになった。「日経ESG」は、新たに求められる経営の変革、体質改善について、読者である経営者や、実務を担う担当者に対し、政策動向や国内外の企業事例、実務ノウハウを提供している。その一環として取材をしているのが、「未来戦略インタビュー」である。企業はいまどんな戦略を基に、ESG経営を実践しようとしているのか。経営者の生の声を聞いていった。

さて、本書は、様々な読み方・使い方をしていただけると考えている。

●読み方・使い方①：最新のESG経営を知る

まずは、日本の企業が取り組む最新のESG経営・ESG戦略とはどのようなものか、理解に役立てることだ。本書は、日本でも特に率先してESG経営に取り組んでいる企業の経営者に登場していただいた。大手から中堅まで、規模も業種も様々だ。そのインタビューを一冊にまとめた類書はそう多くはないだろう。ESGやサステナビリティについては、「海外が先行しており、日本は後れを取っている」といった否定的な見方も多く聞かれる。だが、本書に登場する企業の取り組みの一つひとつを見れば、そのような十把一絡げの見方は必ずしも当てはまらないことが分かる。

いずれの企業も、自社のビジネスの分野や業態、規模において期待される最善のＥＳＧ経営を、誠実に遂行しようとしていることが分かるだろう。

●読み方・使い方②：自社の戦略の参考にする

これからＥＳＧ経営に取り組む企業も多いだろう。本書を参考に、自社ではどのような活動や対策が必要か、思いを巡らせ、自社の戦略を練るときに活用してほしい。

先行する同業種の他社の取り組みを参照してみたり、業種は異なるが消費者や顧客に評価されている企業は一体何をしているのかといった読み方をしたりするのもいいだろう。

●読み方・使い方③：新ビジネスのアイデアを探す

ビジネスを通じて、社会の脱炭素やＳＤＧｓを推進している企業も、本書には登場している。自社の強みを生かし、収益を上げながら、社会がより良く変わっていくことに一役買っている好事例が紹介されている。

「社会課題を解決する」という目的を持って自社の強みを見直してみると、これまで考えていなかった新しい商品・サービスのアイデアが生まれ、単に社会に貢献するだけでなく、新しい顧客・市場の開拓につながることもある。

●読み方・使い方④：就職活動の企業研究に

本書では企業の経営者・トップがインタビューに応じ、自身の言葉で語っている。企業は決算や中期経営計画などの情報を発信しているが、決算から読み取れるのは過去の実績であり、中期経営計画にも1～3年程度の方針がまとめられているにすぎない。それも企業について研究するには価値ある情報だ。だが、ＥＳＧの戦略には、経営者が、その企業をどう変えていきたいと考えているか、10年や数十年先の未来にどのように社会に価値を提供していきたいと考えているかが表れる。就職活動中の学生にとっては、就職後に自分が担う事業でもある。この会社に就職したら、将来どんなことができそうかを考えるヒントとして使ってほしい。

●読み方・使い方⑤：広報・ＩＲ戦略に活用する

企業が近年、統合報告書やサステナビリティ報告書を発行するようになり、また、機関投資家やアナリスト、メディアを対象とするＥＳＧ説明会を開催する例が増えている。こうした時、投資家やメディアが注目するのは、経営者が何を語るかだ。ＩＲ（投資家向け広報）の担当者は、経営者にどのような言葉で戦略を語ってもらうのか、入念な準備をしているだろう。この時、他社の経営者は何を語っているか、ぜひ本書を参考にしてほしい。

なお、本書への掲載に当たっては、名称や肩書きをはじめとする全ての情報を、雑誌掲載時の情報のままとした。その後、情報が更新されたり、組織名・肩書きが変更となったりするケースもあろう。情報を活用するに当たっては、最新情報を確認していただくことをお願いしたい。

また、ＥＳＧ経営を中心とする記事を第1章「ＥＳＧ経営の実践」にまとめた。同様に、脱炭素に取り組む企業を第2章に、事業を通じたＳＤＧｓ（持続可能な開発目標）への貢献に取り組む企業を第3章に、循環型経済の構築に挑む企業を第4章に、業種ごとにまとめた。

本書の制作に当たっては、インタビューに応じた経営者をはじめ、企業内の経営やＥＳＧ・サステナビリティ、広報・

IR（投資家向け広報）をはじめとする担当者から多大なるご協力をいただいた。改めて感謝と御礼を申し上げたい。

また、日経BP総合研究所で長年にわたり日本企業の経営をあらゆる角度から取材してきたフェロー・研究員、日経BPコンサルティングが擁する編集や執筆のプロフェッショナル、カメラマン、そしてESG経営を熟知する日経ESG経営フォーラム事務局による尽力が結実したものであることを付記したい。

この書籍の読み方・使い方

●最新のESG経営を知る

日本を代表するESG先進企業の取り組み、
経営者の戦略・考え方を学ぶ

●自社の戦略の参考にする

先行する同業他社のESG戦略を知り、
自社の戦略を練る時に活用する

●新ビジネスのアイデアを探す

登場する企業は、ただ儲けるだけではない、
ESGやSDGsにも効果のあるビジネスを
実践している。好事例が盛りだくさん

●就職活動の企業研究に

経営者が自ら、将来、どんな会社に
したいかを語っている。志望する企業が
どう成長するかを知る道しるべに

●広報・IR戦略に活用する

「経営者になにを語ってもらうか」
「どんな言葉で伝えるか」ヒントが満載

第1章

ESG経営の実践

勝木 敦志 氏

アサヒグループホールディングス

代表取締役社長 兼 CEO

勝木 敦志（かつき・あつし）氏：1984年青山学院大学経営学部卒業後、ニッカウヰスキー入社。2002年アサヒビール転籍、06年国際経営企画部長、14年豪社CEO（最高経営責任者）、16年アサヒGHD執行役員兼任、17年取締役兼執行役員、18年常務取締役兼常務執行役員、20年専務取締役兼専務執行役員兼CFO（最高財務責任者）、21年3月より現職

写真：村田 和聡

「サステナビリティと経営の統合」を着々と

「サステナビリティと経営の統合」を掲げ、
地球環境問題の解決に向けた取り組みを進める。
新環境ビジョンに「プラネットポジティブ」を掲げ、
産業界や社会を巻き込んだサステナビリティ戦略を描く。

（役職名・肩書を含む全ての情報は、「日経ESG」2023年4月号掲載時点のものです）

――「サステナビリティと経営の統合」を目指し、事業ごとにKPI（重要業績評価指標）を設けてモニタリングしてきました。2022年はどんな1年でしたか。

勝木　サステナビリティ戦略が、ＫＰＩ達成に向けた取り組みを通して経営の中に根付いてきたと実感しています。再生可能エネルギーへの置き換えが進み、22年1月に30年のスコープ1、２におけるCO_2削減目標値を50％から70％へと上方修正することができました。

３月にはオーストラリアで、業界をまたいだ4社の合弁によるペットボトルのリサイクル工場を立ち上げました。既に第2工場の計画も動き出しています。工場排水由来のバイオメタンガスを利用した固体酸化物形燃料電池（ＳＯＦＣ）による発電も、基礎研究を終えて実証段階に入っています。全社を挙げての体制づくりが進み、実効性も伴って社会に誇れるような状況になってきています。

――23年2月に発表した新環境ビジョンについて聞かせてください。

勝木　新環境ビジョンでは、地球にポジティブなインパクトを与える考えを示す「プラネットポジティブ」を掲げています。前ビジョンの「ニュートラルプラス」が当社の目標を表す一人称のスローガンだとしたら、50年の世界の在りたい姿を提示したプラネットポジティブは、三人称のスローガンと言えます。ニュートラルプラスに取り組んだ結果として、プラネットポジティブを実現する決意を対外的に示した格好です。

サステナビリティの取り組みは1社だけが先行しても意味がありません。新スローガンには、当社がベンチマークとなり、産業界や社会全体を巻き込む存在になりたいという思いも込められています。

取り組みの4つの柱になる「気候変動」「容器包装」「農産物原料」「水資源」については、可能な限り定量化した指標、目標を出していきたいと考えています。

CO_2排出量削減や水資源の有効活用を目指し、福岡市の博多工場を佐賀県鳥栖市に移転し、26年から稼働する予定

■ 新環境ビジョンのスローガン「プラネットポジティブ」のイメージ図

事業による環境負荷をゼロにし、循環を通して地球環境への価値を最大化する「プラネットポジティブ」を目指す、新たに環境への取り組みの4つの柱「気候変動」「容器包装」「農産物原料」「水資源」を策定した

出所：アサヒグループホールディングス

です。設備投資、再エネの導入資金を調達するに当たり、当社では2度目となるグリーンボンドの発行を計画しています。

――新環境ビジョンをグローバルで推進するためには何が必要ですか。

勝木　欧州やオセアニアは、もとよりサステナビリティに対する意識が高く、電力購入契約（ＰＰＡ）などにより再エネも早くから導入しています。彼ら彼女らの取り組み方を見ていると、最初に非常に高い目標を掲げ、それに向かって歯を食いしばって前進している印象を受けます。日本ではサステナビリティに限らず、積み上げ式で達成が視野に入ってから目標設定するやり方が一般的ですから、ある意味対照的です。

　グローバルで取り組みを進めるにはどちらかのやり方を重んじるより、新しい文化を創出していきたいと考えています。そのためには従業員にとっての道標を明確に示し、繰り返し訴求していく必要があります。

　22年6月以降は海外を含め27カ所の事業所を回り、従業員とのタウンミーティングを重ねてきました。その際に感じたのが、彼ら彼女らのサステナビリティやＤＥ＆Ｉ（ダイバーシティ・エクイティ＆インクルージョン）への関心の高さです。

　そうした取り組みを通して自分の事業や会社に誇りを持つことが、従業員のエンゲージメントの大きな部分を占めています。会社の戦略やＫＰＩをトップダウンで一方的に伝えるのではなく、双方向コミュニケーションにより、グループ一丸となって１つの方向に向かっていく姿勢が重要と考えています。

「ＧＸ５００」で首位に

――22年は、日本経済新聞社が脱炭素の取り組みについて有力５００社をランキングした「グリーントランスフォーメーション（ＧＸ）５００」で首位となりました。

勝木　他社やステークホルダー、サプライヤーの皆様からの反響の大きさに驚いています。高評価をいただいたことでステークホルダーの皆様との対話が進み、産業界や社会全体を巻き込んでサステナビリティ戦略を推進したいという当社の意図が反映しやすい状況になってきたことは、大変ありがたく受け止めています。

――「持続可能な農産業」の支援を重点活動に設定しています。

勝木　当社は自然の恵みを活用して事業を営んでおり、農産業をないがしろにしていては事業の存続が不可能と考えています。とりわけ近年は、気候変動が当社の事業に与える影響が看過できない状況になってきました。あらゆる事業活動の基盤となる人権にも配慮しつつ、サプライヤーの皆様にご協力をいただいて、早急に持続可能な原材料調達を進めていく必要があります。

そうした中でできることとして、農業従事者への支援や私たちの知見を共有することにより、原材料調達に加え、農業自体も持続可能にしていけるのではないかと考えました。

具体的な取り組みとしては、チェコでホップの収量の安定化を目指し、米マイクロソフトなどと共同で開発したソフトウエアによるプロジェクト「ＦＯＲ ＨＯＰＳ」を実施しています。ホップの苗や土壌にセンサーを取り付けて、ソフトウエアで気候や土壌の状況を分析し、収量を最大化する生育方法を提案するものです。

イタリアでは、産官学共同で「Campus Peroni」という大麦の収量や品質を向上させるプロジェクトや、大麦のトレ

■ アサヒグループホールディングスが推進する「責任ある飲酒」への取り組みの例

英マンチェスターで2022年9月、各国の次世代リーダーが集う「One Young World」が開催された（上段左）、基調講演を行なった勝木社長（上段右）、会場のブースでは「責任ある飲酒」のワークショップを開催した（下段）
出所：アサヒグループホールディングス

ーサビリティーを高めて消費者に提供する仕組みの構築などを進めています。オーストラリアでは、大麦を直接購入（毎年7万t、大麦調達量の約92%に相当）することで農家の収入の安定化を図っています。昨年クイーンズランド州が干ばつに見舞われた際は、工場の余剰水をタンクで輸送して農業用水として使っていただきました。

当社はほとんど国内から原材料を調達していないので海外の案件が中心ですが、地域統括会社単位でこうした取り組みを進めていきたいと思います。

――中長期的なサステナビリティ投資と、短期的な収益とのバランスをどう考えていますか。

勝木　資本市場の方々との対話も、中長期的な成長や企業価値の向上、持続可能な社会にいかに貢献していくかといったテーマにシフトしてきています。短期的な収益を確保しつつ、中長期的な成長に主眼を置いて必要なところに投資していきたいと思います。

当社のような消費財企業では、17～18年ごろまでは研究開発、マーケティングなどの投資を抑えつつ、コストカットで利益を上げるというビジネスモデルが主流でした。しかし、ここにきてブランド力の向上やＥＳＧの強化が求められるようになっています。それによってミレニアル世代やZ世代、それに続くα世代などの支持を獲得していくことが、企業としての持続的な成長には不可欠です。

若い世代に適正飲酒を訴求

――「責任ある飲酒」についてはどのようにコミットしていきますか。

勝木　グローバルスローガン「Responsible Drinking Ambassador」を策定し、従業員一人ひとりが自覚を持って酒類文化の健全な発展に努めています。

昨年、英マンチェスターで開催された「One Young World」で基調講演をする機会がありました。会場には３日間にわたってブースを出展し、責任ある飲酒を将来的に実現するにはどうしたらいいかというテーマでワークショップも実施しました。

驚いたのは、人種や国籍だけでなく、出身母体もアカデミア、企業、ＮＰＯ、ＮＧＯと実に多様な方々が参加していたことです。適正飲酒に対する思いは皆同じで、「持続可能なたしなみ方をしなければいけない」という意識を強く持っていたのが印象的でした。

――このイベントのように若い世代との接触機会を増やすことで、未来の在り方も見えてきそうです。

勝木　そう感じています。その一環として20年12月には、お酒の飲み方、楽しみ方にいろいろな選択肢を用意し、多様性を受容する社会を目指す「スマートドリンキング」宣言を発表しました。度数０・５％の微アルコールの製品を出したり、主な製品に含まれる純アルコールのグラム数を表示したりといった取り組みを行なっています。

22年6月には、東京・渋谷にスマートドリンキングを体現した「SUMADORI-BAR SHIBUYA（スマドリバー渋谷）」を出店しました。利用者の約9割が30代以下で、約7割が女性です。グラスの上に綿菓子を乗せて、その上からカラフルなドリンクを注ぐなどインスタ映えするメニューを用意したところ、多くの方がＳＮＳに投稿して楽しんでくださっているようです。

オーダーをスマートフォン経由で行なう仕組みもあり、個人情報保護法に抵触しない範囲で属性データを集め、次の展開に生かしたいと考えています。スマドリバー渋谷のようなタッチポイントを増やしながら、スマートドリンキングの認知度を高めていきたいと思います。

社会インパクトの可視化に課題

――事業の影響度を測る「インパクト」の可視化を進めています。

勝木　事業インパクトでは価値関連分析に取り組んでいます。例えば、ある施策を講じる場合、「環境」「責任ある飲酒」「コミュニティ」「人的資本」という4つの切り口で企業価値や業績がどの程度向上するのか。直接的なインパクトに加え、レピュテーションの向上などを含めた間接的なインパクトもあり、それらが収益や企業価値にどう結び付いていくのか。まだ対外的に開示できるレベルには至っていませんが、当社のCO_2削減に向けての取り組みが企業価値にプラスに作用するというデータはいくつか出ています。

それを「柳モデル」（早稲田大学大学院会計研究科の柳良平客員教授が提唱する、非財務資本とＰＢＲ＝株価純資産倍率＝の関係性を明らかにする分析モデル）の俯瞰《ふかん》型分析も使って、検証する作業も進めています。

社会インパクトについては、インパクト加重会計を活用して社会インパクトの可視化を目指しています。難しいのは、ネガティブインパクトの話題が先行すると、事業化の動機になりにくいことです。例えば、世界保健機関（ＷＨＯ）の「アルコールの有害な使用を低減するための世界戦略」では、30年までに有害なアルコール使用を20％削減する（10年比）ことが求められます。当社もそれに正面から向き合っていく必要があります。

ネガティブインパクトの削減にも取り組み、可視化について引き続き検討していきたいと考えています。

聞き手：酒井　耕一（日経ＥＳＧ発行人）

写真：村田 和聡

小島 和人 氏

高砂熱学工業

代表取締役社長 COO

小島 和人（こじま・かずひと）氏：1961年愛媛県生まれ。84年山梨大学工学部卒業後、高砂熱学工業に入社。2015年理事 横浜支店長、17年執行役員、18年大阪支店長、19年取締役 経営戦略本部長を経て20年4月より現職

施工プロセスを変革し 現場を効率化

建設業における施工プロセスに変化をもたらす
「T-Base プロジェクト」を進めている。
現場ごとの「施工管理」からプラットフォームによる
「生産管理」へと施工の在り方を変革する。

（役職名・肩書を含む全ての情報は、「日経ESG」2022年10月号掲載時点のものです）

――2020年の社長就任と同時に取り組んできた成長戦略の進捗について聞かせてください。

小島　成長戦略として「国内事業の強靭化」「国際事業の変革」「環境事業への挑戦」の3つを推進してきました。このうち中核をなす「国内事業の強靭化」では社員のエンゲージメント向上に注力してきました。例えば、受注戦略を見直し、地域の支店ごとに受注目標を立てる従来の方法から、組織全体として利益が上がり、また社員のやりがいにつながる仕事を優先する全社最適受注へと転換しました。こうした施策により着実に効果が上がってきています。

――生産体制の変革のために「T-Baseプロジェクト」を進めています。

小島　建設業では、生産年齢人口の減少などにより作業員不足が深刻化しています。24年からは時間外労働の上限規制が適用されることもあり、働き方改革や生産性向上が欠かせません。もちろん、環境貢献も必要です。当社のコア事業の「施工」は、こうした様々な課題に直面しており、業務プロセスの変革が求められていました。

そこで、建設業特有の「現場一品生産」、いわゆるオンサイト（現場）で一から組み上げる施工から、オフサイトの工場で製品ユニットを生産し、現場で取り付けるプロセスに変える取り組みを始めました。

――プロジェクトはどのような体制で進めたのでしょうか。

小島　オフサイト生産のアイデアは、私が大阪支店長だった18年に、「25年の大阪・関西万博の工事が始まれば作業現場に車両が集中し、混乱する」との予測から発想したものです。経営戦略本部長に就任した19年に中期経営計画に落とし込み、20年4月に取り組みを開始しました。

まず、プロジェクトのプラットフォームとなるマザー工場「T-Base」（埼玉県八潮市）の建設に着手しました。並行して大型現場があった九州、横浜、仙台にサブステーションを置き、オフサイト生産の試験運用を実施して明らかになった課題などをマザー工場に生かしました。全社的な取り組みをトップダウンで行なうことで、短期間での稼働を可能にしました。

■ 高砂熱学工業の施工プロセス変革拠点「T-Base」の概要

埼玉県八潮市に建設された「T-Base」。「施工の標準化技術開発拠点」「標準化製品の生産施設」「全国生産を繋ぐ物流基地」「新技術の教育・育成センター」「多様な人財の活躍を促す場」の5つの機能を持つ

施設内では施工技術を標準化し、オフサイト生産を行なう。「施工の安全性向上、品質の均一化と高品質化、生産性向上」を掲げる

セミナーホールは、天井の一部をスケルトン仕上げにした。天井内に組み込まれた空調設備や「T-Base」で生産された製品を教育資料として活用する

出所：高砂熱学工業

——「T-Base」は22年5月に開所しました。どのような施設ですか。

小島　空調機器メーカーなどと協力しながら、標準化した「ユニット」の開発・生産を行ないます。物流基地でもあり、ここから全国の現場にユニットを輸送・供給します。現場ではユニットを取り付けるだけなので施工が効率化し、生産性や安全性が向上します。

　施設の使用電力には再生可能エネルギーを利用しています。ロジスティクスに関しても貨物や船舶、車両を組み合わせ、CO_2排出量を低減した輸送を行ないます。

生産性が50%向上

——「T-Base」によって、生産性はどれぐらい上がるのでしょうか。

小島　空調機などをある程度完成させたユニットの状態で現場に運ぶため、現場での作業が減ります。

例えばある現場では、ユニットに関連する施工時間を従来比で57％削減、搬入回数は50％削減できました。１日の機器吊り上げ台数は、４人で5台が2人で13台となり、工期短縮や人手不足解消にもつながりました。

実は、現場で働く作業員は、移動や段取りなどに時間をとられ、さらに作業の10％は「もの探し」に費やされています。「T-Base」は標準ユニット化した製品を送るため、現場でのこのようなロスも解消できるのです。

──「T-Base」は、働き方をどのように変えますか。

小島　施設内には空調設備が見えるスケルトン天井のセミナーホールを設け、社員や協力会社の技能者に研修を行なっています。空調が利いた快適な環境で安全に作業ができるので、今まで建設業に従事していなかった女性や高齢者など多様な人材が柔軟に働くことが可能になります。

「T-Base プロジェクト」はESGのE（環境）とS（社会）に資する取り組みです。生産現場での属人化を防ぎ、一定水準の品質が確保できる品質管理面では、G（企業統治）に貢献すると考えています。

──今後、「T-Base プロジェクト」をどのように展開していきますか。

小島　デジタルトランスフォーメーション（DX）や、設計図を3D化するビルディング・インフォメーション・モデリング（BIM）との連携でさらに生産性向上を目指し、「未来の現場」を実現したいと考えています。

聞き手：飯村 かおり（日経ESG経営フォーラム事業部次長）

髙山 靖司 氏

三和ホールディングス

代表取締役社長 執行役員社長

髙山 靖司（たかやま・やすし）氏：2006年三和シヤッター工業入社。10年取締役常務執行役員、11年三和ホールディングス常務執行役員、12年取締役専務執行役員、16年執行役員副社長、17年代表取締役社長COO、20年より現職

写真：村田 和聡

ものづくり、環境、人の3分野に注力

気候変動に伴う災害の被害を最小限にする製品を拡充して、グローバル市場で成長する。女性の管理職登用などを進めて、多様な人材が活躍できる企業への変革を進める。

（役職名・肩書を含む全ての情報は、「日経ESG」2022年９月号掲載時点のものです）

――「三和グローバルビジョン２０３０」と「中期経営計画２０２４」で目指す方向を教えてください。

髙山　「To be a Global Leader of Smart Entrance Solutions ～高機能開口部のグローバルリーダーへ～」をビジョンに掲げ、気候変動やデジタル化などで変化する社会のニーズに応える高機能な開口部ソリューションをグローバルに提供します。

中期経営計画では、「日・米・欧のコア事業の強化、領域拡大」、前ビジョンで課題として残った「アジア事業の成長力強化」、社会の関心や需要が急速に高まっている「防災・環境対応製品の拡充と製品・サービスのスマート化推進」「デジタル化とものづくり革新による生産性向上」「サステナビリティ経営の推進」という5つの基本戦略に取り組みます。

――ビジョンに「Smart Entrance Solutions」を掲げています。

髙山　従来、安全・安心・快適を社会に提供することを経営理念にしてきました。単に商品やサービスを提供するだけではなく、お客様が抱える課題を解決する付加価値を加えたソリューションを提供したいという思いがあります。

もともと防火や防犯に役立つ製品を手掛けてきましたが、近年の気候変動に伴う災害の多発や激甚化で、被害を最小限にする製品の需要が増えています。他社に先駆けて気候変動に適応する防水シャッター「ウォーターガード」や高耐風圧シャッター「耐風ガード」などを提供しています。

気候変動の緩和策では、断熱性を高めたシャッターや速い開閉スピードで空調効率を向上させる「高速シートシャッター」などが工場や倉庫の省エネに貢献しています。こうした分野の製品を拡充していきます。

気候変動対応でお客様の要望に応える製品を提供し、社会に貢献することは当社のビジネスそのものです。防災製品は年平均成長率８・７％、気候変動の適応対応商品が同８・７％、緩和対応商品が同７・４％で、防災・環境対応商品の売上高を２０２１年実績の１５４５億円から24年には１９５０億円に成長させたいと考えています。

――製品・サービスのスマート化推進ではどのようなことを目指していますか。

■ 三和ホールディングスは「ものづくり」「環境」「人」についてKPIを設定している

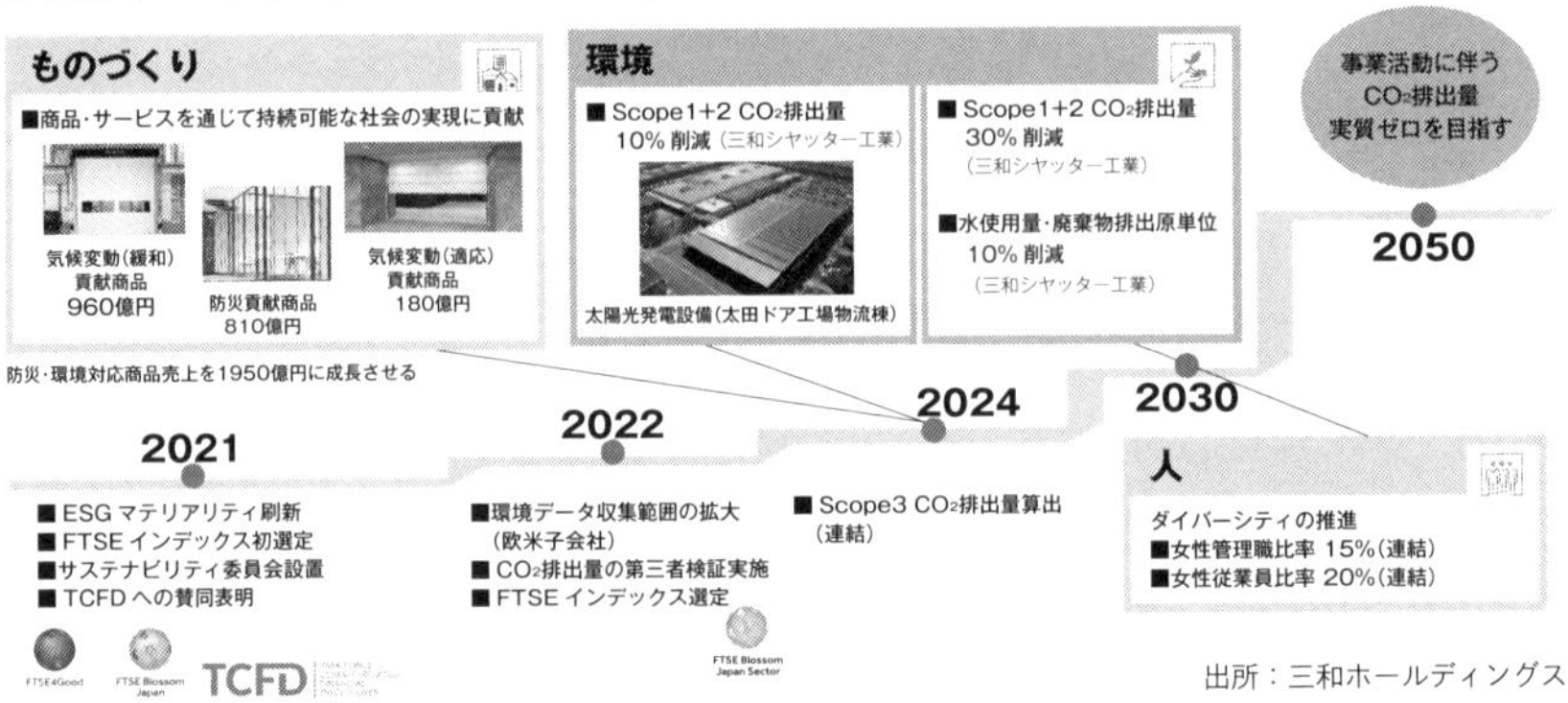

出所：三和ホールディングス

髙山　様々な家電製品や機器がつながって一元管理できるようなスマートホームと呼ばれる分野に向けて製品やサービスを拡充していきます。

米国では人工知能（ＡＩ）やＩｏＴ（モノのインターネット）の技術開発は目まぐるしく進んでいますが、変化する社会のニーズに乗り遅れないよう、私たちも新しい市場に取り組まなければなりません。当社は製品だけでなく、後工程の取り付けなどにも強みがあります。デジタル化が進み、電動化対応製品が増えたとしても、設置には人の力が必要です。今後もハウスメーカーや通信機器メーカーなどのパートナー企業などと実証実験を進めていきます。

多様で柔軟な組織をつくる

――サステナビリティ経営の方針について教えてください。

髙山　11個のマテリアリティ（重要課題）を特定し、事業を通じて社会課題を解決する「ものづくり」、持続可能な地球環境を実現する「環境」、事業を支える「人」の3つの分野で、「サステナブルで住み続けられるまちの実現」を目指しています。

「人」に関しては改善の余地があります。当社は業容拡大に合わせて社員数が増え、平均年齢は直近10年で3歳若くなりました。教育や研修を強化して基本スキルを身に付けてもらい、やりがいを持って仕事ができる働きやすい会社に変わっていかなければいけません。

ひたむきに仕事に取り組む真面目な社員が多いのは強みですが、一方で様々な意見を幅広く聞いて対応する柔軟性が足りないと感じることもあります。組織として柔軟であり続けるには多様性が重要です。業務のデジタル化などで効率化を進め、多様な人材が活躍できる環境にする必要があります。女性の活躍に期待し、30年に女性従業員比率20％、女性管理職比率15％をＫＰＩ（重要業績評価指標）に設定しました。サステナビリティ経営と人材力強化により、全てのステークホルダーから評価される企業を目指します。

聞き手：安達 功（日経ＢＰ 総合研究所フェロー）

木村 和正 氏

ナブテスコ

代表取締役社長 CEO（最高経営責任者）

木村 和正（きむら・かずまさ）氏：1961年生まれ。84年ナブコ（現ナブテスコ）入社。2011年精機カンパニー津工場製造部長、17年執行役員パワーコントロールカンパニー社長、19年取締役となる。企画、経理、情報システム、コーポレートコミュニケーション管掌、21年コンポーネントセグメント長兼技術本部長兼ものづくり革新担当を経て22年3月から現職

写真：村田 和聡

緊張感ある挑戦楽しみ 新事業を創造

制御機器大手の同社が、イノベーションリーダーを掲げ
新事業創造を目指す。
経営マテリアリティの1つに財務パフォーマンスの向上を掲げ、
資本効率重視のROIC経営を推進する。

（役職名・肩書を含む全ての情報は、「日経ESG」2023年1月号掲載時点のものです）

――2021年に新たな長期ビジョン「未来の〝欲しい〟に挑戦し続けるイノベーションリーダー」を掲げました。どんな思いを込めましたか。

木村　当社はニッチ市場での高いシェア獲得とグローバルの市場拡大によって成長してきました。ただ、このままではいずれ伸びは鈍化するでしょう。今後も成長を続けるには、我々自身が変化し、新しい製品や事業の創出によってお客様や社会に価値を提供し続けることが必要です。

イノベーションというと革新的技術をイメージしがちですが、当社が目指すのはお客様の期待を半歩でも超えることです。「欲しい」と思うものに付加価値を付け、「いいね」と喜んでいただける製品やサービスを提供したいと考えています。

――具体例はありますか。

木村　事例の１つが、風力発電機の故障を回避する「ＣＭＦＳ（故障回避機能付き状態監視機器）」です。風力発電機には、翼を風向きに合わせて追従させる「ヨー旋回部」という部位があります。風圧で負荷が大きくかかる部位ですが、高精度センサーで負荷を検知し、駆動装置を制御することで故障を防ぎます。

実は当社は以前、風力発電用の駆動装置を販売していましたが、中国・欧州企業との競合が激しいことから撤退し、保守点検サービスのみを請け負っていました。ＣＭＦＳに乗り出したのは、技術本部システム開発部長が「開発させてほしい」と前社長に直談判したのがきっかけです。

現在、この風力発電機用ＣＭＦＳ機器を使い、当社初のサブスクリプションビジネスを展開しています。22年９月に欧州の展示会に出展したところ、風力発電事業者や発電機メーカーからの問い合わせが殺到しており、驚いています。

■ ROIC向上のための構成要素と中期経営計画でのアクション

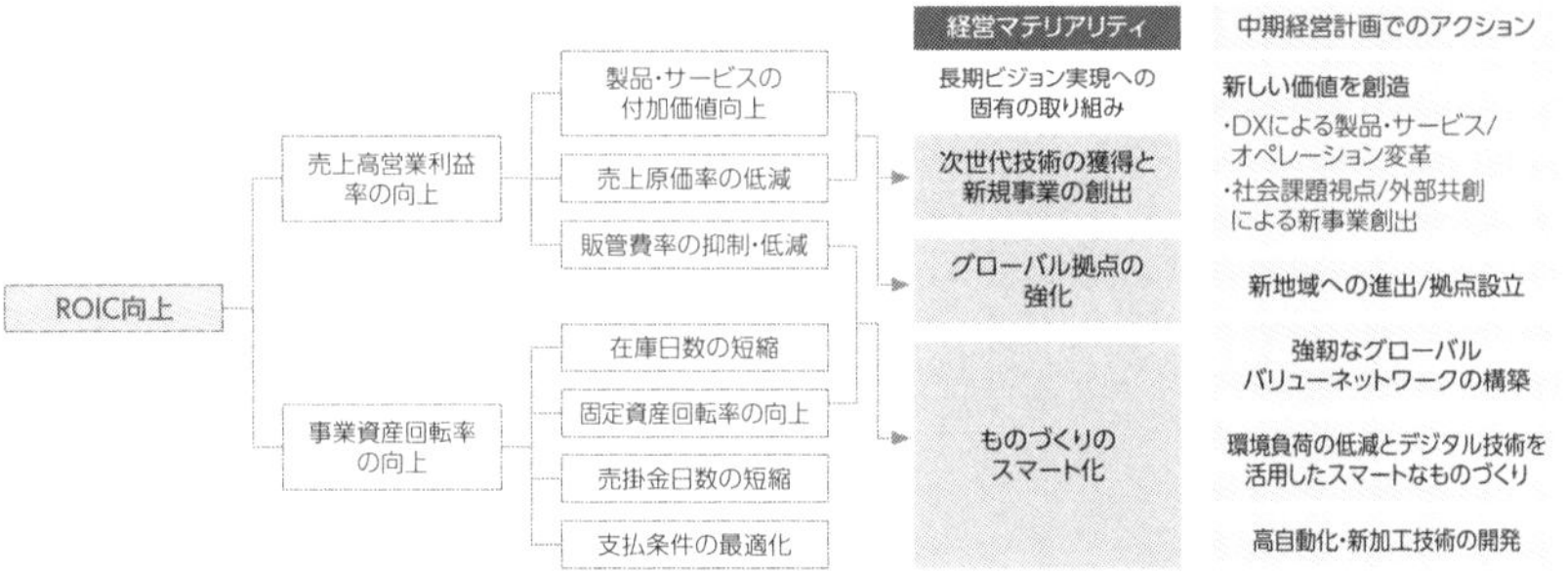

DX：デジタルトランスフォーメーション
出所：ナブテスコ

社内アイデア事業化制度開始

――長期ビジョン実現に向けて、経営マテリアリティを特定しました。

木村　「財務パフォーマンス向上への取り組み」「経営基盤強化への取り組み」「長期ビジョン実現への固有の取り組み」という3つの柱で構成します。

経営基盤強化に関しては、ESG課題の解決に向けて各部門が具体的なアクションプログラムを作成し、財務・非財務の取り組みを進め、PDCAサイクルを回しています。

17年からは人権リスク調査を実施し、着実な改善に努めています。20年には環境、人権、労働の項目を強化した「CSR調達方針」に改定しました。「紛争鉱物宣言」も行ない、ESGに反する事案を排除しようと動いています。eラーニングプログラムなどを通じて、サプライヤーへの浸透を図っているところです。

――22年2月に策定した中期経営計画で、新たに投下資本利益率（ROIC）を重要業績評価指標（KPI）に設定したのはなぜですか。

木村　前中計では自己資本利益率（ROE）をKPIに据えましたが、今回はROIC10％以上を掲げています。ROEは現場での改善が困難ですが、構成要素をツリー分解できるROICなら改善がしやすいと考えました。現在は業績管理指標や業績連動報酬にもＲＯＩＣを反映させています。ＲＯＩＣ改善を積み上げることで、ＲＯＥ向上を図る考えです。

資本効率重視の経営を意識し始めたのは、コーポレートガバナンス・コードの適用を2年後に控えた13年頃に遡ります。ＲＯＩＣ活用の先進企業で役員経験のある方を当社の社外取締役に迎え、ＲＯＩＣ経営やＲＯＥ経営の助言をいただいたことも転機となりました。

――社内アイデア事業化制度「Light」の狙いを教えてください。

木村　新事業創造のため、全社員が挑戦できる土台を構築したいと制度を作りました。挑戦の結果、失敗しても社員の評価が悪くなることはありません。「会社は自分の挑戦を支援してくれる」という精神的安定感が得られるように制度設計しています。スタートしたばかりですが、既に「あれがやりたい」「これをやってみたい」と手が挙がっています。ワークショップ、書類審査、アイデアスタディ、コンテストなどを経て、採択する案件を決める予定です。

新中計は「挑戦の中期」がテーマです。イノベーションを生み出すような挑戦にはワクワク感だけでなく、緊張感やひやひや感もあります。それらも楽しみながら最後までやりきって結果を出すことができれば、一人ひとりの大きな成長につながります。その中で、将来、会社を背負っていく人材が育ってくれれば、これほどうれしいことはありません。

聞き手：杉山 俊幸（日経ＢＰ 総合研究所主席研究員）

花王
代表取締役 社長執行役員

長谷部 佳宏 氏

長谷部 佳宏（はせべ・よしひろ）氏：1990年東京理科大学工学部工業化学科博士課程修了後、花王入社。ビューティケア研究センターヘアビューティ研究所長、基盤研究セクター長、エコイノベーション研究所長、研究開発部門統括、先端技術戦略室統括などを経て2021年より現職

写真：村田 和聡

事業モデル変革で未来志向の企業へ

中期経営計画「K25」で、既存事業再生と新事業創成による両輪の改革を推進する。「ESG視点でのよきモノづくり」を加速させ、線形型経済から循環型経済への移行を目指す。

（役職名・肩書を含む全ての情報は、「日経ESG」2023年4月号掲載時点のものです）

――２０２１年に中期経営計画「Ｋ25」をスタートさせ、事業の改革を進めています。

長谷部　花王は石けんの製造販売から始まり、社会のニーズに応えるために洗剤やサニタリー製品など次々に新たな分野を切り開き、事業領域を拡大してきました。新規事業の立ち上げを得意とし、成長エンジンとしてきたわけですが、近年その動きが鈍化していました。世の中のスピーディーな変化への対応に追われ、既存事業にしか目がいかなくなっていたためです。

そこで30年を見据えた「Ｋ25」で「未来のいのちを守る」をビジョンに掲げ、自分たちの事業に大志を持ち、社会課題に挑むという立ち位置を明確にしました。実現に向けて、既存事業の再生（Reborn Kao）と新事業の創成（Another Kao）というコンセプトで改革を進めています。

――具体的にどう取り組んでいますか。

長谷部　既存事業の再生では、ブランドの強化に取り組みます。お客様の心に響くような価値ある商品やデジタル技術を活用した新たな体験を提供し、価格競争に巻き込まれにくいオンリーワンの事業へと再生させていきます。

同時に、循環型社会に貢献する「ＥＳＧ視点でのよきモノづくり」を加速させます。これは、最小限の消費で最大限の価値を生み出すということです。

例えばポンプから泡で出るボディソープなどは、固形石けんに比べて原材料が少ない割に洗える面積が広く、肌に優しく泡切れもいい。このように、未来型商品は製品を作るエネルギーや原材料を最小限に抑えながら、お客様に大きな価値を提供することが重要だと考えています。

新事業の創成については、花王の技術や知見を生かしてチャレンジしています。既に10件以上のプロジェクトが動いており、廃棄ペットボトルを原料とするアスファルト改質剤は実用化が始まっています。社会課題の廃棄ペットボトルを有効活用しながらアスファルトの耐久性を高め、補修頻度を減らして維持コストと環境負荷低減に貢献するものです。

■ 花王のパーパスと価値創造の概要

出所：花王

——蓄積したデータ活用もカギです。

長谷部　当社はこれまで、商品開発に生かすために人や社会や環境などを徹底的にモニタリングしてきました。その技術を駆使し、対象の状態を正確に同定して、原因を的確に解決するソリューションを提供するビジネスモデル「プレシジョン・ライフケア」も始動しました。モニタリング技術をベースとする事業については、多様なパートナーと協業し、様々な分野に展開していきます。

OKRで社員の意欲を喚起

——「K25」では「社員活力の最大化」も掲げています。

長谷部　事業の再生や創成の実現には、社員の活力が不可欠です。そこで、新たな人事評価としてOKR（Objectives and Key Results）を導入しました。

　KPI（重要業績評価指標）に基づくこれまでの評価制度は、会社が決めた目標を個人に割り振り、目標達成を管理するものでした。これに対してOKRは、自ら掲げた目標への挑戦を通じて社員が成長し、結果的に会社の成長や社会への貢献を目指すものです。

業務目標については、ESG関連を含めて全てを共有しています。ESG目標については、社員の評価にも反映されます。ESGを社員一人ひとりに浸透させる上で有効な制度になっていると思います。

――社員の挑戦を後押しする制度も取り入れています。

長谷部　21年7月から、社員から担当業務や役割を越えて挑戦したいアイデアを公募する「01（ゼロワン）KAO」を導入しました。社員のチャレンジを支援する制度で、事業化に向かっているテーマもあります。何より「提案したことをやらせてもらえる」と社員の意識が変化し、人材活性につながっていると実感しています。

――エネルギーや資源価格高騰など世界情勢が激変する中、どのように課題を克服していきますか。

長谷部　事業全般が様々な影響を受け、非常に厳しい環境となっていますが、私は全社員の意識を改革する好機と捉えています。

日用品をコア事業とする当社にとって、大量生産、大量消費、大量廃棄といった従来の線形型経済からの脱却は重要な課題です。これからは〝量〟による経済の成長に終止符を打ち、誰もが幸せになれるよう〝質〟を高め、資源を循環させる経済への移行を推進していきます。

聞き手：酒井 耕一（日経ESG発行人）

ユニ・チャーム
代表取締役 社長執行役員
高原 豪久 氏

高原 豪久（たかはら・たかひさ）氏：1961年愛媛県生まれ。86年成城大学経済学部卒業後、三和銀行（現三菱UFJ銀行）入行。91年ユニ・チャーム入社、95年取締役、97年常務取締役、2001年より現職

写真：村田 和聡

ESG経営をグローバルで深掘り

中長期ESG目標「Kyo-sei Life Vision 2030」に基づき、
サステナビリティ経営を深化させている。
2023年からは、環境問題や社会課題解決への貢献を
全社員の評価制度に組み入れる方針だ。

（役職名・肩書を含む全ての情報は、「日経ESG」2023年１月号掲載時点のものです）

——2020年に公表した中長期ESG目標「Kyo-sei Life Vision 2030」の進捗を聞かせてください。

高原　「Kyo-sei Life Vision 2030」では50年に「共生社会」が実現されると仮定し、ここからバックキャスティングして30年に達成すべき重点テーマを設定しました。これは、スマートな循環型社会が様々な立場の人を包摂する世界を目指すもので、ユニ・チャームならではの取り組みを推進しています。

具体的には、「BABYJOB」と協働で展開する「手ぶら登園」があります。保育園に紙おむつを届ける定額制のサービスで、紙おむつに名前を書いて持っていくという保護者の負担を減らすものです。単に便利さを追求しただけでなく、事前に登録したお子様の体重などのデータから紙おむつのサイズや1日に使う枚数を把握し、保育士さんの手を煩わせずに自動で定期的にお届けするデジタルインフラを整備しました。

「#NoBagForMe」プロジェクトも好評です。生理用品を買う際に、お店の人が商品を隠すために紙袋を用意するといった生理用品に対する先入観や偏見を払拭し、生理についてオープンに意見を交換できる社会へとつながる活動です。22年10月の時点で200以上の法人や団体に「みんなの生理研修」を実施しています。受講した女性からは、「生理ケアの選択肢がこんなにたくさんあるとは知らなかった」という声、男性からは、「生理の基礎はもちろんのこと、配慮の仕方などを学ぶことができて有意義だった」などという声があり、9割以上の受講者にご満足いただいています。

「共生社会」とは、ほど良い距離感で助け合い、一人ひとりが自分らしく暮らせる社会です。男性も調子が悪い時や、更年期もあります。どのような場合も正しい知識や理解がないと、正しく対処できません。

環境保全では、「使用済み紙おむつの水平リサイクル」の取り組みがあります。使用済みの紙おむつのリサイクルにオゾンを用い、再度紙おむつの原材料に使用できる衛生品質を実現する、世界初の取り組みです。鹿児島県志布志市や大崎町などで16年から実証実験を進めてきた結果、大人用紙おむつでも新製品と遜色ない品質を確認できたため、23年から商業化する予定です。

■ ユニ・チャームが進める紙おむつリサイクルの概念図

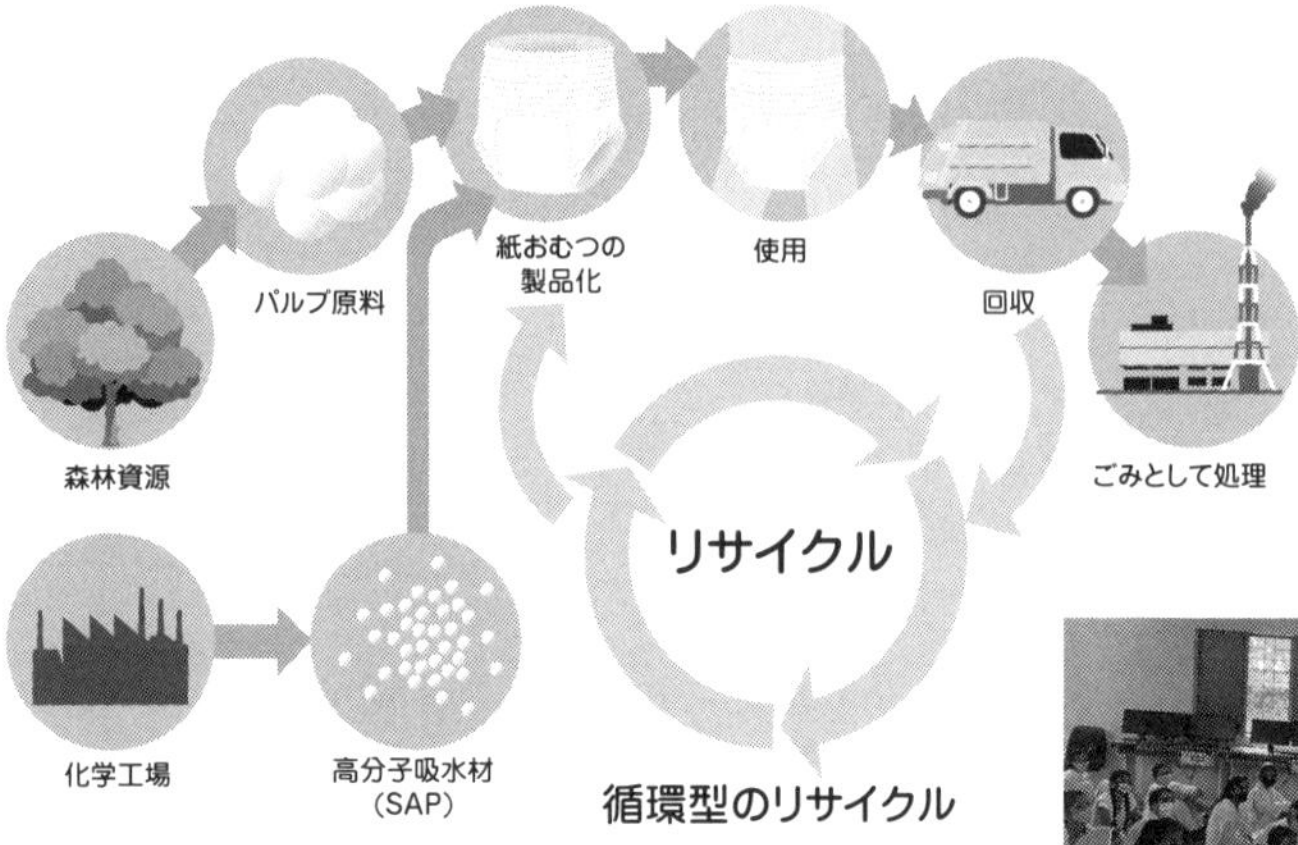

使用済みの紙おむつを再び紙おむつとして再生利用する実証実験を鹿児島県で行なっている。2023年から商業化する予定だ

インドでは農村部の女性が生理用品を自ら仕入れ、それを地元女性に生理について啓発しながら販売する活動を推進している

出所：ユニ・チャーム

全社員をESG貢献度で評価

——世界的な「社会課題の解決」も重視しています。どんな発想が必要ですか。

高原　世界には78億人の人口に加え、約10億頭のペットがいると考えています。消費財をグローバルで展開する中で、社会課題の解決のためには、従来の国や地域の単位や人種、宗教といった発想で考えないことが前提になります。どの国や地域で仕事をしていても、全て地球全体につながっている。そこで自分は何ができるかと考えることが大事です。

——「Kyo-sei Life Vision 2030」の重点テーマの達成度を業績評価に連動させています。

21年から30人弱の執行役員の業績評価に連動させてきました。23年からは、社員全員が日々の業務を通じて環境問題や社会課題の解決にどのように貢献しているかを評価に組み込もうとしています。

中には「自分が直接影響を与えられない領域で評価されたくはない」と考える社員もいるでしょう。しかし、「どのような仕事も全て地球環境につながっているので、能動的に働きかけたほうがいいのではないか」と伝えています。「自分発」に発想の転換を促すため、「Think Locally, Act Globally」とあえて語順を入れ替えた言い方で表現しています。

――企業のパーパス（存在意義）を「ＳＤＧｓの達成に貢献する」と定めていますが、具体例を教えてください。

高原　各現地法人が主体となって「事業活動を通じた環境問題、社会課題解決」に取り組んでいます。その活動は社内イントラネットで紹介していますが、既に半分は海外からの発信になっています。先日はインドで女性起業家の育成を目的にした活動を紹介しました。農村部で生理用品を使ってもらうため、起業を目指す女性に生理用品を仕入れてもらい、啓発活動をしながら販売していくことで、自律した生活を営めるよう支援する取り組みです。

現場と経営が一体となる「共振の経営」が基本のユニ・チャームらしい活動だと思っています。

聞き手：飯村　かおり（日経ＥＳＧ経営フォーラム事業部次長）

栗山 年弘 氏
アルプスアルパイン
代表取締役社長

栗山 年弘（くりやま・としひろ）氏：1957年生まれ。80年京都大学理学部物理学科卒業後、アルプス電気入社。2004年磁気デバイス事業部長、07年事業開発本部長、11年常務取締役、12年技術本部長、同年6月代表取締役社長、19年1月の統合により現職

写真：高田 浩行

企業風土改革で持続的な成長基盤を確立

経営統合のシナジー効果を高め、企業風土改革に取り組み
持続的成長の基盤を確立する。
ESG経営を推進して、ステークホルダーにとっての
価値の最大化とCSR・ESGの両立を実現する。

（役職名・肩書を含む全ての情報は、「日経ESG」2023年5月号掲載時点のものです）

――2019年1月にアルプス電気とアルパインが経営統合してアルプスアルパインが発足しました。統合の成果をどう見ていますか。

栗山　統合後の第1次中期経営計画では、経営構造改革を中核テーマに掲げ、新規事業創出に向けた仕込みと、経営統合によるコスト面のシナジー実現に取り組みました。車載向け製品でシナジー効果が出始めていて、今後数年は右肩上がりで売り上げが増えると予想しています。

事業環境を取り巻く課題は、新型コロナウイルス感染症のパンデミック対応からインフレ対応に移りつつあります。当社は海外売り上げが全体の8割を占めるため、資材やエネルギー価格、賃金上昇などの影響を受けています。営業利益を伸ばしていくためにインフレをどう克服するかは大きな課題です。

――「感動」「安全」「環境」という3つの価値の追求を掲げています。

栗山　企業理念の「人と地球に喜ばれる新たな価値を創造します。」に従って追求する具体的な価値を「感動」「安全」「環境」の3つに定めました。主力の車載用ヒューマン・マシン・インターフェイス（HMI）製品は利用者に「感動」を与えることを主軸に置いてきました。

自動車の乗員の状態や周囲の状況を検知するセンサーは安全面に寄与し、電気自動車（EV）のインバーターバッテリー制御や燃費改善に使うセンサーは環境負荷の低減に寄与します。今後の成長領域と考えているセンサ・コミュニケーション事業では、特に「安全」「環境」に貢献します。

――22年度からの第2次中計ではESG経営の推進を打ち出しました。

栗山　第2次中計では、ステークホルダーにとっての価値の最大化とCSR・ESGの両立という方針を掲げました。ESGはリスクにも事業機会にもなり、全社・全部門で取り組むべきテーマです。改めて中計として表明することで、持続的な成長に欠かせない重要な経営課題だと社員全員が自分事として捉えて、具体的な行動につなげていきます。

■ アルプスアルパインのESG経営を巡る状況や活動などの概要

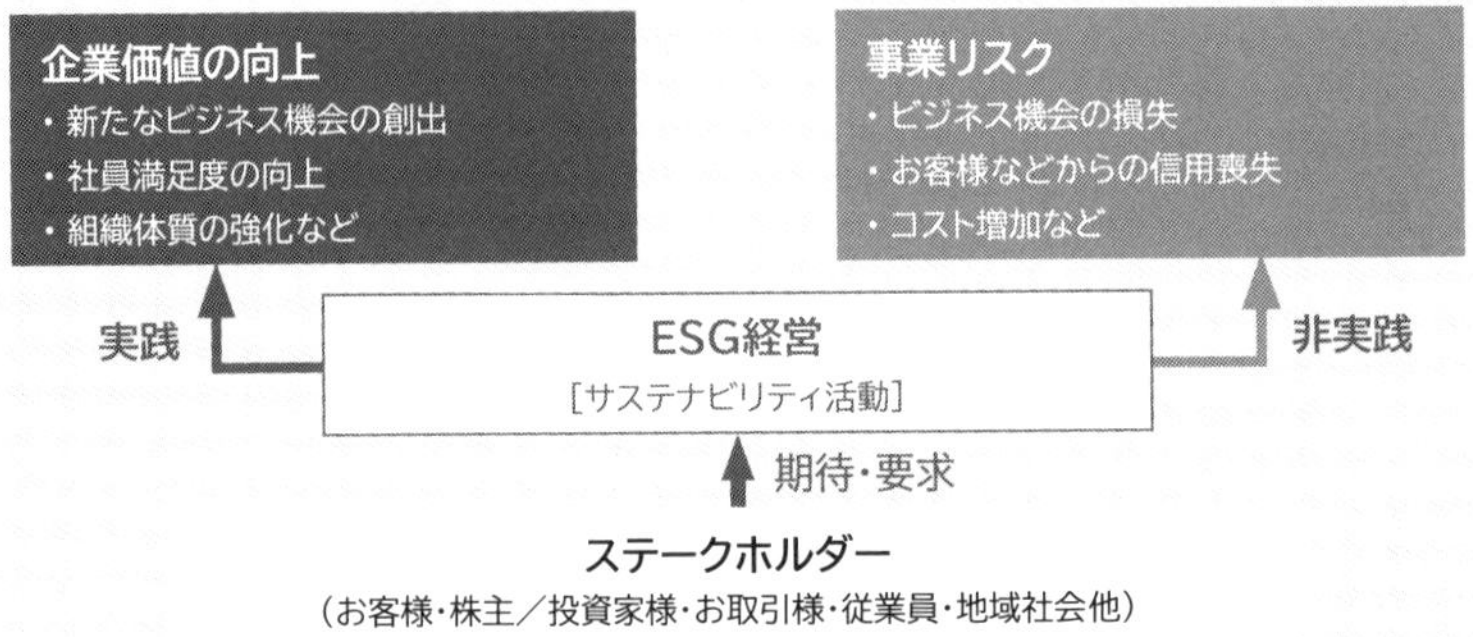

第2次中計で重点的に取り組むESG課題やKPI（重要業績評価指標）を設定し、サステナビリティ活動のPDCAサイクルを実行することで、事業リスクの把握と企業価値の向上を両立させる

出所：アルプスアルパイン

グローバルではスマートフォンや自動車などのメーカーがサステナビリティを重視する流れが強まっています。当社も部品や製品面でサステナビリティを追求することが次のビジネスにつながり、新たな事業機会を創出することにもなります。

「革新的T型企業」へ

——重点的に取り組む課題を教えてください。

栗山　環境課題は、「脱炭素社会と循環型社会の実現」です。グローバルの全拠点で使用する電力を30年度までに再生可能エネルギー比率100％にするRE100の達成を目指します。具体的には使用電力の見える化と省エネ推進、太陽光発電など再エネ由来電力の調達拡大に取り組みます。循環型社会の実現に向けて、製品の省エネ・省資源化、リサイクル材などを使う再資源化・再利用化や廃棄物の削減を進めます。

社会課題としては、「人権の尊重とダイバーシティ＆インクルージョン（D＆I）」を重視しています。少子高齢化が進展する中、D＆I推進で女性やベテラン層など、多様な人材が活躍できるようにすることが競争力強化につながると期待しています。

ガバナンスでは、「持続可能なサプライチェーンマネジメント」を推進します。自社だけでなく取引先やサプライチェーンを含めてESGを推進し、社会全体の改善を進めます。

ESG推進の必要性を各部門の管理職や従業員が認識し、意識を変えていかなければいけません。財務的な事業目標と同様に、ESGの取り組みも数値目標化してPDCAを回していきます。

――持続的成長に向けて何を重視しますか。

栗山　中長期目標として「ITC101」を掲げています。専門分野に精通した上でより広い知識も有する「T型人材」を育成し、「革新的T型企業」として、27年度に営業利益率10％、自己資本利益率（ROE）10％、営業利益1000億円を達成します。これらの実現には、社員のマインドセットとカルチャーの改革が欠かせません。事業ポートフォリオの進化や革新的T型企業としての成長を成し遂げられるかは人次第です。いかに社員が活躍できる風土・カルチャーを醸成できるかが、持続的成長を実現するために最も重要な要素です。

――企業風土を変えるために何をしますか。

栗山　22年4月には人事制度を改定しました。現状に甘んじることなく、挑戦や意義ある失敗、改善と進歩を評価し、成長を続ける企業文化を醸成します。大企業病を排してベンチャーメンタリティを取り戻し、この先の飛躍と持続的成長の基盤を確立します。社長のミッションは会社を持続的に成長させ、社員の成長と幸せを追求することです。23年度から経営陣の役員報酬にESGの視点を取り入れ、長期的な企業価値向上を目指します。

聞き手：斎藤 正一（日経ESG経営フォーラム事務局長）

濱田 宏一 氏

アンリツ

代表取締役 社長 グループCEO

濱田 宏一（はまだ・ひろかず）氏：1964年生まれ。88年東京電機大学工学部卒業後、アンリツ入社。2015年執行役員 計測事業研究開発総括 R&D本部長、16年常務執行役員、17年専務執行役員、計測事業グループ プレジデント、取締役を経て18年より現職

写真：吉澤 咲子

新領域と人材活用で社会に貢献

独自の計測技術を生かし、CO_2排出量の削減など地球環境問題に貢献する。障がい者雇用、定年延長、女性管理職比率の向上など、人材面でも持続可能な社会の実現を目指す。

（役職名・肩書を含む全ての情報は、「日経ESG」2023年３月号掲載時点のものです）

——中期経営計画「ＧＬＰ２０２３」を２０２１年４月に発表しました。概要と取り組みの進捗を教えてください。

濱田　当社は測定技術をベースに、情報通信や食品・医療品の分野に注力してきました。中期経営計画では、「電気自動車（ＥＶ）、電池測定」「ローカル５Ｇ」「医療・医薬品」「光センシング」の４分野を、次の３カ年での成長分野と位置付けました。

ローカル５Ｇの分野では21年６月、構造計画研究所（東京都中野区）との共同出資により新会社ＡＫ Radio Designを設立しました。構造計画研究所のシミュレーション技術と我々の測定器の技術によって、お客様のローカル５Ｇの導入を支援します。

今後の市場拡大が予測されるＥＶの分野では、22年１月にＮＥＣの子会社である高砂製作所を買収しました。同社が持つ高電圧の充放電装置技術とアンリツの計測技術を組み合わせ、ＥＶに搭載する電池を評価する技術を提供していく予定です。電池の残量を正しく計測することで廃棄を減らし、CO_2の削減に貢献したいと考えています。

——中期経営計画では、サステナビリティの目標も掲げています。

濱田　環境面では、スコープ１、２について23年度までに温室効果ガスの排出量を15年度比で23％削減する目標を掲げました。21年度の実績で17・７％です。自家発電比率は18年度の０・８％から23年には13％以上にしたいと考えています。22年３月末時点で16・８％なので、こちらは既に目標を上回りました。福島県郡山市の新工場では太陽光発電装置の設置を進めています。

生物多様性の取り組みでは、神奈川県の丹沢大山自然再生委員会に加盟しました。社員が植林活動に参加するなど、丹沢大山山系の自然保護、水資源の確保に貢献していきます。

——女性活躍推進など社会面の目標の進捗はいかがですか。

濱田　女性の活躍推進については、やや苦戦しています。23年までにグローバルでの女性幹部職比率15％以上という目

■ アンリツグループの生物多様性推進と障がい者雇用の取り組み

神奈川県の丹沢大山地区で植林活動に参加する社員たち

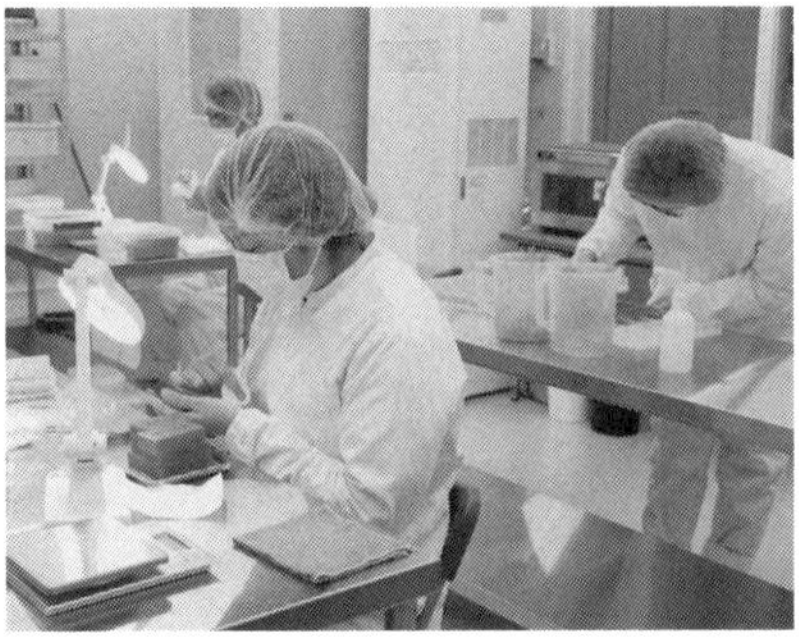

特例子会社ハピスマで働くスタッフは、石けんの企画・製造・包装・検査までを担う

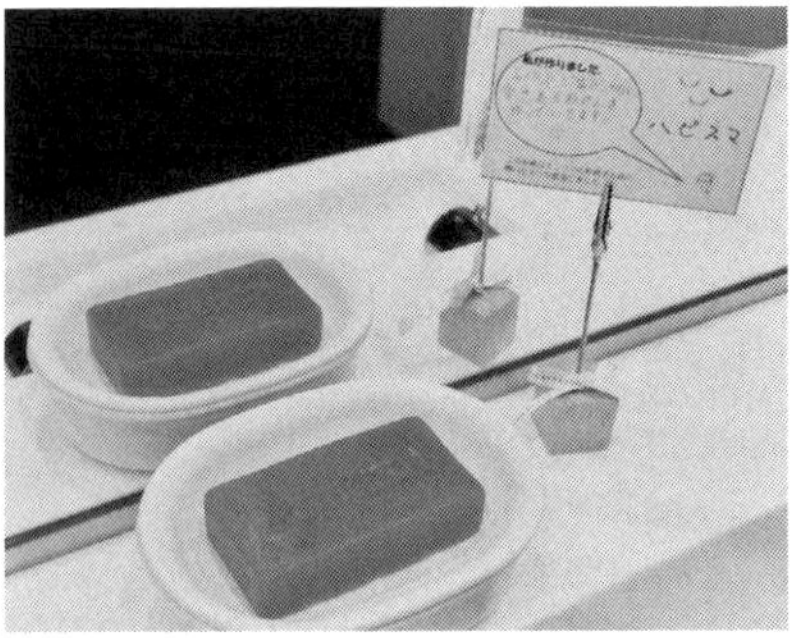

アンリツの社内で使うハピスマの石けんには、スタッフの手書きメッセージが添えられている

出所：アンリツ

標を掲げていますが、22年12月時点で11・8%にとどまっています。もともと女性の応募者が少ない理系職種ではありますが、キャリア採用も積極的に進めているところです。テレワークによる働きやすさをアピールしており、遠隔地の女性からの応募も増えてきています。

多様性推進として、社外取締役比率を50%以上にする目標は、10人中5人となり達成しました。

22年を「働き方改革元年」と位置付け、人事制度で大きく2点、改定しました。まず、定年の年齢を60歳から65歳に引き上げました。

もう1つは、キャリアのステージとして、管理職コースとライフワークバランスコースを作りました。後者のコースは、部下を持たずに自身のペースで仕事ができます。育児や介護などのライフイベントに合わせて、２つのコースを行き来できるようになっています。

特例子会社で障がい者雇用

――障がい者雇用に力を入れています。

濱田　21年9月に、１００％出資の特例子会社「ハピスマ」を設立しました。当社はこれまで、法定の障がい者雇用率を達成できていませんでした。それは障がい者の人たちが働ける仕事を作ってこなかったからだと反省し、ハピスマの立ち上げを決めました。

主な事業は石けんの製造で、８人が働いています（22年12月時点）。ハピスマの石けんを、社内報やイベントを通してアンリツの社員たちに伝えたところ、「ぜひ使いたい」と多くの反響がありました。

石けんには製作メンバーの手書きのメッセージが添えられています。社員たちにとって、ハピスマのメンバーも自分たちの仲間だという意識が芽生え、一緒にビジネスを作っていこう、ハピスマを盛り上げようという動きが出始めています。

――サステナビリティに対する取り組みが、企業価値の向上にどの程度貢献したとお考えですか。

濱田　長持ちするような製品を作ったり、または再利用したりするためには測定の技術が必要です。様々な数値の可視化も求められており、我々が強みとする測定の分野は、サステナビリティと非常に相性が良いと感じています。この動きはますます加速し、事業活動とサステナビリティ経営は一体化していくだろうと考えています。

課題は、発信力が弱いことです。今後は我々の取り組みを社内外に向け、しっかりアピールしていきたいと思います。

聞き手：斎藤 正一（日経ＥＳＧ経営フォーラム事務局長）

森 孝廣 氏

沖電気工業

代表取締役社長 兼 最高執行責任者

森 孝廣（もり・たかひろ）氏：1988年沖電気工業（OKI）入社。プリンター事業を手掛けるOKIデータのマーケティング部長、オフィスプリント事業部長などを経て、2020年に同社代表取締役社長およびOKI執行役員に就任。22年4月OKI社長執行役員兼最高執行責任者（COO）、同年6月より現職

写真：髙田 浩行

社員発のイノベーションを実践モードに

ZEB認定の新工場が、
DX新戦略のフラグシップ工場として稼働を始めた。
アイデアを“2倍速”で事業化につなげ、
さらなる成長を目指す。

（役職名・肩書を含む全ての情報は、「日経ESG」2023年１月号掲載時点のものです）

――２０２２年４月に社長に就任されました。ご自身の役割をどう感じていますか。

森　沖電気工業（ＯＫＩ）の事業、ステークホルダーや社員に対して理解を深め、ようやく自分の中で考えがまとまってきたところです。

以前に社長を務めていたＯＫＩデータはプリンター事業会社です。規模がＯＫＩより小さいこともあり、仕事に対する自由度が高くて社員が自ら考えて動く面が強かったと思います。

それと比べて、ＯＫＩはガバナンスがしっかりしていて、手堅くじっくりとものごとを進める傾向が強いように感じます。一方でオペレーションを見ると、スピーディーさに欠け、やや大企業病的になっている面があります。「一度、池に石を放り込んで揺らぎを起こす」。その石の役割が私なのではないかと思っています。

――「中期経営計画２０２２」では、社会課題解決を通じた持続的成長への土台づくりを掲げました。

森　事業のフォーメーションを変えるための構造改革は、着実に進んでいます。市場の変化に合わせてハードウエア事業のセグメント統合を行ない、固定費を削減しました。また、中国の生産拠点を閉鎖し、タイ、ベトナムと日本に生産を集約しました。

一方で、成長分野を伸ばすことに関しては課題が残っています。成長分野を推進し、ＯＫＩのレジリエンスを高めることが私の仕事だと認識しています。

――中期経営計画２０２２では、「全員参加型イノベーション」を実践モードにシフトチェンジし、「社会の大丈夫をつくっていく。」というメッセージも打ち出しています。

森　野球に例えれば、練習を重ねて選手が育ってきたので、次は試合で実践経験を積む段階といった感じでしょうか。

イノベーションを創出するために、国際規格ＩＳＯ５６００２を先取りしたイノベーション・マネジメントシステム（ＩＭＳ）である「Yume Pro」を18年から始めました。既に５００ほどのアイデアが提案されています。今後も継続

■ OKIのものづくり拠点として環境への取り組みをリードする新工場（埼玉県本庄市）

ZEB認定を取得した本庄工場H1棟は、外壁や屋根に高断熱化、自然通風、自然採光、太陽光発電パネルを採用している。基準となる一次エネルギー消費量に対し、設計エネルギー削減率133％を達成した。地元産秩父杉の使用で、地域社会との共生にも貢献する

出所：OKI

して質を上げていきますが、同時に「実践モード」に切り替え、「2倍速」で事業化につなげていきます。

　私から社員へのメッセージは、「前へ、前へ」です。もう少し自由度を上げて、もっと創造的にやってもいい。そのトリガー（引き金）としてYume Proがあると考えています。

「社会の大丈夫をつくっていく。」というキーメッセージに基づいて取り組みを進めてきました。お客様、ステークホルダー、社員を幸せにするには「社会の大丈夫」が必要であり、その実現のためにOKIは成長していかなければなりません。

ZEB認定の旗艦工場が稼働

――ものづくり企業の責任として「幅広い環境課題の解決に資する商品の創出」「商品をつくりだす自社拠点のCO_2排出量ゼロ化」に取り組んでいます。

森　環境貢献商品の定義付けをやり直しています。社員に「自分がどのように環境貢献できているか」を改めて考えてもらうためです。

拠点のCO_2排出量ゼロ化については、22年４月に、大規模生産施設として国内初の「ＺＥＢ（ネット・ゼロ・エネルギー・ビルディング）」認定の本庄工場Ｈ１棟（埼玉県本庄市）が竣工しました。デジタルトランスフォーメーション（ＤＸ）新戦略のフラグシップ工場として稼働しています。ここで培った環境技術は、段階的に他の工場に応用していきたいと考えています。

――23年度から始まる新しい中期経営計画の策定に向けて、森社長の考えをお聞かせください。

森　日々議論を重ね、内容を詰めています。次年度に発表する予定ですが、「現状維持型の事業展開を未来志向型に変えたい」の一言に尽きます。

様々な事業の集合体で、「選択と集中」はどうなるのか問われます。無限に経営資源があるわけではありません。「どこが成長領域で、ＯＫＩはどこに経営資源を振り分けるべきか」、その絞り込み作業を進めています。

これまで中期経営計画は経営層だけで作っていましたが、私は事業部門長も巻き込んで議論しています。一見、非効率のように思えるかもしれませんが、あえてカオスをつくり、その中から腑《ふ》に落ちるものを選ぶ。成長分野とＯＫＩの技術がマッチする領域のシナリオさえ描ければ、付随する戦略や人事はおのずと整理できると思っています。

聞き手：桔梗原　富夫（日経ＢＰ 総合研究所フェロー）

鈴木 洋史 氏

SAPジャパン
代表取締役社長

鈴木 洋史（すずき・ひろふみ）氏：1990年日本アイ・ビー・エム入社。2000年i2テクノロジーズ・ジャパン入社、セールス・ディレクターなどを歴任。06年JDAソフトウェア・ジャパン営業本部長を経て10年代表取締役社長、12年JDA Softwareアジアパシフィック地域副社長。13年日本アイ・ビー・エム理事、スマーター・コマース事業担当。15年SAPジャパン、バイスプレジデント、18年常務執行役員、20年4月より現職

写真：髙田 浩行

経営の「グリーンライン」を見える化

売上高、純利益とともに、サステナビリティを
経営指標に組み込み、ソリューションを提供する。
全社的な変革を推進してサステナビリティに取り組み、
他の企業の模範になることを目指す。

（役職名・肩書を含む全ての情報は、「日経ESG」2023年1月号掲載時点のものです）

――２０２２年９月に本社オフィスを移転しました。狙いを教えてください。

鈴木　コロナ禍でリモートワークを推進し、ほとんどの社員が出社しないという状況が続きました。個々に合った働き方を推進するため、ニューノーマル時代の新しい働き方として、21年６月に「Pledge to Flex（柔軟性への誓い）」を宣言しました。勤務地、働く時間、働く場所の３つの柔軟性を軸としています。

22年１月には人事制度を改定しました。お客様への価値提供とビジネスニーズを前提に、従業員が心身ともに健康でモチベーションを高く保ち、柔軟かつ自律的に働ける環境を提供するのが目的です。本社を東京・大手町に移転したのはその一環です。働く人の健康の視点でオフィス空間を評価・認証するＷＥＬＬ認証の取得も目指しています。

――経営の中でサステナビリティをどう位置付けていますか。

鈴木　サステナビリティは、まさに経営の根幹です。損益計算書で売上高を表すトップライン、当期純利益を意味するボトムラインに加えて、サステナビリティ指標を「グリーンライン」と考えています。

ＳＡＰには自社が持続可能な事業運営を実践する「Exemplar（模範）」と、持続可能性の課題と機会を満たす製品とサービスをお客様に提供する「Enabler（実現に導くもの）」という2つの立ち位置があります。

当社のパーパス（存在意義）は「Help the world run better and improve people's lives（世界をより良くして、人々の生活を向上させる）」です。ソリューション提供を通じて、企業の経営を効率化して持続的な成長を可能にし、世の中を良くすることを目指しています。

08年からサステナビリティ・レポートを開示しており、投資家向けＥＳＧインデックスであるダウ・ジョーンズ・サステナビリティ・インデックス（ＤＪＳＩ）の発足当初から、15年連続でソフトウエア業界部門のトップ企業に選出されています。

サステナビリティに関しては、「気候変動への対応：ＣＯ$_2$排出量ゼロ」「循環型経済への対応：廃棄物ゼロ」「社会的

■ SAPジャパンでサステナビリティを促進する社内外の取り組み

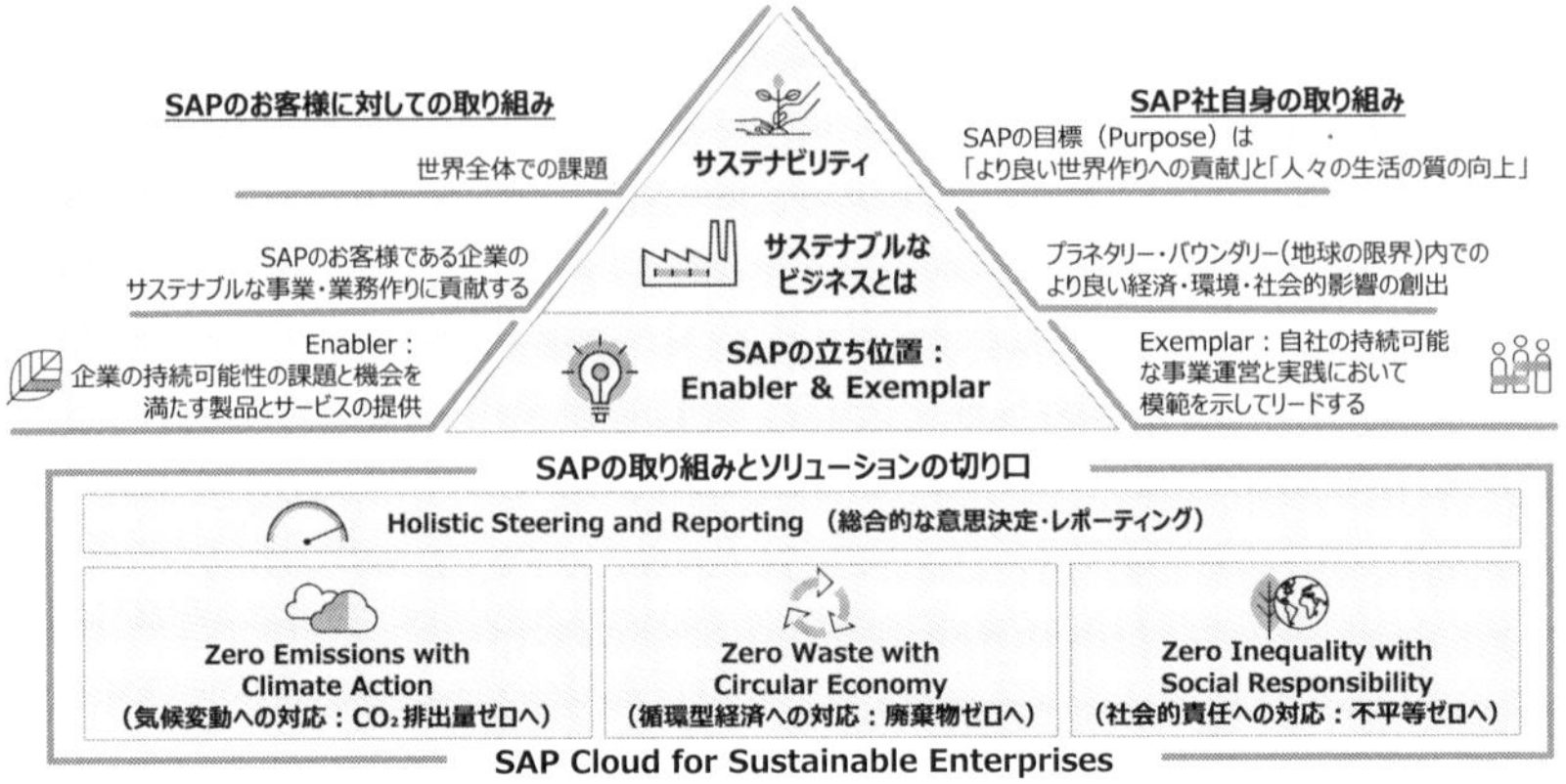

ソリューション・サービスを提供して社会全体をサステナブルにする「Enabler」と、自社がサステナビリティに取り組んで模範となる「Exemplar」の両方の役割を担う

出所：SAPジャパン

責任への対応：不平等ゼロ」という「3つのゼロ」が目標です。

23年末までにネットゼロ

――サステナビリティへの取り組みについて具体例を教えてください。

鈴木　20年までにCO_2排出を00年レベルまで削減する目標を09年に設定し、17年に達成しました。自社の企業活動によるCO_2排出量を25年にネットゼロにする目標は、23年末までに前倒しで達成します。

出張を減らしてICT（情報通信技術）を活用するなど、様々な取り組みを通じてCO_2排出を削減します。航空券などを手配する際には、出張時に発生するCO_2排出量を確認できる「SAP Concur」の経費精算ツールを活用し、最もCO_2排出が少ない経路を利用するようにしています。費用や移動時間よりも、出張によるCO_2排出削減を重視しています。

CO_2排出を回避できない分野では、エネルギー効率の高いオフィス照明を使用したり、データセンターを効率的に冷却したりする取り組みを進めています。

――企業向け統合基幹業務システム（ＥＲＰ）ではトップシェアです。

鈴木　常に進化させてきた結果です。当社は00年代前半に主力商品のＥＲＰのパッケージソフト事業が伸び悩み、クラウドサービスにも乗り遅れました。

04年に、ユーザー視点でサービスやプロダクトの本質的な課題・ニーズを発見して、ビジネス上の課題を解決するデザインシンキングを戦略的な優先テーマに据え、ソフトウエア開発や自社ビジネスにお客様の要望を取り入れ、きめ細かい製品開発を進めました。

ＳＡＰでは、People（人）、Process（プロセス）、Place（場所）の「３つのＰ」を変革の重要要素とし、デザインシンキングによって全社的な変革を推進して顧客中心主義の企業へと変わりました。さらに、サステナビリティを製品と事業戦略の柱に掲げ、09年に最高サステナビリティ責任者（ＣＳＯ）を設置しました。

もともとＥＲＰは、業務効率化による生産性の向上でボトムライン（純利益）を上げ、トップライン（売上高）を増やしていくという仕組みを提供してきました。その中にCO_2排出削減などの環境指標や人的資本の取り組みなどのグリーンライン（サステナビリティ指標）を組み込み、製品群を充実させています。

環境への取り組みを調査

――サステナビリティをＥＲＰに組み込む必要性が出てきたのですね。

鈴木　エンタープライズ（大企業）市場ではＥＲＰを活用した生産性の向上が進み、ＳＡＰのお客様が世界中の商取引の約９割を担っています。BtoB分野での大きな役割を生かし、サステナビリティに貢献したいと考えています。

22年５月に開始した年次イベント「Sapphire」で、最高経営責任者（ＣＥＯ）のクリスチャン・クラインが、ブロックチェーン技術を活用したグリーン台帳をＥＲＰでサポートするとコミットしました。ＥＲＰを通じて財務情報を迅速に確認できるのと同様に、グリーンラインなど非財務情報を見える化する仕組みを提供していきます。

企業を経営する上で財務情報と非財務情報は一元管理して、一体で確認できるようにすることが重要です。様々な部門に散らばったデータを、ＥＲＰで一元管理できるようにします。

――日本企業のサステナビリティの取り組みについて調査をしています。

鈴木　「グローバル環境サステナビリティ調査」は、日本企業313社を含む約6500人のビジネスリーダーを対象に、企業がサステナビリティを推進する上での動機や課題について調査した年次報告書第2版です。

日本企業が環境への取り組みを行なう理由は、「企業が掲げるビジョン（57％）」がトップで、以下「収益とビジネス成長の機会（42％）」「顧客の要望（37％）」の順です。ほぼ4分の3（73％）のビジネスリーダーが、サステナビリティへの取り組みと収益性に相関性があると見ていて、半数以上（52％）が今後5年以内に環境問題への取り組みが業績に大きく影響すると考えています。

40％の企業はサステナビリティへの取り組みの投資対効果を証明することが難しく、足かせになっていると回答し、31％はサステナビリティ戦略の不足を指摘しています。

英国の調査会社オックスフォード・エコノミクスと実施した調査では、日本企業の70％が持続可能性と収益性を同時に実現することは難しいと考えており、現在のサステナビリティ戦略から企業にとって大きな価値を得ていると回答した企業は6％にとどまりました。

多くの組織では、サステナビリティ戦略と企業活動にかい離があります。3分の1以上（68％）の日本企業がサステナビリティに関する戦略を情報発信している一方で、戦略が達成できても報酬などのインセンティブを与えているのは21％しかありません。サステナビリティの取り組みに積極的に参加している従業員は半数以下（48％）です。

――サステナビリティを「見える化」することが重要です。

鈴木　サステナビリティの成果を向上させるには、組織内のデータの効果的な活用と、多様なデータに基づいた意思決定が重要です。

大企業はＥＳＧの取り組みの重要性を認識しつつありますが、中堅・中小企業はまだ遅れている面があります。日本企業の98％を占める中堅・中小企業にとって今後、業務改善が重要です。当社にとっても大きな成長領域で、専任チームで取り組んでいます。

オープンな協業戦略を推進

――研究・開発にも力を入れています。

鈴木　当社はグローバルでの売り上げが約４兆円あり、その18％に当たる約７０００億円を研究・開発（Ｒ＆Ｄ）に投資しています。

現在４つの分野で、約40の製品・サービスを提供しています。経営層に向けたものが、財務と非財務情報を可視化する「SAP Sustainability Control Tower」というダッシュボード（管理画面）です。気候変動への対応では、製品単位でＣＯ$_2$排出量を管理する「SAP Product Footprint Management」、可視化のための「SAP Analytics Cloud」、先ほども例として挙げた出張に伴うＣＯ$_2$排出管理「SAP Concur」などがあります。

循環型経済への対応では、拡大生産者責任に対応する「SAP Responsible Design & Production」、化学物質管理や関連規制に対応する「SAP Product Compliance」などがあります。

ブロックチェーン技術を使い、複数企業をまたいでトレーサビリティを実現する「Greentoken by SAP」を活用した

■ SAPジャパンの取り組みと提供するソリューション

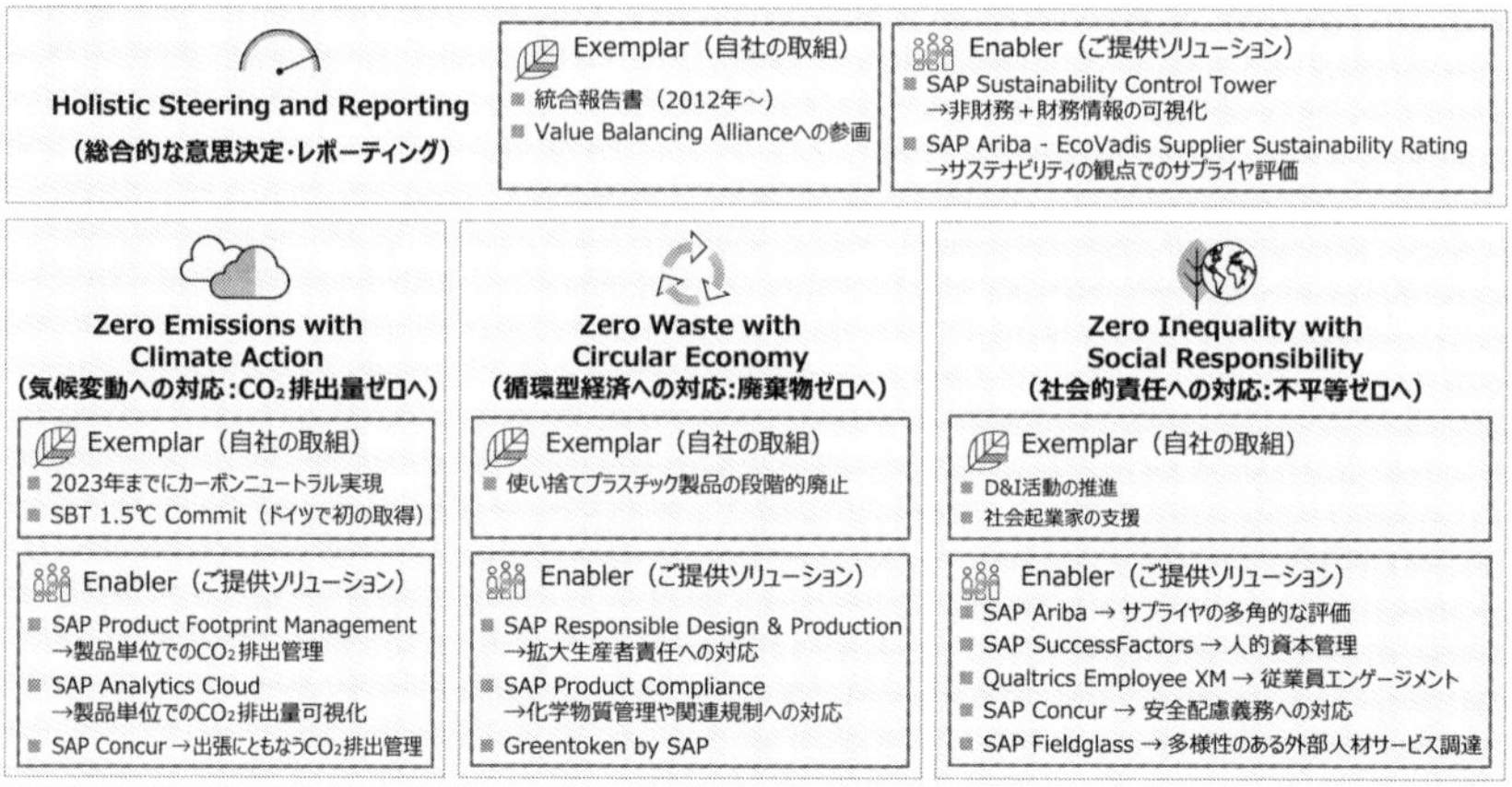

Holistic Steering and Reporting （総合的な意思決定・レポーティング）	**Exemplar（自社の取組）** ■ 統合報告書（2012年〜） ■ Value Balancing Allianceへの参画	**Enabler（ご提供ソリューション）** ■ SAP Sustainability Control Tower 　→非財務＋財務情報の可視化 ■ SAP Ariba - EcoVadis Supplier Sustainability Rating 　→サステナビリティの観点でのサプライヤ評価

Zero Emissions with Climate Action （気候変動への対応：CO₂排出量ゼロへ）	**Zero Waste with Circular Economy** （循環型経済への対応：廃棄物ゼロへ）	**Zero Inequality with Social Responsibility** （社会的責任への対応：不平等ゼロへ）
Exemplar（自社の取組） ■ 2023年までにカーボンニュートラル実現 ■ SBT 1.5℃ Commit（ドイツで初の取得）	**Exemplar（自社の取組）** ■ 使い捨てプラスチック製品の段階的廃止	**Exemplar（自社の取組）** ■ D&I活動の推進 ■ 社会起業家の支援
Enabler（ご提供ソリューション） ■ SAP Product Footprint Management 　→製品単位でのCO₂排出管理 ■ SAP Analytics Cloud 　→製品単位のCO₂排出量可視化 ■ SAP Concur→出張にともなうCO₂排出管理	**Enabler（ご提供ソリューション）** ■ SAP Responsible Design & Production 　→拡大生産者責任への対応 ■ SAP Product Compliance 　→化学物質管理／関連規制への対応 ■ Greentoken by SAP	**Enabler（ご提供ソリューション）** ■ SAP Ariba → サプライヤの多角的な評価 ■ SAP SuccessFactors → 人的資本管理 ■ Qualtrics Employee XM → 従業員エンゲージメント ■ SAP Concur → 安全配慮義務への対応 ■ SAP Fieldglass → 多様性のある外部人材サービス調達

総合的に意思決定できるようレポーティングする経営層向けダッシュボードと、気候変動や循環型経済、社会的責任への対応という、それぞれの分野に向けたソリューションを提供する

出所：SAPジャパン

事例では、化学メーカーのＤＩＣグループが、食品パッケージに使用するプラスチック素材の追跡のために試験導入しました。英ユニリーバはサプライチェーンの中でパーム油の原材料の流れを追跡し、原産地情報を取得しています。

社会的責任への対応では、サプライヤーを多角的に評価する「SAP Ariba」、人的資本管理の「SAP SuccessFactors」、従業員エンゲージメントに向けた「Qualtrics Employee XM」、多様性のある外部人材サービス調達の「SAP Fieldglass」や安全配慮義務に対応する「SAP Concur」などがあります。

――今後のサステナビリティ経営の戦略について教えてください。

鈴木　自社の取り組みだけでは、サステナビリティを実現することはできません。様々な企業やビジネスのネットワークを通じて取り組んでいくオープンな協業戦略が重要です。

ＳＡＰは22年にグローバルで50周年、日本法人は30周年を迎えました。クラウドなどデジタル技術を活用してデジタルトランスフォーメーション（ＤＸ）に取り組み、トップライン、ボトムライン、グリーンラインの可視化を進めて、持続的な成長を実践していきます。

聞き手：桔梗原 富夫（日経ＢＰ 総合研究所フェロー）

木藤 俊一 氏

出光興産

代表取締役社長

木藤 俊一（きとう・しゅんいち）氏：1956年生まれ。80年慶応義塾大学法学部を卒業後、出光興産入社。2005年人事部次長、08年経理部次長、11年執行役員経理部長を経て、13年取締役、14年常務取締役、17年取締役副社長、18年より現職

写真：吉澤 咲子

事業改革投資と人的投資が両輪

既存エネルギーの安定供給責任を果たしつつ、
カーボンニュートラル社会の実現を目指す。
全国約6200カ所のサービスステーションを活用し、
人々の暮らしを支援する拠点づくりを進める。

（役職名・肩書を含む全ての情報は、「日経ESG」2023年３月号掲載時点のものです）

――2022年11月発表の中期経営計画（23～25年度）で、50年に向けて事業領域を3つに再編することを示しました。

木藤　エネルギーを安定的に供給してきた事業者としての責任を持って、これまでの知見やインフラを活用し、環境に優しい新たなエネルギーへとトランジション（移行）していく中で、新たなビジネスチャンスが生まれると考えています。

事業ポートフォリオの転換に向けた３つの事業領域を「一歩先のエネルギー」「多様な省資源・資源循環ソリューション」「スマートよろずや」としました。「環境」「高齢化社会」「地域創生」がキーワードです。

21年５月に20～22年度中計を見直した際、30年ビジョンとして「責任ある変革者」を掲げました。30年は責任を果たしながら、様々なことにチャレンジしていく通過点です。目指す50年には３つの事業領域の社会実装を通じて、「変革をカタチに」を果たしたいと考えています。

――投下資本利益率（ROIC）経営を掲げています。

木藤　これまでは大きな投下資本を長い年月をかけて回収してきましたが、この方法は変化の激しいこれからの時代には通用しません。従来のビジネスモデルを変えるためにＲＯＩＣという指標を用い、できるだけ投下資本を小さくしてリターンを大きくしたいと思っています。

30年に向けてどんな技術やエネルギーが鍵となるか、あえて絞り込まず、全方位で構えるようにしています。それがエネルギーの供給者としての責任だと思います。

――一方で、人材戦略を積極的に推し進めていく方針です。

木藤　今でこそ人的資本経営の重要さが指摘されていますが、当社は創業以来、人が中心の経営を行なってきました。30年の基本方針、その先の50年ビジョンを見据えて、事業構造改革投資と人的資本投資の両輪で事業転換を進めていきます。

■ 事業構造改革投資と人的資本投資の概要

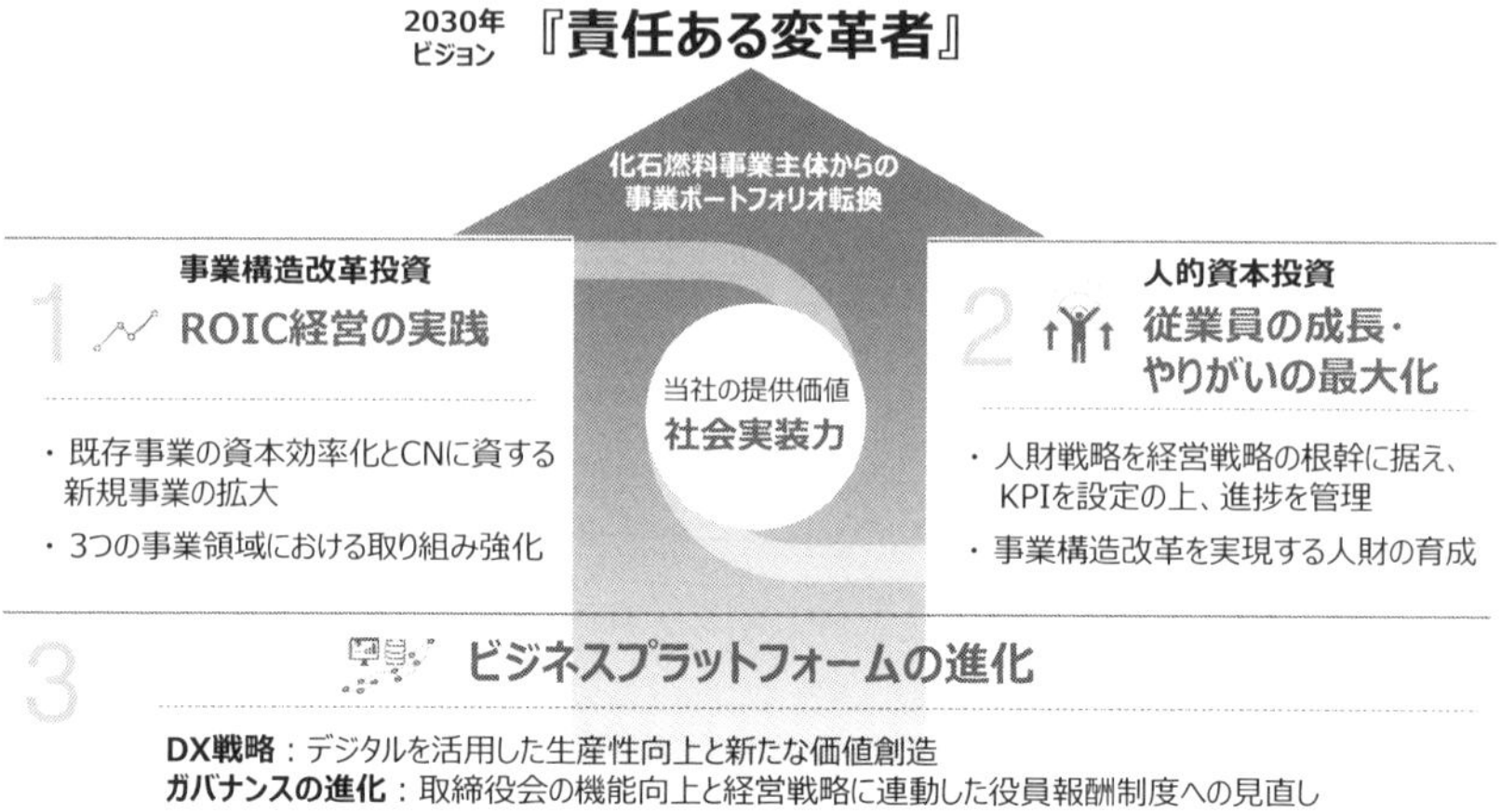
2030年ビジョン 『責任ある変革者』
化石燃料事業主体からの事業ポートフォリオ転換
当社の提供価値
社会実装力
1 事業構造改革投資
ROIC経営の実践
・既存事業の資本効率化とCNに資する新規事業の拡大
・3つの事業領域における取り組み強化
2 人的資本投資
従業員の成長・やりがいの最大化
・人財戦略を経営戦略の根幹に据え、KPIを設定の上、進捗を管理
・事業構造改革を実現する人財の育成
3 ビジネスプラットフォームの進化
DX戦略：デジタルを活用した生産性向上と新たな価値創造
ガバナンスの進化：取締役会の機能向上と経営戦略に連動した役員報酬制度への見直し

■「スマートよろずや」の社会実装実例

環境配慮型サービスステーション「apollostation Type Green」を新たに展開し、カーボンニュートラル実現に向けて国産木材の活用を進める。22年11月に1号店「スマートエコステーション南国バイパス」（写真）を高知県南国市に開所した。22年度中に神戸市や埼玉県飯能市でも開所を計画している

出所：出光興産

人材戦略のKPI（重要業績評価指標）として、「出光エンゲージメントインデックス」を現状の67％から30年には80％以上、女性役職者比率は現状の3％から同10％以上とします。従業員1人当たりの年間教育投資額は、現在の4万3000円から同10万円以上に引き上げます。これは国内トップクラスの教育投資額だと思います。

地方公共団体へ出向する機会を設けることで、従業員には新たな知見を得てもらいたいと考えています。今後、再生可能エネルギーや水素サプライチェーンの構築など新しい事業を行なう際には、行政の協力が必要になるでしょう。出向した本人も新たな技術知識や経験を身に付けることが期待できます。

サービスステーションを生活支援基地に

――地域創生に役立てるのが「スマートよろずや」です。

木藤　当社のサービスステーション（ＳＳ）は全国に約６２００カ所あります。ＳＳは今後、石油製品にこだわらず様々な事業を展開し、地域の人々の豊かな暮らしをサポートする生活支援基地へと「よろず（多様）」に進化していきます。自治体と連携する役目を地域の販売特約店が担い、社会課題の解決や新たな価値創造を目指します。

――ベルギーのユミコアと全固体リチウムイオン電池の共同開発を行ないます。狙いは何でしょうか。

木藤　当社の石油化学事業で培った硫化リチウムを原料とする硫化物固体電解質の技術力と、正極材のトップメーカーとしてのユミコアの知見を生かし、全固体リチウムイオン電池材料の開発を加速させようと考えています。

21年11月に稼働を開始した実証プラントで生産した試作品を、自動車メーカーなどに提供して共同研究を進めています。30年頃には全固体リチウムイオン電池の商業生産を始めたいと考えています。

――22年度は2期連続で最高益を更新する見通しです。

木藤　今、安定した利益を上げられているのは、取りも直さず化石燃料を中心とした事業によるものです。しかし、これに甘んじていては将来はありません。

新たなエネルギーや素材へのチャレンジに対して、いかに社員の心とリソースを振り向けていくかが大切です。今は様々なオプションを用意していますが、脱炭素社会に向けて、少しずつ絞り込んでいきます。

聞き手：杉山 俊幸（日経ＢＰ 総合研究所主席研究員）

代表取締役社長

長瀬産業

朝倉 研二 氏

朝倉 研二（あさくら・けんじ）氏：1955年生まれ、東京都出身。78年慶応義塾大学経済学部卒業後、長瀬産業入社。2006年自動車材料事業部長、09年執行役員、13年取締役兼執行役員、15年より現職

写真：大槻 純一

「全員参加」で質を追求

中期経営計画「ACE 2.0」で事業活動を通じた社会課題解決への貢献を打ち出した。非財務目標に「従業員エンゲージメント向上」と「カーボンニュートラル」を設定し、取り組みを進める。

（役職名・肩書を含む全ての情報は、「日経ESG」2022年９月号掲載時点のものです）

――2021年5月に発表した中期経営計画「ACE 2・0」で、「温もりある未来を創造するビジネスデザイナー」を目指すことを打ち出しています。

朝倉　ビジネスデザイナーという言葉は、私が社長に就任してからずっと使い続けています。化学系専門商社として190年の歴史を重ねてきた当社ですが、その枠にとらわれず商材、技術、経験などを組み合わせてビジネスをデザインする会社になるという思いを込めています。

「ACE 2・0」では「質の追求」も掲げました。サステナビリティを強く意識し、事業活動を通じた社会課題の解決に貢献するとともに、資本効率性の向上など収益構造の改善を図ります。デジタルトランスフォーメーション（DX）も一層加速し、研究開発やマーケティングを進化させます。

――非財務目標として、「従業員エンゲージメント向上」と「カーボンニュートラル」を設定しました。その背景を教えてください。

朝倉　NAGASEグループには商社部門と製造部門があり、取り扱う商材や取引業界は多岐にわたります。その中で私が委員長を務めるサステナビリティ推進委員会が、グループ全体で優先順位の高いテーマとしてこの2つを選びました。

委員会は外国人、中途採用者、女性らの多様なメンバー5人です。毎月1回、英語で会議を行なっています。拙速を避けるため無理に昨年の中計に間に合わせることはせず、「サステナビリティとは何か」から話し合い、議論を重ねた結果です。今、私が直轄するサステナビリティ推進本部が、目標達成に向けてプロジェクトを推進しています。

――従業員エンゲージメント向上にはどのように取り組んでいますか。

朝倉　従業員エンゲージメントを「会社と従業員が相互に理解し合い、お互いを高め合う状態」と定義づけ、第一歩として、現状を把握するサーベイ（調査）をグループ全体で実施しました。大事なのは結果そのものではなく、それを従

■ NAGASEグループのカーボンニュートラルに向けた取り組み

【NAGASEグループカーボンニュートラル宣言】

2050年目標 ： Scope1、2 ニュートラル
2030年目標 ： Scope1、2 46%削減（2013年比）
Scope3 12.3%以上削減（2020年比）

【NAGASEグループ全体】

全体施策

外部イニシアチブへの参画 / 環境対応投資の促進 / 社内炭素税の検討

【商社業主導】		【製造業主導】
施策① サプライチェーンにおける排出量の可視化など	可視化	施策② 戦略製品のLCA算出など
施策③ 低炭素製品・削減ソリューションの提供、環境対応型設備の導入など	削減	施策④ 生産工程改善、再エネ活用（購入・自家発電）など

「商社業主導/製造業主導」と「可視化/削減」に分類した2軸4象限でCO_2排出量削減に取り組む

出所：長瀬産業

業員と共有し、改善の姿勢を示すことです。
長瀬産業単体では21年8月に初のサーベイを実施しました。幸い平均より高いトータルスコアが出ましたが、一方で組織のコミュニケーション面では課題も浮き彫りになりました。解決に向けて、具体的な取り組みを始めています。

CO_2排出量を「可視化」「削減」

――従業員エンゲージメント向上が重要な理由を説明してください。

朝倉　使い古された言葉ですが、「商社は人なり」と言います。私自身、「従業員ファースト」を常に意識してきました。個人的なこだわりですが、最近盛んに使われる「人的資本の活用」という言葉からは、会社の業績が上がればいいという印象を受けてしまいます。大切なのは従業員がワクワク感を持って活動することで、それを従業員エンゲージメントという言葉で表現しています。
私は社長就任の初日、社内に向けて「全員参加」とい

う言葉を発信しました。理解し合い、コミュニケーションをしっかり取れば、従業員全員が会社に貢献できます。誰一人残すことなく活躍してもらう。そういう視点が重要です。

――カーボンニュートラルの実現に向けた取り組みも教えてください。

朝倉　グループ全体で50年までにスコープ1、2で温室効果ガス排出量の実質ゼロ達成を目指します。そのために、30年までにスコープ1、2で13年比46％削減、スコープ3で20年比12・3％以上を削減する目標を掲げました。

商社部門と製造部門とではビジネスモデルが大きく異なるため、それぞれを分けた上で「可視化」と「削減」を進め、2軸4象限（上の図）で目標達成に向けて取り組みます。

――CO_2排出量算定クラウドサービス「zeroboard」を開発したゼロボードと業務提携した狙いは何ですか。

朝倉　日本には中小規模も含め化学メーカーが数千社ありますが、CO_2算定の標準的な手順が定まらず、リソースも不足する中、多くの企業が可視化には手つかずのままです。化学商社のトップ企業として、こうした課題解決のお手伝いは使命だと考えています。今後、化学業界に向けて排出量削減を支援するソリューションなどを提供します。今年度中に500社への導入を目指します。

私たちが手掛ける事業は化学、自動車、食品などSDGsのソリューションにつながるものが多々あります。CO_2排出量においては悪者とされがちな化学業界ですが、可視化・削減を成し遂げ、NAGASEを社会課題の解決に役立つブランドとして浸透させたいと考えています。

聞き手：飯村かおり（日経ESG経営フォーラム事業部次長）

代表取締役社長
共同印刷
藤森 康彰 氏

藤森 康彰（ふじもり・よしあき）氏：1949年東京都生まれ。76年青山学院大学大学院理工学部修士課程修了後、共同印刷入社。2004年取締役、06年常務取締役、10年専務取締役、13年より現職

写真：吉澤 咲子

究極のアウトソーサーを目指す

大量印刷から少量個別印刷、BPOサービスまで顧客の様々な要望に対応して事業を拡大してきた。コーポレートブランド「TOMOWEL」を策定し、ステークホルダーを重視した成長を目指す。

（役職名・肩書を含む全ての情報は、「日経ESG」2023年２月号掲載時点のものです）

■ コーポレートブランド「TOMOWEL」を創業120周年を機に策定

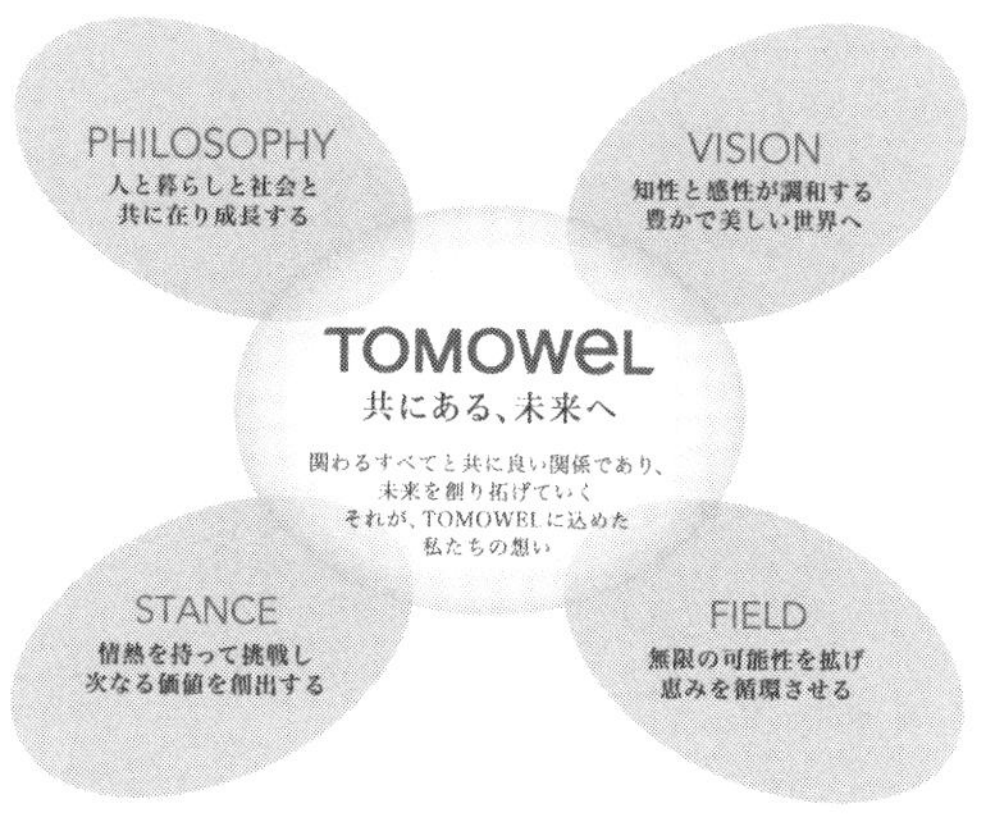
PHILOSOPHY
人と暮らしと社会と
共に在り成長する
VISION
知性と感性が調和する
豊かで美しい世界へ
TOMOWeL
共にある、未来へ
関わるすべてと共に良い関係であり、
未来を創り拓げていく
それが、TOMOWELに込めた
私たちの想い
STANCE
情熱を持って挑戦し
次なる価値を創出する
FIELD
無限の可能性を拡げ
恵みを循環させる

PHILOSOPHY、STANCE、FIELD、VISIONの4つで構成する「TOMOWEL WAY」で、グループ全体の在るべき姿を表す

出所：共同印刷

――コーポレートブランドを策定した狙いを教えてください。

藤森　当社は１８９７年、出版社の博文館が自社の書籍・雑誌を印刷する目的で創業しました。以来、出版印刷やカタログなどの商業印刷、データプリント業務を核に業務プロセスを担うビジネス・プロセス・アウトソーシング（ＢＰＯ）サービスなどを手掛けてきました。

ＩＣカードの分野では媒体の製造、発行業務も行なっており、交通系ＩＣカードの分野では高いシェアを占めています。安全性や地球環境に配慮したパッケージ、高機能材料などにも事業を拡大して、歯磨き粉などを充填するラミネートチューブの製造ではトップシェアです。

私が社長に就任した２０１３年に、創業１２０周年を迎える17年に向けて社員の思いを反映させたコーポレートブランドを策定し、「ＴＯＭＯＷＥＬ」（トモウェル）が誕生しました。「ＴＯＭＯ」は共同印刷の「共」を、「ＷＥＬ」は「良い・満ちる・親しみ」を意味します。「関わるすべてと共に良い関係であり、未来を創り拓げていく」という思いを込めました。

グループ全体の在るべき姿を、「PHILOSOPHY」「STANCE」「FIELD」「VISION」の４つの要素からなる「ＴＯＭＯＷＥＬ ＷＡＹ」として明文化しました。

■ 環境配慮製品「TOMOWEL NEXT PACKAGING」の例

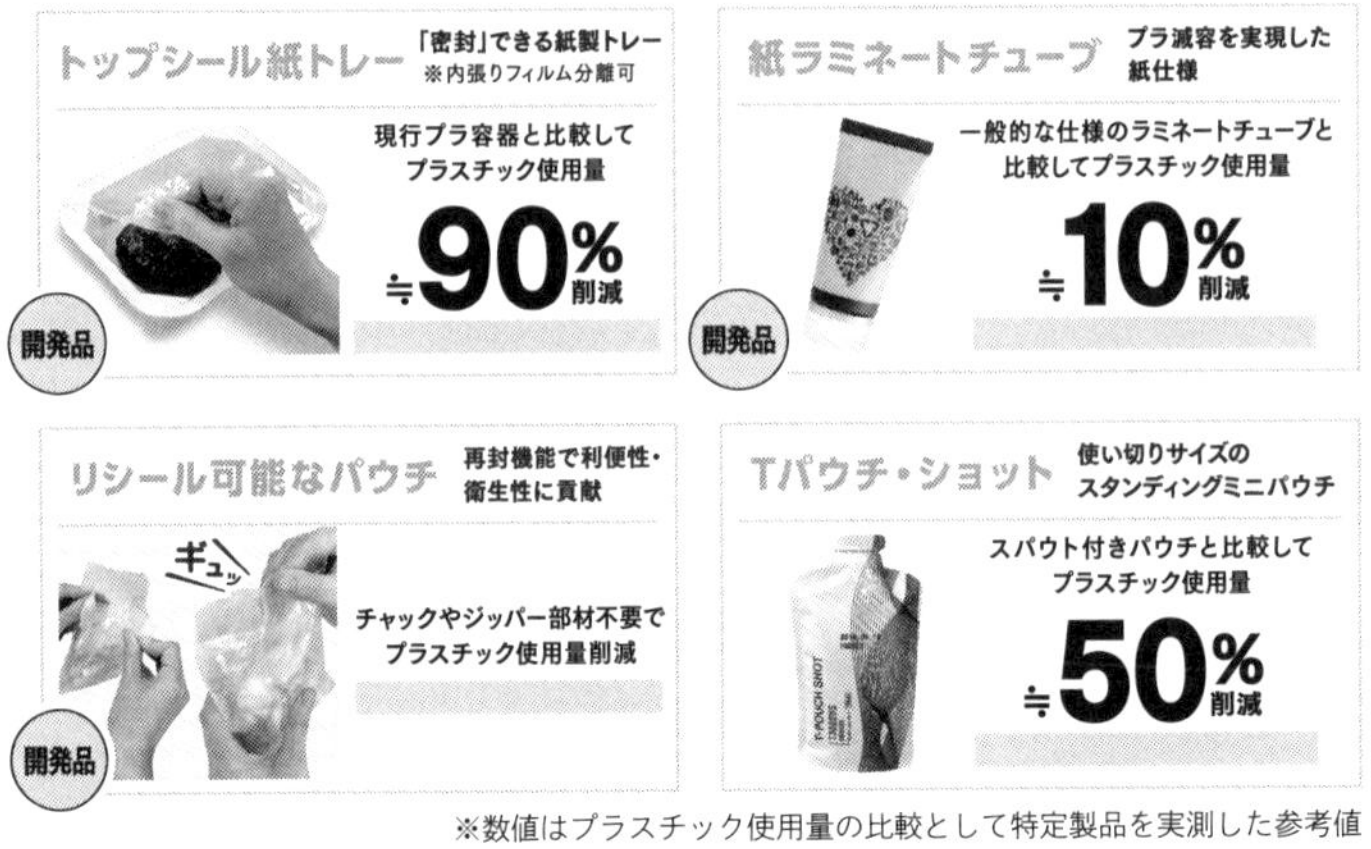
トップシール紙トレー
「密封」できる紙製トレー
※内張りフィルム分離可
現行プラ容器と比較して
プラスチック使用量
≒90%削減
開発品
紙ラミネートチューブ
プラ減容を実現した
紙仕様
一般的な仕様のラミネートチューブと
比較してプラスチック使用量
≒10%削減
開発品
リシール可能なパウチ
再封機能で利便性・
衛生性に貢献
ギュッ
チャックやジッパー部材不要で
プラスチック使用量削減
開発品
Tパウチ・ショット
使い切りサイズの
スタンディングミニパウチ
スパウト付きパウチと比較して
プラスチック使用量
≒50%削減
※数値はプラスチック使用量の比較として特定製品を実測した参考値

独自開発した環境配慮製品「トップシール紙トレー」や「紙ラミネートチューブ」「リシール可能なパウチ」などでプラスチック使用量を削減する

出所：共同印刷

技術力でBPOビジネス拡大

——印刷業を取り巻く環境は大きな転換点を迎えています。

藤森　印刷は究極のアウトソーシング・ビジネスです。出版社が制作した情報を印刷会社が大量印刷するのが出版であるように、印刷にはデータ加工業の要素があります。

少子高齢化や人口減少、デジタル化が進展する中で、紙の印刷物自体は市場が縮小しています。一方で、情報を何らかの媒体に書き込むデータ加工が印刷の重要な要素だと考えれば、デジタル化が進んでも印刷業が行なうことは変わりません。

当社を含む総合印刷会社は、祖業の出版印刷から他の分野へと事業範囲を広げて成長してきました。同一情報を大量印刷するのが事業の原点ですが、可変情報をデータベースから抽出して1点ずつ差し替えながら印刷する「バリアブル印刷」の市場が拡大しています。デジタル印刷機を使うことで個々に異なる内容の印刷物を作成し、小ロットから大ロットまで様々な部数に対応できます。

例えば、健診機関で受診した健康診断のデータを、個人ごとに異なるメッセージ印刷や同封物を封入して個別に発送することも可能です。顧客自身が作業をするよりも、当社が請け負った方が情報を価値あるものに加工して、省資源で効率的に出力できます。こうしたＢＰＯビジネスを拡大していくことで、印刷会社は究極のアウトソーサーに変化できると考えています。

——21年に策定した「環境ビジョン2025」では、「循環型社会の実現」を重要項目の1つに掲げています。

藤森　事業の柱の1つであるパッケージ・ビジネスでは、大量にプラスチックを使います。従来のラミネートチューブは保存性が高くパッケージとしては優れていますが、複数の素材を重ねているためリサイクルが難しく、焼却処理するしかありません。そこで、環境負荷を減らすため、胴体の一部に紙を使用した「紙ラミネートチューブ」を開発しました。

食品を密封する「トップシール紙トレー」や、プラスチック製ジッパーが不要な「リシール可能なパウチ」などの環境配慮製品も独自に開発しています（前ページの図）。使い切りサイズのミニパウチ「Ｔパウチ・ショット」は、従来製品と比べてプラスチック使用量を約50％削減できます。

当社は総合印刷会社では日本で初めて研究所をつくり、技術開発に力を入れてきた歴史があります。一層の環境対応を進め、持続可能な社会の実現に貢献していきます。

——印刷会社として、新しいイメージをどのように築いていきますか。

藤森　印刷会社というと紙に印刷するイメージが強いですが、データ分析から企画、製品加工までできるのが強みです。デジタル分野のノウハウを生かして購買履歴に人流、商品データなど他の情報を結び付けて情報価値を高める「データエンハンスメントサービス」など、さらに事業分野を広げていけると考えています。

聞き手：安達　功（日経ＢＰ 総合研究所フェロー）

南部 靖之 氏

パソナグループ

代表取締役グループ代表

南部靖之（なんぶ・やすゆき）氏：1952年生まれ、兵庫県出身。76年、関西大学工学部を卒業する1カ月前に人材派遣会社テンポラリーセンター（現パソナグループ）を設立。2007年より現職

写真：村田 和聡

日本の縮図、淡路島から地方創生

兵庫県の淡路島を起点に多様な人材を発掘・採用し、
それぞれが活躍する地方創生を推進する。
メタバース（仮想空間）、メディカルの分野にも参入し、
新たな課題解決に挑戦する。

（役職名・肩書を含む全ての情報は、「日経ESG」2022年7月号掲載時点のものです）

――本社機能の一部を東京から兵庫県の淡路島に移し、２０２２年４月にも入社式を開催しました。式では個人の役割についてお話しされました。

南部　新入社員に向けて、「３つのお祝いをしたい」と話しました。社会人としてリーダーになるチャンスを得たこと、社会貢献ができるチャンスを得たこと、そして雇用創出のチャレンジができることです。

彼ら彼女らには、知識のある賢い人間になるよりも、深みのある人間になってもらいたい。社会全体が喜ぶような志を持ってほしい。志を持った者には天が力を与えてくれる。そうした人材が集まれば、地方創生が可能になります。これまでの地方創生は工場の誘致が最優先だったかもしれませんが、これからは人材誘致が重要になると考えています。

――淡路島では社内業務にとどまらず、レストランやアミューズメント施設など様々な事業を展開しています。22年4月竣工の「禅坊靖寧（ぜんぼうせいねい）」について教えてください。

南部　禅体験やヨガができる宿泊施設です。10年計画でようやく実現しました。淡路島の自然の景観を損なわないよう、建築家の坂茂氏に「山の尾根より下に建ててほしい」と設計をお願いしました。健康がテーマで、食事は朝がゆ、昼は豆腐、夜はこんにゃく料理を提供します。

私の実家の近くに浄土宗総本山知恩院の末寺があり、中学から高校、大学時代にそこで多くのことを学びました。社会の問題を解決するという当社の企業理念には、学生時代にお寺で学んだことが生きています。

生きていく上で大切なのは、心を磨き、心の安定や安らぎを得ることです。「禅坊靖寧」は、これからのパソナグループの象徴になる施設です。多くの人に禅やヨガを体験してもらいたいと思います。

――人材派遣やアウトソーシング事業に加えて、今後は地方創生に関する事業が中核になっていくのでしょうか。

南部　社会の問題は時代によって変わります。リーマン・ショック後は若者の就職難が社会問題になりました。ひとり親家庭も深刻な課題です。当社は今、「ひとり親　働く支援プロジェクト」で、子育てをしながら頑張るシングルマザーを積極的に雇用し、応援しています。

入社式には新卒社員のほかに、ひとり親家庭の方、就職困難だった若年層、多様な経験を積み重ねた方たちが出席しました。淡路島では多様な人材を採用し、それぞれが活躍する地方創生を推進しています。

私はよく「先見の明がある」と言っていただくのですが、そうではなくて、未来の兆しにすぐに気づき、問題をつかむ力があるのかもしれません。問題が分かれば、おのずと答えは出てくるものです。物事の本質を見ることもお寺で学びました。

■ パソナグループは入社式を淡路島で開催

写真：村田 和聡

2022年4月1日に淡路島で行なわれた入社式。266人の新入社員が一堂に会した

入社式で新入社員一人ひとりに辞令を授与する南部靖之代表
写真：パソナグループ

メタバースが新規産業に

——メタバース関連事業への参入を発表しています。

南部　20年9月から本社機能の一部を淡路島に移し、予期せぬ喜びがありました。その1つが関西、四国、淡路島から豊富な人材を採用できたことです。そうした人材がコミュニケーションをしっかり取りながら仕事をしてくれているので、事務効率が2～3割向上しました。180人を要していた営業部門のバックオフィス業務が、150人でできるようになりました。
新たな産業創造に向けて、メタバース本部も立ち上げました。大阪大学

■ 淡路島で禅体験ができる「禅坊靖寧」

今春竣工した「禅坊靖寧」は禅やヨガ体験や四季折々の禅坊料理が楽しめ、露天風呂などもある宿泊施設

写真：パソナグループ

の石黒浩教授が設立したＡＶＩＴＡ（東京都渋谷区）と連携し、雇用創出と新産業創造を目指す「アバター人材雇用創出プロジェクト」を進めています。アバターによる接客が当たり前になる日も来るでしょう。大切なのはメタバースで完結させるのではなく、メタバースとリアルな社会を結び付けることです。

日本の心臓血管外科のトップランナーである大阪大学の澤芳樹名誉教授の協力を得て、25年の大阪・関西万博でのパビリオン出展に向けた健康産業改革にも取り組んでいます。

――「ＥＳＧローン」も実施しています。

南部　メタバース１つとっても、多額の資金を必要とします。事業資金確保のため、各地の地方銀行25行による「ＥＳＧ経営支援シンジケートローン」契約を締結し、２１７億円を調達しました。地方創生に取り組むには地銀との関係構築がとても大切です。

人口12万人ほどの淡路島は、まさに日本の縮図です。医療問題、教育問題など、ここでは地方が抱える様々な課題が見えてきます。淡路島でうまく未来設計ができれば、他の地域に展開することができます。

聞き手：酒井　耕一（日経ＥＳＧ発行人）

第 2 章

脱炭素編

代表取締役社長
ダイドーグループホールディングス
髙松 富也 氏

髙松 富也（たかまつ・とみや）氏：2001年京都大学経済学部卒業後、三洋電機入社。04年ダイドードリンコ入社、08年取締役、09年常務取締役、10年専務取締役、12年取締役副社長、14年代表取締役社長、17年より現職

写真：太田 未来子

自販機ビジネスで脱炭素を実現

「サステナビリティ委員会」を経営戦略の中心に据え、
実効性を高める取り組みを推進する。
事業の根幹である自販機ビジネスを進化させ、
サステナブルな社会の実現を目指す。

（役職名・肩書を含む全ての情報は、「日経ESG」2023年４月号掲載時点のものです）

――CO_2排出量実質ゼロの自動販売機の導入を進めています。導入の狙いや仕組みについて聞かせてください。

髙松　2050年までに自販機ビジネスにおけるカーボンニュートラルを目指している当社では、達成に向けて「LOVE the EARTHベンダー」を展開しています。

自販機の年間消費電力量に相当する「再エネ指定の非化石証書」を当社が代理購入することで、自販機稼働時のCO_2排出を実質ゼロにするというものです。「お客様と共にサステナブルな未来を創る」をテーマとしている当社でスコープ3のCO_2排出量を削減するとともに、設置先のお客様に脱炭素という価値を提案できる仕組みです。

22年7月に本格的にスタートしてから設置台数が速いスピードで伸び、半年間で700台（22年度末時点）に達しました。環境価値がビジネス拡大のエンジンになっているケースと言えます。「非化石証書」はコストではなく先行投資と考え、今後も台数を増やしていきます。また、自社の排出量（スコープ1）の削減を重要な課題と捉え、ルート車両の電動化などを検討していきます。

――IoT（モノのインターネット）を活用したスマート・オペレーションを導入しています。具体的な内容を教えてください。

髙松　少子高齢化などによる労働力不足は当社でも深刻化しており、自販機網を支えるオペレーション部門にも影響が出始めています。そこで、この部門の生産性を向上するため、自販機に通信機器を取り付けて販売データを収集・活用するスマート・オペレーションに取り組んでいます。

これにより、今まで担当者の経験値や勘に頼っていた訪問ルート計画や商品の補充数量、事前ピッキング作業が最適化され、業務を飛躍的に効率化できます。トラックに予備の商品を積む必要がないため積載効率が上がり、車両運行台数も減らせるので、CO_2排出量の削減にもつながります。

22年5月に、当社が直接管理している全自販機に導入が完了しました。現在はいかにオペレーションの精度を高めて

■「LOVE the EARTHベンダー」の概要と施策

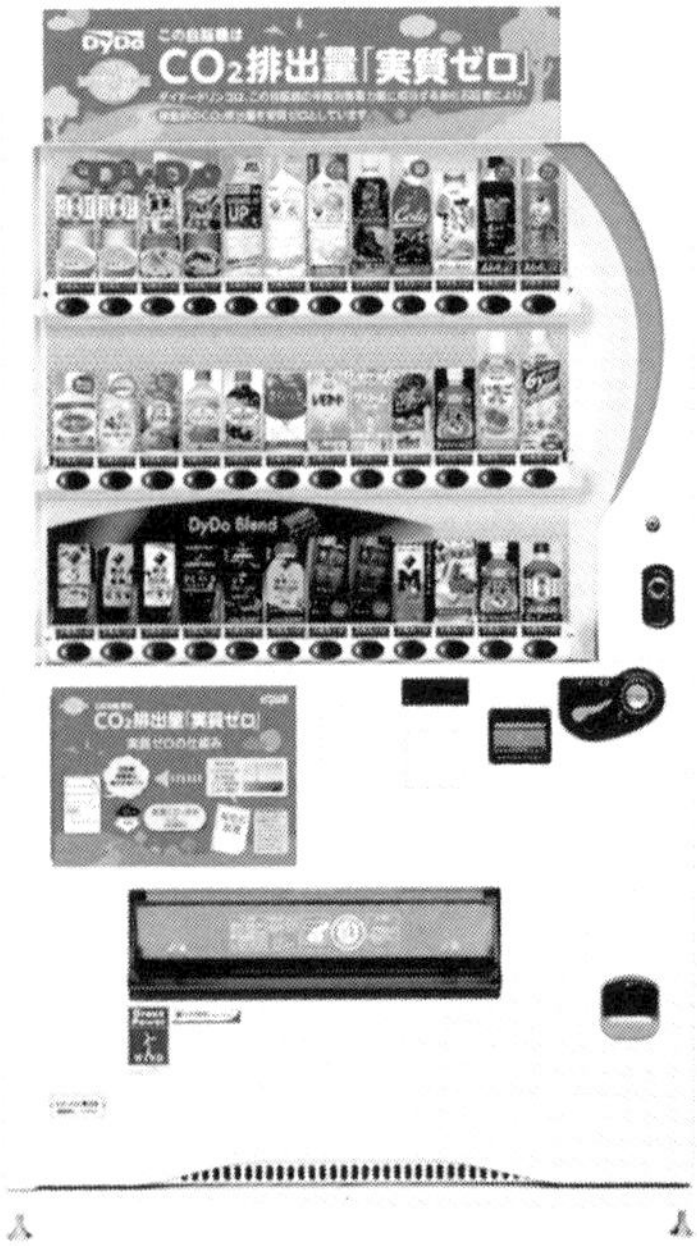

▌CO_2 排出量「実質ゼロ」の自販機の展開

自販機の年間消費電力量に相当するCO_2排出量

「再エネ指定の非化石証書※」の購入

▌自販機設置先オーナー様のご要望にお応えするオプションも用意

① カーボンニュートラル証書の発行
② 植林プロジェクト
③ アルミボトル缶ラインアップ

※非化石証書：非化石電源（太陽光・風力・水力・地熱・バイオマスなどの再生可能エネルギー）で発電された電気の環境価値（非化石価値）分を証書化し売買可能にしたもの（主管官庁 経済産業省の制度として2018年5月から開始）

出所：ダイドーグループホールディングス

成果を出していくかに取り組んでいます。

――自販機オペレーションでは、競合他社とタッグを組みました。

髙松　アサヒ飲料にスマート・オペレーションを評価していただき、同じ仕組みを展開することで合意が得られました。23年1月に共同持ち株会社「ダイナミックベンディングネットワーク」を設立し、業務提携しました。

アサヒ飲料とは、以前からお互いの自販機に商品供給を行なうなど協働する動きがあり、その中で提携の話が進んでいました。今後は、協業によるスケールメリットを生かし、スマート・オペレーションの効率をより高めて人手不足の課題を解決しながら、配送効率を上げ、環境負荷の少ない持続可能なオペレーションの実現につなげていきます。

委員会を起点に実効性向上

――サステナビリティへの取り組みを進めています。

髙松　「世界中の人々の楽しく健やかな暮らしをクリエイトするＤｙＤｏグループへ」という「グループミッション２０３０」に向けて、ステップを踏んできました。22年1月には、従来のＥＳＧ委員会を進化させ、経営戦略の中心に位置付ける形でサステナビリティ委員会を立ち上げました。サステナビリティ経営の実効性を高めるための取り組みを実施しています。

　具体的には、「サステナビリティプログラムによるマテリアリティ関連活動の進捗確認」「グループ環境分科会におけるグループ間での環境関連の情報共有」「気候関連財務情報開示タスクフォース（ＴＣＦＤ）対応（シナリオ分析・財務インパクト試算）」「サプライヤーや取引先など計12社へのステークホルダーヒアリング」の４つを進めてきました。

――ステークホルダーヒアリングではどのような成果がありましたか。

髙松　ステークホルダーの声から、当社がサステナビリティの実現に向けて注力すべきことを改めて認識することができました。中でも一番の課題は、マテリアリティに掲げている「こころとからだにおいしい商品の提供」（グループスローガンと同義）の意味するところが社外に伝わっていなかったことです。

　様々な取り組みを進める一方で今一度基本に立ち戻り、当社の提供価値を見直して具現化し、世の中に伝える努力をしていきます。

聞き手：田中 太郎（日経ＥＳＧ経営フォーラム事業部長）

蓮輪 賢治 氏

大林組

代表取締役社長

蓮輪 賢治（はすわ・けんじ）氏：1953年生まれ。大阪府出身。大阪大学工学部土木工学科卒業後、大林組入社。2010年執行役員、12年常務執行役員に就任。14年常務執行役員（テクノ事業創成本部長）、16年取締役専務執行役員（同）を経て、18年3月より現職

写真：吉澤 咲子

「自分ごと」の脱炭素で変革を加速

企業理念である「持続可能な社会の実現への貢献」に向け、中期経営計画2022を策定した。全従業員が企業理念を共有し、「自分ごと」として取り組むことがカーボンニュートラル実現への近道と考える。

（役職名・肩書を含む全ての情報は、「日経ESG」2022年7月号掲載時点のものです）

――２０２２年度を初年度とする5カ年の「大林グループ中期経営計画２０２２」を発表しました。策定に至った背景を教えてください。

蓮輪　新型コロナウイルス感染症の拡大に伴う人々の価値観・行動様式の変化や昨今のウクライナ情勢、加速する国内のカーボンニュートラルへの流れなど社会や経済は急激に変化しており、将来の予測が難しい不確実な時代を迎えています。

一方、国内建設業界における事業環境は、10年度の建設投資約42兆円を底に、東日本大震災の復興需要が契機となり、景気の回復とともに建設投資が大幅に拡大し、17年度には60兆円を超える規模となりました。コロナ禍で一旦ブレーキはかかったものの今後は堅調に推移すると見込んでいます。加えて、建設投資の内容では、現在、建築ではデータセンターや物流施設など、土木では国土強靭化計画に伴うインフラリニューアルが増加の中心となっています。今後はその質が変化していくことが予測され、25年の大阪・関西万博を含む夢洲地域の開発をはじめ、スマートシティを軸とした新たな街づくりなど、カーボンニュートラルやウェルビーイングを実現する建設需要の拡大が見込まれます。

このように社会や発注者のニーズが変容していく中で、いかに市場ニーズを先んじて捉え、課題解決につながる提案を行なえる組織能力を構築できるかが、当社の成長の鍵となります。こうした状況と当社の21年度の業績を踏まえ、今回、新たな中期経営計画を策定しました。

国内建設以外で稼げる企業へ

――新しい中期経営計画では、経営課題をどう捉えていますか。

蓮輪　経営課題としては、「顧客への提案力と建設プロセスに係る生産能力を拡充し、建設事業の基盤を強化」「社会課

■ 大林組の温室効果ガス削減のための施策

Scope 1	● バイオディーゼル燃料(BDF)など軽油代替燃料の導入 ● ICT省力化施工の推進 ● 省エネ工法や省燃費建機、建機の電動化などの開発・実用化 ● 100%BDF、水素などの次世代燃料への転換
Scope 2	● 再生可能エネルギーへの転換 (建設現場、オフィス、寮・社宅・保養所、開発不動産)
Scope 3	● ZEBの推進・拡大 ● 低炭素資材の開発・実用化(木造・木質化建築の推進など) ● エネルギーソリューションの提供など営業力の強化

出所：大林組

題解決を新たなビジネス機会とするための技術とビジネスのイノベーション」「持続的成長のための事業ポートフォリオの拡充」の3点を挙げています。これらの課題にしっかりと取り組むことを基本戦略とし、新たな中期経営計画のテーマである「事業基盤の強化と変革の実践」を実現していきます。

取り組みの推進に当たっては、22～23年度を基盤強化のステージ、24～26年度を変革実践のステージと位置付けています。まずは、23年度までの2年間で、国内を中心とした建設事業を強化することにより、連結営業利益1000億円をボトムラインとして、安定的に収益を創出できる事業基盤を構築します。

24年度以降は営業利益の3割以上をグリーンエネルギー事業や開発事業、海外建設といった国内建設以外の事業で稼ぐことができる強靭な企業体質へと変革していきます。

――非財務指標の目標については、どのように設定していますか。

蓮輪　環境面でいえば、CO_2排出量削減の目標として30年度までに19年度比で、スコープ1、2では46・2%削減、スコープ3では27・5%削減と設定しました。パリ協定と科学的根拠に基づく目標（SBT）にコミットし、50年までにカーボンニュートラル実現を目指します。

ただ、当社にとって脱炭素への取り組みは、決して目新しいことではありません。企業理念として「持続可能な社会の実現への貢献」を掲げており、将来の在るべき姿からバックキャスティングの手法によって、11年に「ObayashiGreenVision2050」

を策定し、再生可能エネルギー事業を行なうなど環境に配慮した社会づくりに取り組んできました。このグリーンビジョンをより発展させ、19年に「Obayashi Sustainability Vision ２０５０」へと改訂し、今に至っています。これからも単に数値目標を達成するのではなく、全従業員が企業理念を共有し、「自分ごと」として取り組んでいくことがカーボンニュートラル実現への近道と考えています。

――ＳＢＴの目標を達成する具体的な取り組みについて教えてください。

蓮輪　スコープ１、２では、これまでの省エネの取り組みを加速させるとともに、スコープ１ではＧＴＬ燃料、バイオディーゼル燃料（ＢＤＦ）などの軽油代替燃料の導入をはじめ、ＩＣＴ（情報通信技術）省力化施工の拡大やハイブリッド建機・電動建機の導入を促進していきます。スコープ２では国内の建設現場・オフィスなどで使用する電力の１００％グリーン化を目指し、再エネへの転換を進めていきます。

スコープ３については、当社グループだけで進められるものではなく、発注者のご理解や社会ニーズの高まり、サプライチェーンを主体とした取り組みの成果が前提となります。その上で、「事務所」や「工場」などの設計施工案件を中心としたネット・ゼロ・エネルギー・ビル（ＺＥＢ）の推進・拡大とともに、「クリーンクリート」など低炭素資材の開発・実適用の推進、大型建築物の木造・木質化の普及拡大により目標を達成したいと考えています。

――スコープ3のカテゴリー11（建物運用）については、どのように考えていますか。

蓮輪　スコープ３において、最も大きな割合を占めるのがカテゴリー11です。発注者に引き渡した後の当社設計施工建物の運用において排出されるＣＯ２の削減が必要となるため、発注者のご理解が不可欠となります。ご理解を得るために、建物のＺＥＢ化によりイニシャルコストは上昇するものの、ランニングコストを抑えることで建物のライフサイクル全体のコストが抑えられること、加えて発注者が進めるＣＯ２削減の取り組みに寄与できることや社会課題解決に貢献できることを丁寧に伝えることが重要だと考えています。

■ 5つの事業分野に経営資源を配分する

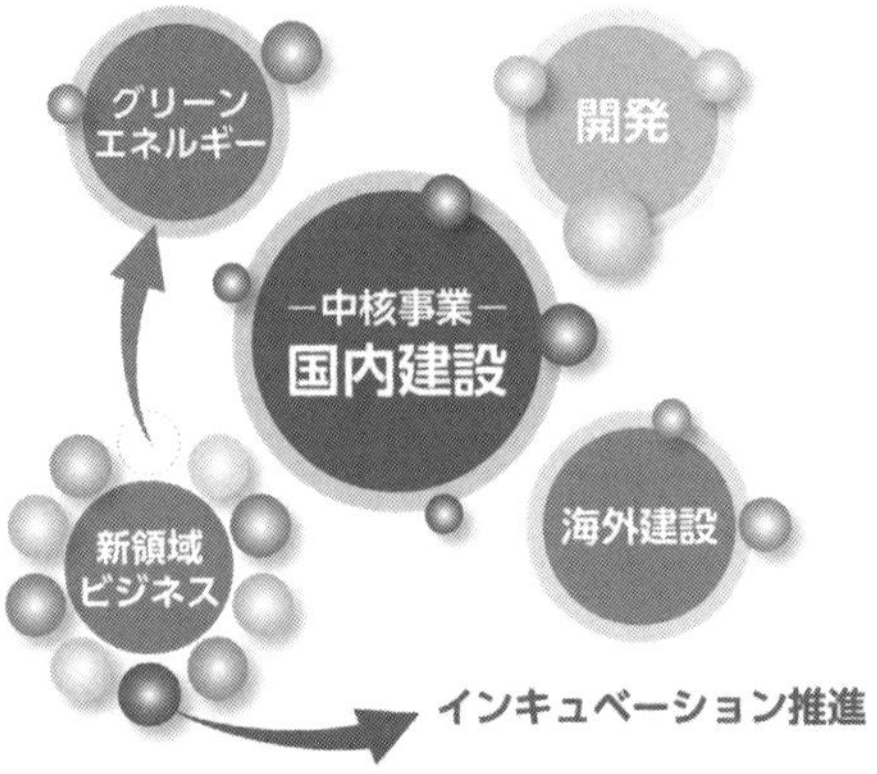

高層純木造耐火建築物の「Port Plus」

ニュージーランドのタウポでグリーン水素を試験販売

本社オフィスをフリーアドレス化し、多様な働き方に対応

最新の環境技術と省エネ技術を導入し、ZEBを実現した技術研究所本館テクノステーション

出所：大林組

――社会とガバナンスについては、非財務定性指標の目標をどう設定していますか。

蓮輪　社会については、安全・品質の確保として、死亡災害・重大災害・重大品質不具合の根絶を目指します。ウェルビーイングにも焦点を当て、ビジネス機会創造の取り組みと従業員やサプライチェーンのウェルビーイング実現の取り組みの両面で推進していきます。また、多様な人材の活躍を促し、競争力を強化する観点から、ダイバーシティ&インクルージョン、健康経営についても進めていきます。ガバナンスについては、当社グループの持続的な成長のため、取締役会の下にサステナビリティ委員会を新設し、サステナビリティ課題についての基本方針を検討するとともに、実行状況をモニタリングしていきます。

脱炭素をビジネス機会に

――脱炭素は建設業にとって大きなビジネスチャ

ンスになると思います。どのようなソリューションを提供していく考えですか。

蓮輪　当社グループでは、建設のライフサイクル、すなわち建築物の企画・設計・新築から維持管理、リノベーション、解体までのライフサイクル全体のマネジメントサービスを提供することが可能です。さらに、自然エネルギー、次世代エネルギーを活用したインフラや、環境への負荷を低減できる技術の実装は、当社グループの大きな強みといえます。これらの総合的競争力を活かし、建築物および土木構造物の長寿命化やCO_2の抑制・吸収といった社会のニーズに応えていきます。

具体的な例として、当社グループでは業界に先駆けて、東京・清瀬市の大林組技術研究所本館テクノステーションでZEBを実現するなど、ZEBの最新技術を蓄積しており、建物の用途や特性に応じて最適なZEBをご提案することが可能です。

大規模木造建築にも着手し、横浜市に日本初の高層純木造耐火建築物の大林組次世代研修施設「Port Plus」を22年3月に完成させました。大規模木造建築はCO_2の削減だけでなく、森林資源を活用したサーキュラーエコノミーの観点からも環境負荷低減に貢献するものです。この建設で培ったノウハウを活かし、大型建築物の木造・木質化をソリューションとして提供していきます。

――新領域ビジネスとしてグリーンエネルギー事業も進めています。

蓮輪　私は現職の前にテクノ事業創成本部を立ち上げ、自ら初代の本部長に就任し、新領域事業として再エネの発電事業を手がけてきました。例えば、ニュージーランドにおいてグリーン水素製造プラントを建設し、21年12月からグリーン水素の試験販売をスタートしています。途上国での脱炭素も大きな課題と捉え、スリランカで早生木質バイオマスを燃料とする発電事業に参画し、発電電力を国家送電網に給電しています。大きなビジネスチャンスでもあり、社会貢献でもあるグリーンエネルギー事業に今後も注力していきます。

「働きがい改革」を推進

――ウェルビーイングの取り組みも掲げています。

蓮輪　新たな事業を創出し、企業としての競争力を高めるためにもウェルビーイングの視点は不可欠です。まず、社内に向けた取り組みとして、「働き方改革」から「働きがい改革」を目指し、従業員のワークライフバランスの実現やダイバーシティ&インクルージョンを推進しています。建設現場の安全・安心を向上するために、サプライチェーンも含めて事業に関わる全ての人が働きがいを感じられる環境を整備していくことが重要だと考えています。

一方、ウェルビーイングに関わる事業としては、デジタルツインを活用した豊かな都市づくりが将来的に大きなビジネス機会になると考えています。

デジタルツインの最大の価値は、デジタル空間にリアル空間を再現することによって事前のシミュレーション・分析・最適化を行ない、それをリアル空間にフィードバックすることにあります。当社では、ビッグデータによって最適化された50年の未来都市「モザイク・シティ」の都市像も描いており、デジタルツインを活用したエリアマネジメントサービスへの取り組みを進めていきます。

聞き手：安達 功（日経BP 総合研究所フェロー）

藤野 研一 氏

関電不動産開発

代表取締役社長

藤野 研一（ふじの・けんいち）氏：1989年早稲田大学大学院理工学研究科修士課程修了後、関西電力入社。2016年同社お客さま本部副本部長、18年営業本部副本部長、20年執行役員営業本部副本部長、21年より現職

写真：太田 未来子

未来型街づくりで CO_2 排出をゼロに

サステナビリティを最重要課題に位置付け、事業を通じて持続可能な未来の実現を目指す。ZEHとZEBの標準仕様で、未来型の街づくりを推進する。

（役職名・肩書を含む全ての情報は、「日経ESG」2023年５月号掲載時点のものです）

――脱炭素社会の実現に向けてどのように取り組んでいますか。

藤野　当社は関西電力の生活ビジネスソリューションを担う100%子会社として、関西圏を中心に首都圏や仙台、名古屋などで不動産事業を展開しています。

関西電力グループは2021年、発電事業をはじめとする事業活動に伴うCO_2排出量を50年までにゼロにする「ゼロカーボンビジョン2050」を策定し、22年には目標達成に向けた関西電力のロードマップを公表しました。ゼロカーボン委員会を設置して、グループ戦略も立ち上げました。

関西電力グループの「ゼロカーボンビジョン2050」を具現化するために、当社でも「関電不動産開発 ゼロカーボンロードマップ」を策定し取り組みを強化、積極的に推進することにしました。

――22年4月に新たな経営理念を制定しました。

藤野　当社の経営理念「安心で快適なまちの基盤づくりを通じて、持続可能な未来の実現を目指す」には、エネルギーなど様々なリソースを活用し、安全・安心で快適な商品・サービスを提供し、人々の暮らしやビジネスの場を支えて豊かにしたいとの思いを込めています。

若手社員を中心に数年かけて議論したもので、常に会社の方向性を示す理念に立ち返って事業を推進していきます。

――サステナビリティの施策について聞かせてください。

藤野　私が委員長を務め、役員をメンバーとするサステナビリティ委員会を設置し、全社的な計画や施策を策定して活動を展開しています。

重点課題については、下部組織の部会を設けています。コンプライアンスとリスクマネジメント以外のESG全般はサステナビリティ推進部会が担当し、CO_2排出削減についてはゼロカーボン検討ワーキンググループで議論します。今後は、生物多様性や資源循環の施策も検討していきます。

■ 関電不動産開発のゼロカーボンロードマップ

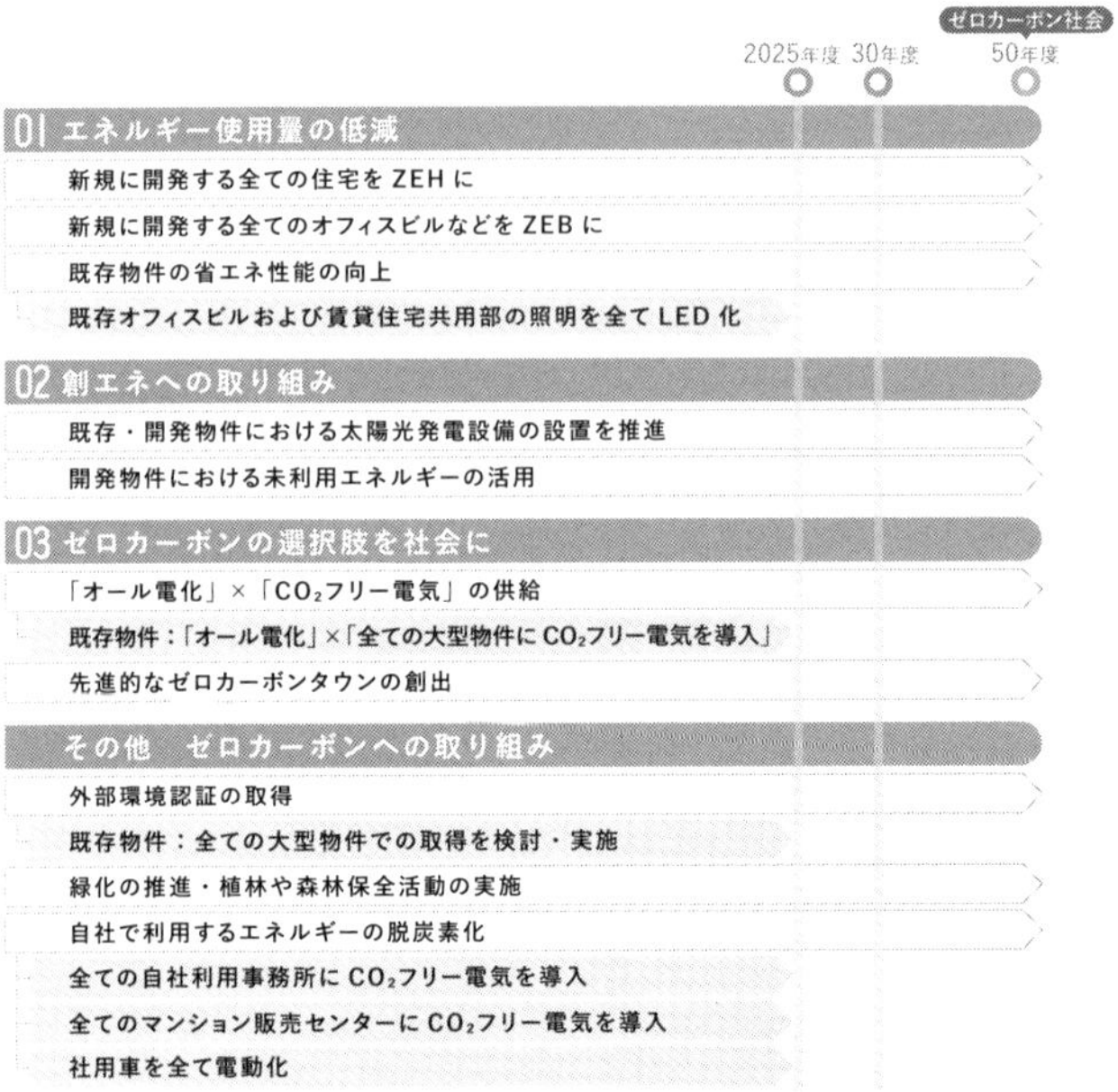

	2025年度	30年度	ゼロカーボン社会 50年度
01 エネルギー使用量の低減			
新規に開発する全ての住宅を ZEH に			
新規に開発する全てのオフィスビルなどを ZEB に			
既存物件の省エネ性能の向上			
既存オフィスビルおよび賃貸住宅共用部の照明を全て LED 化			
02 創エネへの取り組み			
既存・開発物件における太陽光発電設備の設置を推進			
開発物件における未利用エネルギーの活用			
03 ゼロカーボンの選択肢を社会に			
「オール電化」×「CO₂フリー電気」の供給			
既存物件：「オール電化」×「全ての大型物件にCO₂フリー電気を導入」			
先進的なゼロカーボンタウンの創出			
その他　ゼロカーボンへの取り組み			
外部環境認証の取得			
既存物件：全ての大型物件での取得を検討・実施			
緑化の推進・植林や森林保全活動の実施			
自社で利用するエネルギーの脱炭素化			
全ての自社利用事務所に CO₂フリー電気を導入			
全てのマンション販売センターに CO₂フリー電気を導入			
社用車を全て電動化			

※ZEHとはZEH（ZEH-M）Oriented基準以上の省エネルギー性能を有する水準を表す。※ZEBとはZEB Oriented基準（物流施設においてはZEB Ready基準）以上の省エネルギー性能を有する水準を表す。※取り組みの対象物件は、他社との共同事業で関電不動産開発が非幹事の物件などの一部物件は対象外となる場合がある。※社用車の電動化とは、電気自動車（EV）、プラグインハイブリッド車（PHV）、燃料電池車（FCV）などにすることを表し、一部車両を除く

オール電化・省エネ・創エネにより、50年までに事業活動に伴うCO_2排出ゼロを目指す　　出所：関電不動産開発

ZEHとZEBを標準に

――CO_2排出ゼロの実現に向けた具体的な取り組みを教えてください。

藤野　分譲住宅ではオール電化、電気自動車（EV）対応、年間のエネルギー消費量の収支をゼロにするZEH（ネット・ゼロ・エネルギー・ハウス）化を推進します。23年度以降新規に計画する住宅は、原則としてZEH Orientedを標準にします。オフィスビルと商業施設もオール電化、EV対応、ZEB（ネット・ゼロ・エネルギー・ビル）Orientedを標準にします。戸建て住宅については、専門部署を設置して積極的に事業を推進しています。

官民一体のプロジェクト「SMART ECO TOWN星田」（大阪府交野市）で、当社は戸建て194戸、マンション2棟を計画しています。ここでは全戸オール電化

と太陽光発電設備の設置、高断熱仕様を標準として、年間のエネルギー消費量の収支を75％以上削減するNearly ZEH以上の性能を取得します。マンションでは１次エネルギー消費量を20％以上削減するZEH-M Orientedを取得します。

本社を置く大阪市の中之島では今、最先端の未来医療の実用化・産業化拠点として再開発が進んでいます。当社もCO_2排出ゼロ社会の実現と未来型の街づくりに貢献します。

――企業経営において、ＥＳＧをどのように位置付けていますか。

藤野　ＥＳＧは経営の根本であり、最重要課題だと考えています。環境課題については、CO_2排出ゼロの実現に向けた街づくりのモデル事例を示していきます。社会課題については、コロナ禍以降で大きく変わりつつある新しい働き方に合わせたオフィスづくりに努めます。

関西電力では、新電力の顧客情報不正閲覧問題が起きました。当社としても法令順守を徹底してガバナンス強化に取り組み、事業を推進していきます。

聞き手：斎藤　正一（日経ＥＳＧ経営フォーラム事務局長）

相川 善郎 氏

大成建設

代表取締役社長

相川 善郎（あいかわ・よしろう）氏：1957年生まれ。80年東京大学工学部建築学科卒業後、大成建設入社。2011年東京支店建築部長、13年執行役員、16年常務執行役員、19年取締役、20年より現職

写真：中島 正之

ゼロ・カーボン・ビルの実現を推進

「ZEBのフロントランナー」が、建築物のライフサイクル全体でのCO_2排出量ゼロを目指す。
CO_2排出量削減効果の評価システム「T-ZCB」を開発し、次世代技術研究所の建設で有効性を検証する。

（役職名・肩書を含む全ての情報は、「日経ESG」2023年２月号掲載時点のものです）

――ネット・ゼロ・エネルギー・ビル（ＺＥＢ）にいち早く取り組んできました。新たに打ち出したゼロ・カーボン・ビル（ＺＣＢ）はどう違うのでしょうか。

相川　大成建設が最初にＺＥＢに取り組んだのは、２０１４年に技術センター（横浜市）内に建てた国内初の都市型ＺＥＢ実証棟です。その後、日本各地の大型商業施設、大規模生産施設、研究施設などの建築物で実績を積み上げてきました。さらに既存の建物をＺＥＢ化する「リニューアルＺＥＢ」の取り組みを加速しており、ＺＥＢのフロントランナーとして、その実現に一定の答えを出してきたと自負しています。

ＺＥＢは建築物の運用段階を対象とするものです。これに対してＺＣＢは、50年のカーボンニュートラルに向けて、調達から施工・運用・修繕・解体まで、建築物のライフサイクル全体でCO_2排出量ゼロを目指すというのが基本的な考え方です。その第一歩として、23年度に着工する大成建設グループ次世代技術研究所（埼玉県幸手市）において、当社開発のCO_2排出量削減効果の評価システム「Ｔ-ＺＣＢ」を適用し、その有効性を検証する計画です。

――大成建設の環境目標の中でＺＣＢをどう位置付けていますか。

相川　30年に基準年比でスコープ１、２を40％削減、スコープ３を20％削減するのが目標です。売上高原単位ではスコープ１、２は50％削減、スコープ３は32％削減になります。ＺＣＢが増えれば当然、スコープ１、２、３が減っていきます。ＺＣＢの実装に向けた取り組みを加速し、目標達成につなげていきます。

――次世代技術研究所の建設には、どんな技術を導入しますか。

相川　研究所の敷地面積は約１万１０００㎡です。調達段階での削減技術として、構造物以外の部分での「カーボンリサイクルコンクリート（T-eConcrete/Carbon Recycle）」の採用、長寿命化建材や地場産木材の利用などに取り組みます。建設段階では、ハイブリッド重機の活用、作業事務所の「ZEB Ready」化などによるCO_2削減に取り組みます。運用段階では、照明・空調の省エネシステム「T-Zone Saver」、ガラス一体型発電システム「T-Green Multi Solar」などの

■ 次世代技術研究所で新技術を実証する

2023年度に本格着工する大成建設グループ次世代技術研究所（埼玉県幸手市）のイメージ

建設する際には、同社開発のCO_2排出量削減効果の評価システム「T-ZCB」を適用する。「T-eConcrete/Carbon Recycle」（左）、「T-Green Multi Solar」（右）などの技術を導入して実証実験を行なう

出所：大成建設

技術の採用を考えています。

「T-eConcrete」と「T-Green Multi Solar」は、22年11月にエジプトで開かれた国連気候変動枠組み条約第27回締約国会議（COP27）のジャパン・パビリオンに出展し、海外の多くの方々に見ていただきました。

サーキュラーエコノミーの観点からは、巡回回収システムを導入しています。現場で生じた残材を可能な限り分別・リサイクルします。例えば、壁のボードの切れ端を集め、工場に運んでボードに再生します。トラックが巡回することで車両の運用台数を削減することにもつながります。

CO_2排出量を見える化

──22年5月に独自のCO_2排出量算出ツール「T-LCAシミュレーターCO_2」を発表しています。

相川　これまで建物の基本計画を立案する際、お客様にCO_2排出量の状況をタイムリーにお伝えする簡易な方法がありませんでした。Ｔ-ＬＣＡを使えば、例えば「T-eConcrete」によってCO_2がどれだけ削減できるか、見える化できます。仮に次世代技術研究所の構造部に「T-eConcrete」を使った場合、調達段階のCO_2排出量を１３００ｔから９００ｔに減らせるという算出結果を得ています。

Ｔ-ＬＣＡは必要項目を入力すると、CO_2削減効果が自動的に算出できます。お客様との対話のツールとして利用し、CO_2削減策を一緒に考えながら、社会貢献に寄与する建物を造っていきたいと思います。

次世代技術研究所の建設で実際にＴ-ＬＣＡを使うことで、シミュレーターそのものの精度が確認できます。それを補正することで、さらに精度の高いものに仕上げていきます。

――T-ZCBを実現・普及させていく上での課題は何でしょうか。

相川　３つあると思います。まずサプライヤーと一緒に低炭素な材料を開発していくことが必要です。２つ目は、お客様のカーボンニュートラルへの認識を高め、Ｔ-ＺＣＢの価値を認めていただくことです。３つ目は、ＺＣＢ化はビル単体ではなく地域全体で取り組むことが必要です。こうした課題に取り組みながら、ＺＣＢの実現・普及を目指します。

聞き手：安達 功（日経ＢＰ 総合研究所フェロー）

東急不動産ホールディングス
代表取締役社長 社長執行役員

西川 弘典 氏

西川 弘典（にしかわ・ひろのり）氏：1982年慶応義塾大学経済学部卒業後、東急不動産入社。2004年リゾート事業本部 資産企画部 統括部長、10年執行役員 総務部 統括部長、16年東急不動産ホールディングス取締役専務執行役員 一般管理管掌、19年東急不動産代表取締役 上級執行役員副社長、20年より現職

写真：吉澤 咲子

再エネ事業を拡大し環境先進企業へ

長期ビジョンの全社方針として
デジタルトランスフォーメーション（DX）と
環境経営を掲げる。
環境経営では、総合デベロッパーの知見を生かした
再生可能エネルギー事業を加速する。

（役職名・肩書を含む全ての情報は、「日経ESG」2023年４月号掲載時点のものです）

――２０２１年に策定した長期ビジョン「GROUP VISION 2030」で掲げた環境経営では、再生可能エネルギー事業の加速をうたっています。

西川　14年に再エネ事業に進出し、「脱炭素社会の実現」「地域との共生と相互発展」「日本のエネルギー自給率の向上」の３つの社会課題解決に向け、「ＲｅＥＮＥ（リエネ）」のブランド名で事業を展開してきました。

22年５月に策定した「中期経営計画２０２５」では、事業会社の東急不動産が国内で使用する電力を１００％再エネとする「ＲＥ１００」の達成目標を22年に前倒しし、同年12月に同社保有の主要全施設で再エネへの切り替えを完了しました。これにより、CO_2排出量を年間約15・６万ｔ削減できます。

現在、開発中も含めて全国80カ所以上で、風力、太陽光、バイオマス発電などを行なっており、定格容量は１・３ＧＷです。これは原子力発電所１基分以上の規模であり、一般家庭約62万６０００世帯の１年分の電力に相当します。再エネ事業者の中でもトップレベルの発電能力といえます。

――本業の枠を越え、再エネ事業に取り組んだ背景を教えてください。

西川　当社の起源である田園都市株式会社を設立したのは、企業の公益性を説いた渋沢栄一です。事業を通じて社会課題に取り組む同氏の精神をＤＮＡとして受け継ぎ、地域との共生や環境に配慮した街づくりやリゾート開発を進めてきました。

その一例が、１９７７年に開発し、管理・運営を受託してきた千葉県我孫子市の大規模団地「我孫子ビレジ」です。当団地は現時点でも耐震改修の必要がない強固な設計に加え、建物の寿命を延ばすための大規模修繕を行なってきました。その取り組みが評価され、２０２２年にロングライフビル推進協会の「ＢＥＬＣＡ賞」を受賞しました。こうした大規模開発のノウハウは再エネ事業にそのまま生かすことができました。

――どのようなノウハウが再エネ事業に生かされたのでしょうか。

■ 東急不動産ホールディングスが推進する再生可能エネルギー導入の仕組み

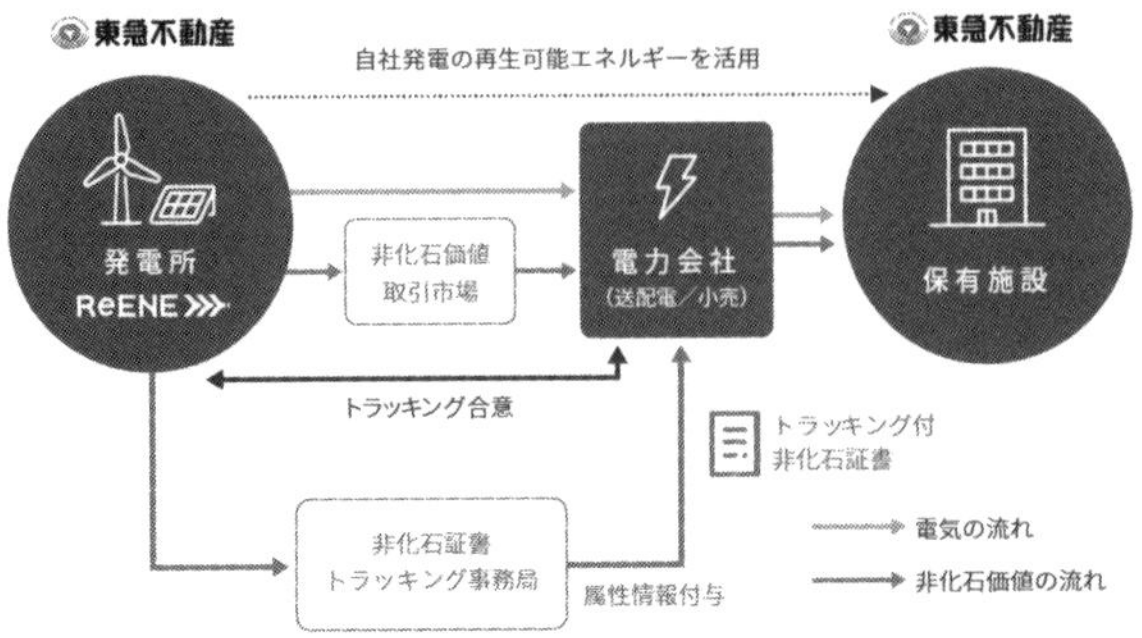

自社保有施設への再エネ導入には、FIT非化石証書に発電所の属性情報をひも付けし、再エネが由来する発電所の追跡（トラッキング）が可能となる「トラッキング付非化石証書」を活用している

「リエネ松前風力発電所」のある北海道松前町では、地元の祭りに再エネ電気を使用するなど地域と一体になって取り組んでいる
出所：東急不動産ホールディングス

西川　開発許認可の取得をはじめ、多岐にわたる開発事業で培われた実務的なスキルはもちろん、地域の将来的なメリットを考えながら、自治体と連携したり、街づくりの機運を高めたりと、地権者や地域に寄り添いながら開発を進める総合デベロッパーとしての知見が役立っています。こうしたノウハウが最も生きているのが、北海道の最南端に位置する松前町での再エネ事業です。

事業と社会貢献を両立

——松前町での取り組みについて聞かせてください。

西川　主力産業の漁業で漁獲量が減り、過疎化が進む松前町は、強い風が吹く地域です。この強風を活用して風力発電を行なうとともに、町おこしに協力できないかと考えました。そこで17年に「リエネ松前風力発電所」の建設を始め、大型風車12基を造り、19年に運転を開始しました。以前は厄介者だった強風が今や町の資産となり、町長が「特産物は松前漬と電気」と発言するほどになっています。

　この事業の特徴は、同町の事業所に赴任している社員が町長や商工会青年部など地域の方々と密な関係を築き、地域活性化を目指していることです。再エネ事業をビジネスとして成立させながら、地域貢献にも取り組むモデルケースといえます。

――今後、再エネ事業をどのように展開していきますか。

西川　25年度までに２４００億円を投資し、定格容量を２・１GWに増やす目標を掲げています。固定価格買い取り制度（ＦＩＴ）に依存しない「非ＦＩＴ」の再エネ供給割合も増やす方向で進めています。

一方、再エネを使用した建物でないとテナントとして入居しないという外資系企業も多くなっています。こうしたニーズにしっかり対応し、「環境」といえば当社の名前が想起され、選ばれる企業になるために、再エネ事業に注力していきます。

聞き手：飯村　かおり（日経ＥＳＧ経営フォーラム事業部次長）

矢内 康晴 氏

DOWAエコシステム
代表取締役社長

矢内 康晴（やない・やすはる）氏：1985年新潟大学法学部卒業後、同和鉱業（現DOWAホールディングス）入社。97年環境事業本部、2008年小坂製錬総務部長、13年DOWAエコシステム取締役企画室長、18年DOWAホールディングス理事、21年4月より現職

写真：吉澤 咲子

廃棄物処理で資源循環・脱炭素を両立

資源循環と脱炭素を両立させることで、
競争優位性を持つ循環型ビジネスモデルに進化させる。
処分量が増えると見込まれるリチウムイオン二次電池や
太陽光パネルのリサイクルを拡大する。

（役職名・肩書を含む全ての情報は、「日経ESG」2023年１月号掲載時点のものです）

――製錬から廃棄物処理やリサイクルまで、一貫した循環型事業を展開しています。

矢内　ＤＯＷＡグループは１８８４年に非鉄金属の鉱山・製錬会社として創業し、１９７０年代後半から環境・リサイクル事業を開始しました。当社はグループの中で、環境・リサイクル事業を行ない、使用済みパソコンや携帯電話などの基板、家電製品、自動車のシュレッダーダスト、産業廃棄物などの資源化や最終処分を手掛けています。

もともと金銀や銅、鉛、亜鉛、レアメタル（希少金属）など有用金属を含む黒鉱と呼ぶ複雑硫化鉱から金属を取り出す製錬所を所有していました。黒鉱製錬で培った技術が、様々な金属や素材が含まれる廃棄物のリサイクルに生かされています。

日本の鉱山は80年代以降ほとんど閉山しましたが、当社はリサイクル原料に特化した製錬所に切り替え、雇用を守りながら現在は21種類の金属を回収しています。99年に環境リサイクルをコア事業に位置付けて、Ｍ＆Ａ（合併・買収）なども進めて事業を拡大してきました。

――2022年5月にDOWAグループが「中期計画2024」を発表しました。

矢内　中計では、30年の在りたい姿を「本業とする資源循環と優れた素材・技術の提供を進化させ、安心な未来づくりに貢献し続ける」としました。この実現に向けて、当社は資源循環に注力します。鉱石由来の製錬から金属リサイクルに軸足を移し、売上高ベースでリサイクル原料由来の比率を21年度の55％から24年度に70％にする目標を掲げました。

製錬やリサイクルにおける化石燃料の使用量を削減し、廃棄物のエネルギー転換も進めます。資源循環と脱炭素を両立した、サステナブルで競争優位性を持つビジネスモデルへと進化させることが目標です。

自動車関連では、排ガス浄化触媒に保持された白金属回収を強化します。秋田県にある子会社の日本ピージーエムに、使用済みの自動車用セラミックス製触媒を世界中から集めて、１kg当たり１g程度の白金属を回収します。専業の製錬所としては世界一の規模を誇っています。白金属の中でもパラジウムは産出量の４割がロシア産で、ウクライナ侵攻の

■ DOWAグループの循環型ビジネスモデルの概要

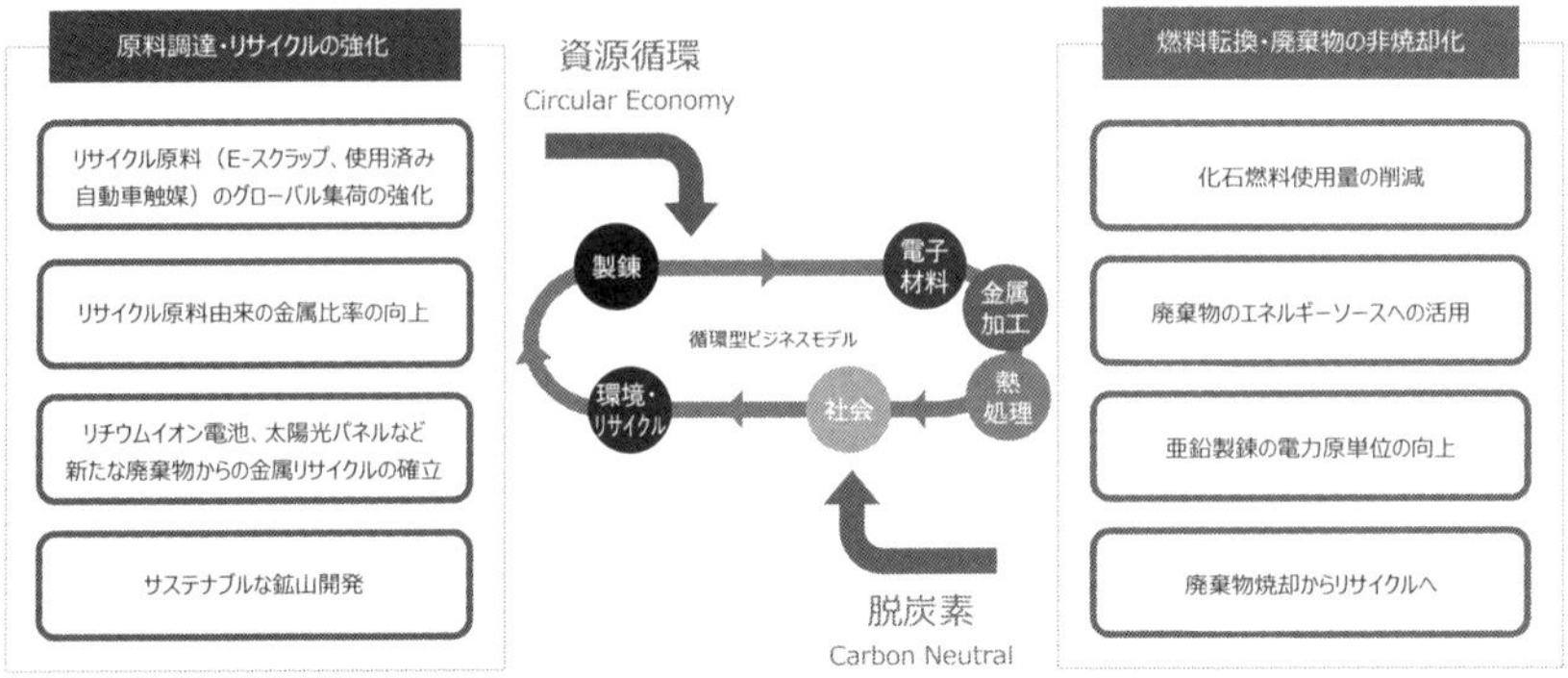

安定した原料調達とリサイクルを強化し、化石燃料の使用削減やエネルギー転換、廃棄物の非焼却利用にも取り組む。資源循環と脱炭素を両立した循環型ビジネスモデルを確立し、持続的で高い競争力を維持することを目指す

出所：DOWAエコシステム

影響で価格が高騰しています。素材の供給を維持するためにもリサイクルは重要です。

蓄電池や太陽電池を再資源化

——気候変動への対応方針を教えてください。

矢内　グループとして、50年までにカーボンニュートラルを達成することを目標にしています。30年度の温室効果ガス排出量は、13年度比で製造部門が38%以上、オフィスなどが51%以上、廃棄物由来では15%以上の削減を目指します。

グループ全体で年間に排出するCO_2約170万tのうち、当社の廃棄物の焼却処理による排出量は約70万tと大きな割合を占めています。ただ、難処理の廃棄物を高温で熱分解して無害化し、社会全体の環境リスク低減に重要な役割を果たしています。その上で当社のCO_2排出量を削減するために、助燃剤や化石燃料の使用を抑制し、プラスチックの材料リサイクルなど非焼却の事業分野や食品廃棄物によるバイオマス発電などを拡大していきます。甚大な温室効果があるフロンの破壊処理もしています。

——将来のリサイクル市場の拡大も視野に入れています。

矢内　蓄電池に使われるリチウムイオン二次電池（ＬＩＢ）を処理し、レアメタルを回収して再資源化しています。22年度の処理量は約５００ｔですが、今後30年に向けて使用済みのＬＩＢが大量に処分されると見込まれているので、処理量を拡大しているところです。

太陽光パネルも30年以降に処分量が増える見込みです。現在はほとんど廃棄物として処理されていますが、銀や銅などの有価金属や鉛などの重金属類が含まれます。22年３月に子会社のエコシステム花岡で中間処理設備の許可を取得し、再資源化を進めています。

当社は「motivate our planet」というブランドビジョンを掲げ、地球に生きる人々や企業が「こう在りたい」という思いを見つけて、育て実現していきます。

聞き手：斎藤　正一（日経ＥＳＧ経営フォーラム事務局長）

リンナイ
代表取締役社長

内藤 弘康 氏

内藤 弘康（ないとう・ひろやす）氏：1955年兵庫県生まれ。79年東京大学工学部卒業後、日産自動車を経て、83年リンナイ入社。91年取締役新技術開発部長、98年取締役開発本部長、2003年常務取締役経営企画部長兼総務部長、05年11月より現職

写真提供：リンナイ

燃焼技術で脱炭素社会に貢献

2030年に低炭素、50年に脱炭素を目指し、
ガス機器からのCO_2排出量削減に取り組む。
燃焼時にCO_2を排出しない水素100％給湯器を開発、
実証実験を開始する。

（役職名・肩書を含む全ての情報は、「日経ESG」2022年12月号掲載時点のものです）

――２０２１年11月にリンナイカーボンニュートラル宣言「ＲＩＭ２０５０」を発表しました。

内藤　リンナイグループとして、50年のカーボンニュートラルを目指し、30年の低炭素＝省エネ実現を宣言しました。

家庭で使うエネルギーは、給湯機器が全体の30～40％を占めます。エネルギー源はほとんどがガスで、機器はリンナイがシェアトップです。販売台数で計算すると、日本のCO_2排出量約11億ｔ（19年）の１・５％、１６８０万ｔあまりを当社製品が占めていることもあり、私たちの排出削減への取り組みは非常に重要です。

――30年の排出削減目標と、実現に向けた施策を教えてください。

内藤　リンナイが関わるCO_2排出量の95％はガス機器を使う時に排出されるので、20年比25％削減の１２６０万ｔが30年の目標です。CO_2排出量が少ない給湯器「エコジョーズ」と、電気とガスの組み合わせで排出量を約50％削減できるハイブリッド給湯・暖房システム「ＥＣＯ ＯＮＥ」の販売を拡大します。

30年のＥＣＯ ＯＮＥ年間販売目標は30万台です。仮に家庭用給湯器が全てＥＣＯ ＯＮＥに置き換われば、CO_2削減の政府目標に沿ったものになります。

――50年のカーボンニュートラルに向けた取り組みはどうですか。

内藤　「ＥＣＯ ＯＮＥタイプのハイブリッド・電気機器」と「新たに開発した燃焼時にCO_2を排出しない水素１００％給湯器」、そして「水素とCO_2から都市ガス原料のメタンを合成するメタネーション、合成プロパンや合成ブタンを作るプロパネーションによる従来機器の継続利用」の３つを推進します。ただ、大手ガス会社やプロパン会社が水素や脱炭素ガスを供給するインフラが整わなければ、対応機器は普及しません。

――家庭に水素を供給するインフラ整備に投資をするのですか。

内藤　私たちの本業は機器の製造販売です。インフラ分野には側面的な支援を行ない、条件が整えば、いつでも機器を提供できるようにしていきます。22年５月に世界初の水素燃焼１００％の家庭用給湯器の技術開発に成功したことを発

■ リンナイカーボンニュートラル宣言「RIM2050」の商品ロードマップ

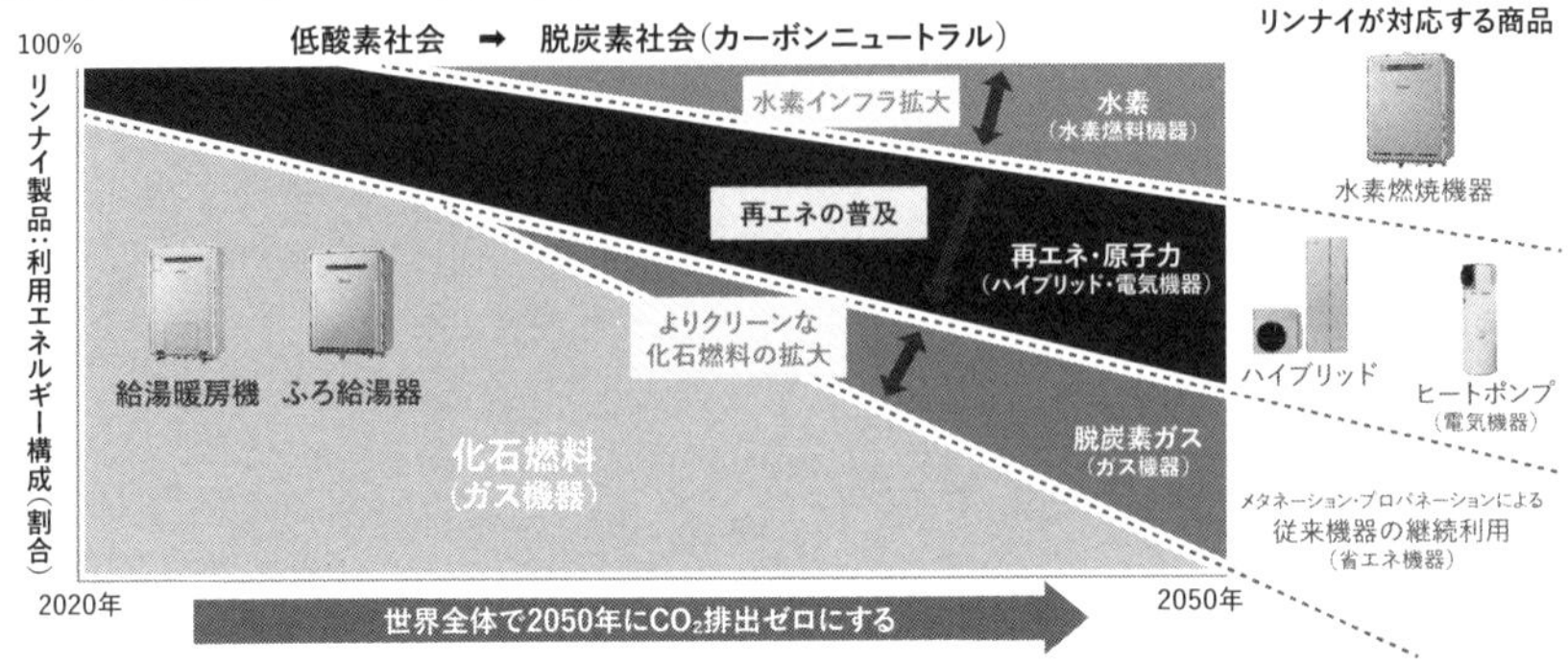

水素インフラ拡大による100％水素燃焼機器、再エネの普及によるハイブリッド機器の拡大、メタネーション・プロパネーションによる従来機器の継続利用で、2050年カーボンニュートラルの実現を目指す

出所：リンナイ

表しました。これを受けて、燃料会社やガス会社、地方自治体などとの提携がグローバルで始まっています。

オーストラリアでは、水素100%の家庭用エネルギー利用が準備段階に入っています。22年11月には、ビクトリア州の「水素の家」に水素燃焼給湯器4台を設置した実証実験が始まります。

――期待が集まる水素燃焼は、以前から開発を進めていたのでしょうか。

内藤　実は水素燃焼は特に新しい技術ではありません。かつて日本ではガス熱量の種類がたくさんあり、熱量が最も低い規格では水素がガスの約半分を占めていました。しかし、水素100%を燃焼させるのは非常に難しく、バーナーの開発が必要です。インフラ面では隙間をふさぐシール材の劣化が早いので、今のガス管にそのまま流すわけにもいきません。

水素専用バーナーを開発

――100%水素給湯器の技術開発のポイントを教えてください。

内藤　水素燃焼では炎が全く見えません。そこで、ナトリウムなどを加えて炎色反応を起こし、ガスの出方をセンサーで確かめます。燃焼速度は従来のメタンより8倍ほど速いので、今までのバーナーだと炎が内部に入り込む逆火《ぎゃっか》現象が起きてしまいます。これは非常に危険です。

そこで、水素による安定的な燃焼が可能な水素専用バーナーを開発しました。万が一逆火が起きた場合に備えて、ガスは通しても炎は遮断する板をバーナー上部に設置するなど、様々な対策を施しています。

――今後の課題として、水素供給時の切り替えはどうするのですか。

内藤　原理面で機器は完成していますが、量産・販売までには、信頼性、不具合の修正、コストの問題など、多くの課題を解決しなければなりません。

開発に成功した水素給湯器は実は天然ガスでも使えるのです。ですから水素供給インフラが整うまでは天然ガスで使っておいて、水素供給開始時は、一部部品（オリフィス）とマイコンのデータを変更するだけで対応できるのです。

こうした取り組みを通して、リンナイは燃焼技術で脱炭素社会実現に貢献していきます。

聞き手：杉山 俊幸（日経ＢＰ 総合研究所主席研究員）

浅見 正男 氏
荏原製作所
取締役 代表執行役社長

浅見 正男（あさみ・まさお）氏：1986年横浜国立大学工学部卒業後、荏原製作所入社、2010年執行役員、14年常務執行役員、15年執行役常務、16年精密・電子事業カンパニープレジデント、19年３月より現職

写真：大槻 純一

「熱と誠」の精神で社会の発展に貢献

ポンプ事業を祖業に様々な領域に挑戦し、社会インフラを支える。
水やエネルギー、廃棄物処理、情報インフラ、水素事業などで成長を目指す。

（役職名・肩書を含む全ての情報は、「日経ESG」2022年12月号掲載時点のものです）

――沿革と創業の精神について教えてください。

浅見　東京帝国大学（当時）の井口在屋教授が発明した渦巻きポンプを製作するため、教え子の畠山一清が始めた大学発ベンチャー企業として1912年に創業しました。

社会や顧客の要請に応えるため、畠山は「熱と誠」を創業の精神として、未知の領域に取り組みました。ポンプをはじめ、送風機や冷凍機など国産初の製品や、社会課題の解決に寄与する製品を供給し、日本の高度成長を支えてきました。社会課題を解決しながら縁の下の力持ちとして日本の産業や社会を支え、事業を拡大してきた歴史があります。

――これから解決していくべき社会課題は何でしょう。

浅見　2019年3月に社長に就任した際、2100年には世界の人口が110億人に達すると予測される中、社会や地球環境がどう変化し、何に取り組むべきか検討しました。目指す目標を明確にするため、長期ビジョン「E-Vision2030」を策定しました。

私たちは、気候変動や人口増加などを要因とする、水やエネルギー、廃棄物処理、情報インフラといった分野における様々な課題に貢献できると考えています。日本の高度成長に貢献してきた製品や技術を磨き上げ、これから大きく成長していくアフリカ諸国やアジアなどで事業を拡大し、新興国が抱える社会課題の解決にも取り組んでいきます。

水素事業で脱炭素に貢献

――どのような目標を掲げていますか。

浅見　当社の場合、ポンプなどの製品を動かす電力によって発生するスコープ3の排出量が、スコープ1、2合計の1000倍以上になると算出しています。現在の日本の電源構成比で発生するCO_2約5億tに対し、約1億t相当の温

■ 荏原製作所の水素関連プロジェクトの概要

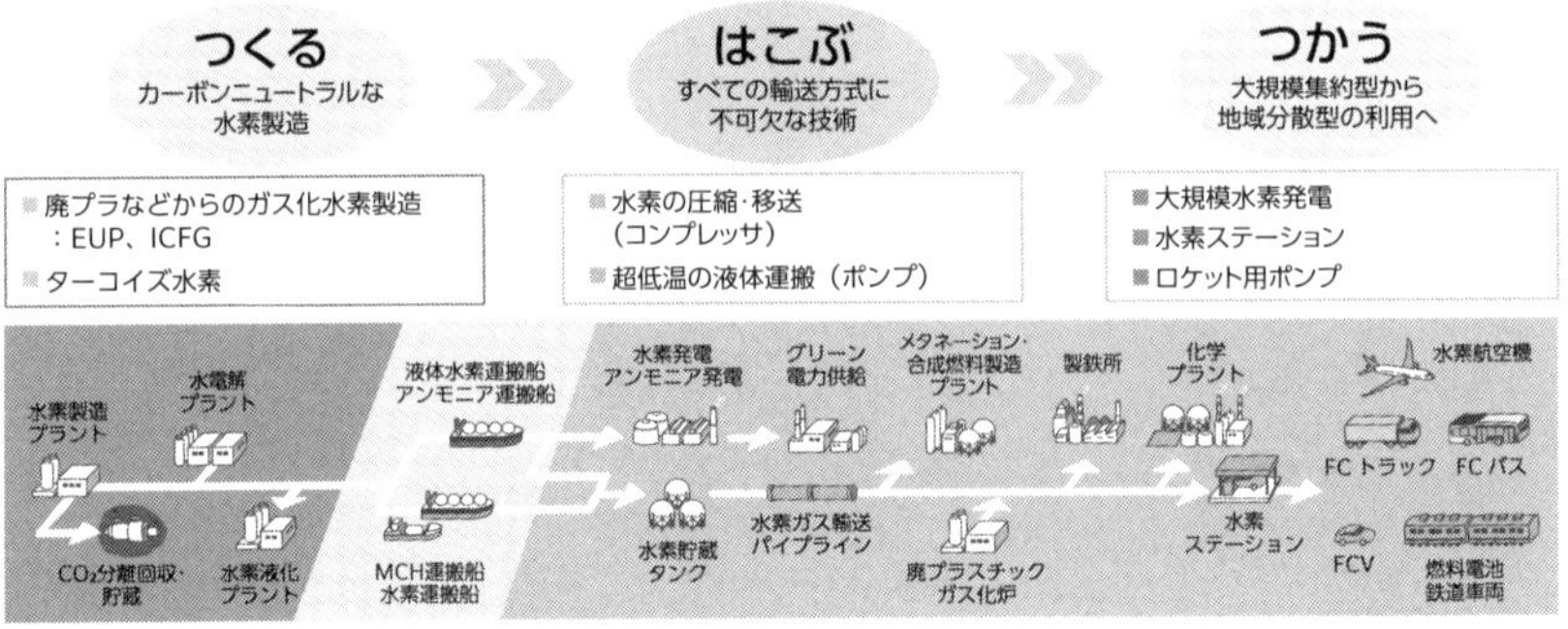

出所：荏原製作所

室効果ガスを30年に向けて削減する目標を掲げました。

今後さらに重要になる水需要の課題については、世界で6億人に水を届けるという目標を立てています。

IoT（モノのインターネット）、インターネット基盤のクラウド（Cloud）、人工知能（AI）、自動運転技術（Car）、高速通信規格（5G）の頭文字を合わせたICAC5（アイカックファイブ）にも寄与します。最先端の半導体デバイスである14オングストローム（100億分の1m）世代に向けた半導体製造装置に力を入れていきます。

新事業として、社長直轄のプロジェクトで水素事業を推進しています。資源に乏しい日本が将来のエネルギーとして取り組むべき水素の分野で、脱炭素社会の実現に貢献します。

廃プラスチックなどからCO_2を大気中に排出することなく水素を製造する技術をはじめ、超低温の液体水素の輸送に不可欠な技術、大規模な水素発電や水素ステーションなど、集約型から地域分散型まで幅広く社会で水素を活用する技術を開発していきます。

――財務指標では、売上高の他に投下資本利益率（ROIC）を重視しています。

浅見　企業の稼ぐ力を示す指標であるROICが加重平均資本コスト（WACC）を上回っていないと、いくら成長したとしても企業価値が創造されないことを意味します。利益を上げ、適切な資本でＲＯＩＣを上げ、株主や社会から求められる会社にすることで、従業員の待遇を上げ、競争力をもって「E-Vision2030」で掲げた目標を達成していきたいと考えています。そのための指標がＲＯＩＣを10％にすることです。

売上高は社会にどれだけ貢献できているかを表す指標です。21年度の６０００億円を30年には１兆円に伸ばし、ＲＯＩＣ10％を超えることで持続的に成長したいと考えています。

当社は「水と空気と環境の分野で、優れた技術と最良のサービスを提供することにより、広く社会に貢献します。」を企業理念に掲げています。創業の精神「熱と誠」と合わせて、荏原グループのミッションを「技術で、熱く、世界を支える」と設定しました。

全事業のビジネス感度を高め、変化にスピード感を持って挑戦することで、世界中の社会インフラ、産業インフラ、豊かな暮らしを支え続けていきます。

聞き手：飯村 かおり（日経ＥＳＧ経営フォーラム事業部次長）

住友化学
代表取締役社長

岩田 圭一 氏

岩田 圭一（いわた・けいいち）氏：1982年、住友化学工業（現住友化学）に入社。情報電子材料など、次世代事業の収益化に取り組む。2004年に情報電子化学業務室部長、13年から常務執行役員、18年から代表取締役、19年より現職

写真：吉澤 咲子

GXに「責務」と「貢献」の両輪で向き合う

カーボンニュートラルと生態系保全、健康促進を広義のグリーントランスフォーメーション（GX）と捉える。生物多様性保全にも取り組み、新たに開発した技術を社会実装して課題を解決していく。

（役職名・肩書を含む全ての情報は、「日経ESG」2023年４月号掲載時点のものです）

――グリーントランスフォーメーション（GX）の推進により、事業を通じた社会課題の解決を目指しています。

岩田　住友グループには「自利利他公私一如」の考え方があります。住友の事業は自らを利するとともに国家を利し、社会を利するものでなければならないという考えで「公益との調和」を求めています。当社は１９９０年代から製造者として責任をもって化学製品の安全を確保するレスポンシブル・ケアの考えを導入し、環境保全に取り組んできました。

カーボンニュートラルと生態系保全、健康促進という広義のGX視点での事業ポートフォリオの高度化を推進し、環境・食糧・ヘルスケア・ＩＣＴ（情報通信技術）関連の重点４分野における社会課題の解決と持続可能な社会の実現に貢献します。

――カーボンニュートラルの実現に向けた取り組みを教えてください。

岩田　２０５０年カーボンニュートラル実現に向けたグランドデザインを21年12月に公表しました。30年度にスコープ１、２の温室効果ガス排出量50％削減を目標に設定し、気温上昇２℃を十分に下回るＳＢＴ ＷＢ２・０℃目標の認定も取得しました。50年までに実質ゼロを達成します。

自社の生産・事業活動で排出する温室効果ガスをゼロにすることは私たちの「責務」です。一方、当社の製品・技術を通じて社会全体の脱炭素を推進する「貢献」も進めます。

現在持つ技術を活用して温室効果ガス排出量削減を推進し、同時に新たに開発している技術を30年代以降に実装していき社会全体のカーボンニュートラルの実現を目指します。

50年のカーボンニュートラルは自社だけでは達成できません。様々なステークホルダーとの連携を進めます。22年に設立された京葉臨海コンビナート カーボンニュートラル推進協議会に参画し、国際競争力を堅持しつつカーボンニュートラルコンビナートへの転換を図ります。

新エネルギー・産業技術総合開発機構（ＮＥＤＯ）のグリーンイノベーション基金などを活用し、スタートアップ企

■ 農業における環境負荷低減や食糧の安定生産に貢献する製品・技術の例

天然物由来成分を活用した微生物農薬、植物生長調整剤、根圏微生物資材などのバイオラショナル製品に注力し、ボタニカル（植物由来成分）などの製品・技術を拡充している。化学農薬においても、環境負荷低減に貢献する製品の開発を進めていく

出所：住友化学

業や大学などとも連携して研究開発から社会実装までを進めます。

環境価値の見える化も欠かせません。当社のライセンス技術や製品を利用することで旧来の技術や製品と比較して温室効果ガスの排出を削減できる貢献量を科学に基づいて計算し、公表していきます。リサイクル技術を活用した環境負荷が低いプラスチック製品は、新ブランド「Meguri（メグリ）」で展開します。

農業の課題解決に資する製品

――生物多様性保全にはどのように取り組んでいますか。

岩田　自然資本の毀損に歯止めをかけ、回復に転じさせるネイチャーポジティブにも「責務」と「貢献」の両輪で取り組みます。水・大気・土壌などからなる自然資本の中でも土壌に着目し、天然物由来成分を活用した低環境負荷の微生物農薬、植物生長調整剤、根圏微生物資材や、それらを用いた作物保護、作物の品質・収量向上のためのソリューションをバイオラショナル製品と定義しています。

農地を耕さずに作物を栽培する不耕起栽培は、土壌の保全に加え、耕した場合と比べてCO_2排出量が抑制できる農法として米国や南米で主流となっています。不耕起栽培では、カバークロップ（被覆作物）を用いることで土壌浸食を防ぎ、土壌中に有機物を加えて土壌改良にも役立てます。このカバークロップを、作物播種前に少ない薬量で除去できる、即効性に優れた新規除草剤「ラピディシル」を含有する製品を24年に市販する予定です。当局の承認が下りれば、不耕起栽培では最も効果的な除草剤になると考えています。

植物の根に共生する微生物「菌根菌」を使い、植物の発育を促しながら、作物が光合成で吸収した炭素の土壌中での貯留に貢献する微生物農業資材も販売しています。肥料の成分としても使われる窒素を大気中から吸収して土壌に固定する菌の研究開発も進めています。

バイオラショナル事業を拡大するため、米国の天然物由来農業資材メーカーのＦＢサイエンスを23年1月に買収しました。作物や土壌が本来持つ力を引き出す効果を有する天然物由来のバイオスティミュラントを手掛けています。栄養素の吸収を促進して作物の品質を改善し収量を増加する効果があり、化学肥料の使用量の低減も可能です。バイオラショナルの中で約35億ドルと最大の市場規模があり、２桁以上の成長を続けています。

――サステナビリティ経営の考え方を教えてください。

岩田　カーボンニュートラルや生物多様性の課題解決には、いずれも技術開発と他企業との連携が必須です。総合化学企業の当社は中心的な役割を果たして課題解決に寄与できます。サステナビリティ経営を実践し、イノベーションが社内から生まれる仕組みをつくり、社員一人ひとりがサステナビリティに貢献する会社に近づけていきたいと考えています。

聞き手：藤井 省吾（日経ＢＰ 総合研究所主席研究員）

山本 清博 氏

アズビル
取締役 代表執行役社長

山本 清博（やまもと・きよひろ）氏：1989年京都大学衛生工学専攻（修士）卒業後、山武ハネウエル（現アズビル）入社。ビルディングオートメーション事業のマーケティング、営業などに携わり、グローバルにおける事業責任者としても実績を重ねる。2017年執行役員 経営企画部長兼ビルシステムカンパニーマーケティング本部長、20年代表取締役社長 執行役員社長、22年より現職

写真：吉澤 咲子

先端オートメーションで良い社会作り

1906年の創業時から、
計測と制御のオートメーションによる現場での課題解決に取り組む。
先端技術の開発拠点や技術伝承の仕組みなどを整えて、
事業の高度化を目指す。

（役職名・肩書を含む全ての情報は、「日経ESG」2023年１月号掲載時点のものです）

――社会課題が変化する中、アズビルのオートメーションによる課題解決力はどう進化していますか。

山本　アズビルは、１世紀余りにわたって、計測と制御の技術を核とするオートメーション事業に取り組んできました。事業領域としては、オフィスや病院、データセンターといった大型建物の空調制御などを行なう「ビルディングオートメーション（ＢＡ）事業」、製造業の生産に必要なシステム・機器を提供する「アドバンスオートメーション（ＡＡ）事業」、ガスや水道といったライフラインや製薬などのライフサイエンス分野に関わる「ライフオートメーション（ＬＡ）事業」と、社会、産業、生活の様々な分野に及びます。

それぞれの事業では、常にお客様の現場においてオートメーションによる課題解決に取り組んでいます。現場でなければ得られない様々な知見やノウハウを蓄積すると共に、人工知能（ＡＩ）やビッグデータ、クラウドといった新技術を積極的に取り入れ、最新の技術と現場のノウハウ、高度な技術を持つ人材の融合によって、当社ならではのオートメーションを進化させてきました。

近年は、脱炭素、ウイルスとの共生、働き方改革、労働人口の減少、インフラの老朽化といった社会課題やお客様のニーズの変化に対し、オートメーションが果たす役割と機会が拡大しています。

こうした中、ＢＡ、ＡＡ、ＬＡの各事業において、オートメーション技術を共通基盤とする「３つの成長事業領域」として、「新オートメーション事業」「環境・エネルギー事業」「ライフサイクル型事業」に注力しています。

グローバル開発拠点が完成

――２０２２年９月、研究開発拠点である神奈川県の藤沢テクノセンター内に、２棟の新実験棟が完成しました。その役割と期待する点を教えてください。

■ アズビルが取り組む3つの成長事業領域

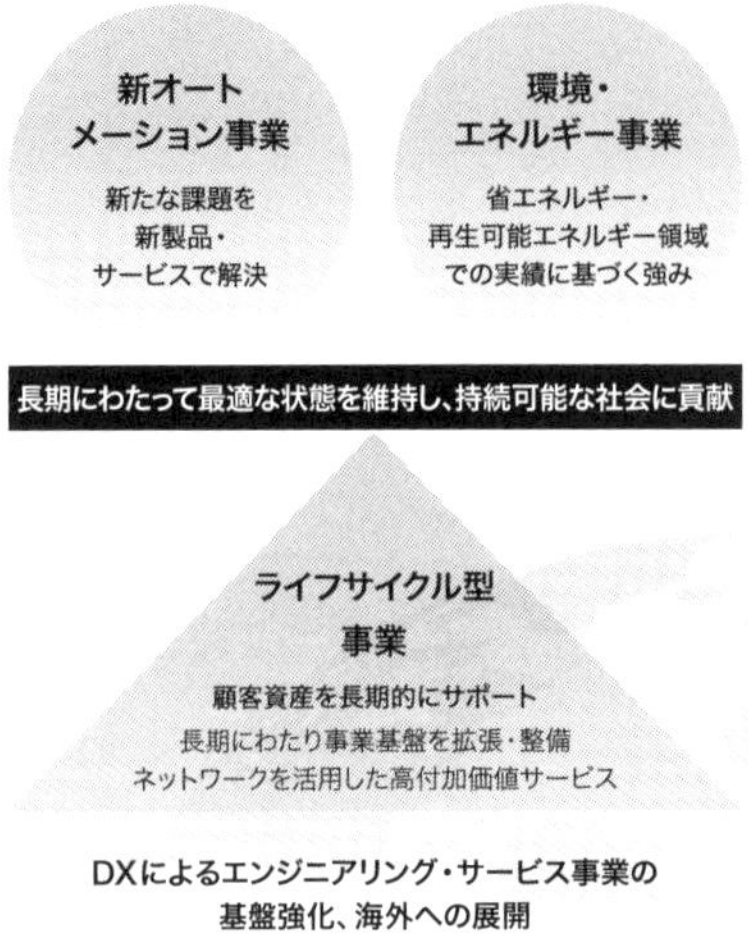
新オートメーション事業
新たな課題を新製品・サービスで解決
環境・エネルギー事業
省エネルギー・再生可能エネルギー領域での実績に基づく強み
長期にわたって最適な状態を維持し、持続可能な社会に貢献
ライフサイクル型事業
顧客資産を長期的にサポート
長期にわたり事業基盤を拡張・整備
ネットワークを活用した高付加価値サービス
DXによるエンジニアリング・サービス事業の
基盤強化、海外への展開

社会や産業など様々な環境の変化から生まれた新たなニーズに対し、社会やお客様と共に成長していくために、オートメーション技術を共通基盤とした「3つの成長事業領域」を柱として、ビジネスモデルの変革を進めていく

■「藤沢テクノセンター」の新実験棟

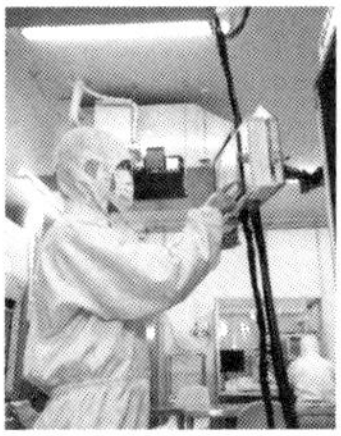

出所：アズビル

研究開発拠点「藤沢テクノセンター」に建設された2棟の実験棟。第103建物（上）は、最新の実験環境を整備すると共に、創造力を高める最適な執務環境を提供。第104建物（中、下）は、開発・生産用のクリーンルームなど、MEMSセンサの開発施設および計測標準施設を設置

山本　新実験棟（第１０３建物、第１０４建物）は、先ほど述べた「３つの成長事業領域」における製品やサービス開発力を強化する取り組みの推進を目的としています。

成長戦略の鍵を握るクラウドやＡＩを活用した先進的なシステムソリューションなど、高機能・高精度なデバイスの開発力を強化するための実験施設を設けました。プロダクト製品に関しては、「MEMS（Micro Electro Mechanical Systems）センサ」を起点としたビジネス拡大に向けて、MEMSセンサの技術力をより強化していきます。

第１０３建物では、新たな開発環境と先進的な実験作業環境を整えました。研究・開発活動の効率化を進めると共に、働く人が仕事をするために最適な環境を選ぶことができるワークスタイル「アクティビティベースドワーキング（ＡＢＷ）」にも対応する執務環境を整備しました。これにより「仕事と働きの創造」を推進し、自社の変革を通じてお客様への提供価値を高めていきたいと考えています。

さらに、ここで誕生した技術をはじめ、開発環境や執務環境を公開し、当社のグローバル開発拠点として「世界最先端のオートメーション技術を体験できるセンター」を目指します。社会を変えていくためには、様々なパートナーとの協業が必要です。その入り口として、競合他社を含め、多くのお客様と新たな価値創造に向けた議論ができるオープンな場になることを望んでいます。

──「3つの成長事業領域」を拡大し、成長していくための課題は何ですか。

山本　社会課題による新たなニーズを捉えた事業開発や、他社との協業を含めた顧客基盤・お客様との接点の拡大を進め、これに当社の技術をさらに進化させて組み合わせることが重要です。

例えば、「環境・エネルギー事業」領域において、カーボンニュートラルを実現するには、自社の技術や製品だけでなく、国内外の企業が共同でプロジェクトを推進していく必要があります。

こうした課題意識から、22年4月に新たな全社組織「GX推進部」を設置しました。当社のグリーントランスフォーメーション（GX）の推進と、それに関連する事業開発をもう一段高いレベルに押し上げ、他社とのパートナーシップ開発を進め、幅広くGXを推進することで、顧客事業への貢献・社会貢献の拡大と自らの事業成長を目指します。

22年には、新たな取り組みとしてNTTアーバンソリューションズ、NTTファシリティーズ、NTT都市開発、NTTコミュニケーションズ、ダイキン工業との協業を開始しました。各社の空調制御に関する技術や知見を掛け合わせ、オフィスビルなど大規模な施設のCO_2排出を削減し、空調制御分野でのGXソリューションを確立することで、社会全体のカーボンニュートラル実現に貢献します。

──21年度にサステナビリティの方針を策定しました。

山本　創業時の精神である「人間の苦役からの解放」の考え方を、人間の幸福のために社会に貢献する価値観として受け継ぎ、グループ理念の「人を中心としたオートメーション」の実践を通じて、持続可能な社会へ「直列」に貢献することをサステナビリティの方針としました。

方針策定に併せて、社会の持続的発展と中長期的な企業価値向上を目指し、長期にわたって取り組む10項目の重要課題を選定しました。


――ESGの取り組みについて進捗を聞かせてください。


山本　ESGについては、持続的成長のための重点テーマとして積極的に取り組んでいます。中でもEの環境に関しては、「3つの成長事業領域」の1つに位置付けているように、当社の事業との結び付きが強いテーマと言えます。

当社は、製品やサービス、ソリューションの提供を通じて、お客様の現場におけるCO_2削減に取り組んでいます。21年度は年間294万tのCO_2削減を実現しました。これは、日本のCO_2排出量（約12億t）の約400分の1に相当します。30年度には340万t削減を目標としています。

また、自らの事業活動に伴う温室効果ガス排出量のスコープ1、2に加えて、サプライチェーン全体の温室効果ガス排出量であるスコープ3の削減目標を設定し、その実現に取り組んでいます。

Sの社会領域では、21年に「人権」「労働」「環境」「腐敗防止」に関わる「国連グローバル・コンパクト」に署名し、中期経営計画において人的資本・知的財産への戦略的検討を行なっています。人的資本については、当社独自の「健幸経営」の考えを基本に、「社員が活き活きと働ける環境」を整備するとともに、国際的な視点での多様な能力を持つ人材の採用、グローバルな教育システムの構築などを進めています。

地域に密着した社会貢献活動の一環として、当社が協賛しているプロサッカーのJリーグクラブ「湘南ベルマーレ」と連携し、地域の中学生を対象としたローカルキャリア教育プログラム「湘南まなべるまーれ」を開催するなど、地元の活性化にも貢献しています。

経営体制と報酬制度を改定

――Gのガバナンス面では、指名委員会等設置会社へ移行しました。狙いを教えてください。

山本　当社は、持続的な企業価値向上の基盤としてのコーポレート・ガバナンスの充実を経営の重要課題と認識し、これまで取締役会の監督・監査機能の強化、経営の透明性・健全性の強化などに取り組んできました。今回、ガバナンスのさらなる改革を進めるために、22年6月の定時株主総会での承認を経て、これまでの監査役会設置会社から指名委員会等設置会社へと移行しました。

この決定に至るまで、取締役会において様々な議論がありました。私としては、今のような先行き不透明な時代こそ、社外取締役の多様な意見を取り入れ、経営の監督機能を強化すると共に、事業環境の変化に適切に対応してスピード感のある執行を実現できる仕組みが必要と考えました。

今回の移行がステークホルダーの皆様にとって良い決断であったとご理解いただけるように、経営を進めていきます。

――指名委員会等設置会社への移行と同じタイミングで、役員向け株式報酬制度も導入しました。

山本　株主との価値共有を図りながら、企業価値を持続的に向上させることを目的として、信託を活用した株式報酬制度を導入しました。執行を担う役員向けの制度には、業績との連動性を持たせ、当社が掲げる事業目標達成へのモチベーションを高める設計としています。

役員のみならず、社員に向けても、17年に導入した株式給付制度に加えて、従業員持株会を利用した信託型の従業員インセンティブ・プランを導入しました。自社株式を活用して、従業員の財産形成を促進する福利厚生施策の1つです。社員に対して当社の中長期的な企業価値向上のインセンティブを付与することにより、役員と社員が一丸となって事

■ 事業体制と連動して、技術・設備・人材に積極的に投資する（概念図）

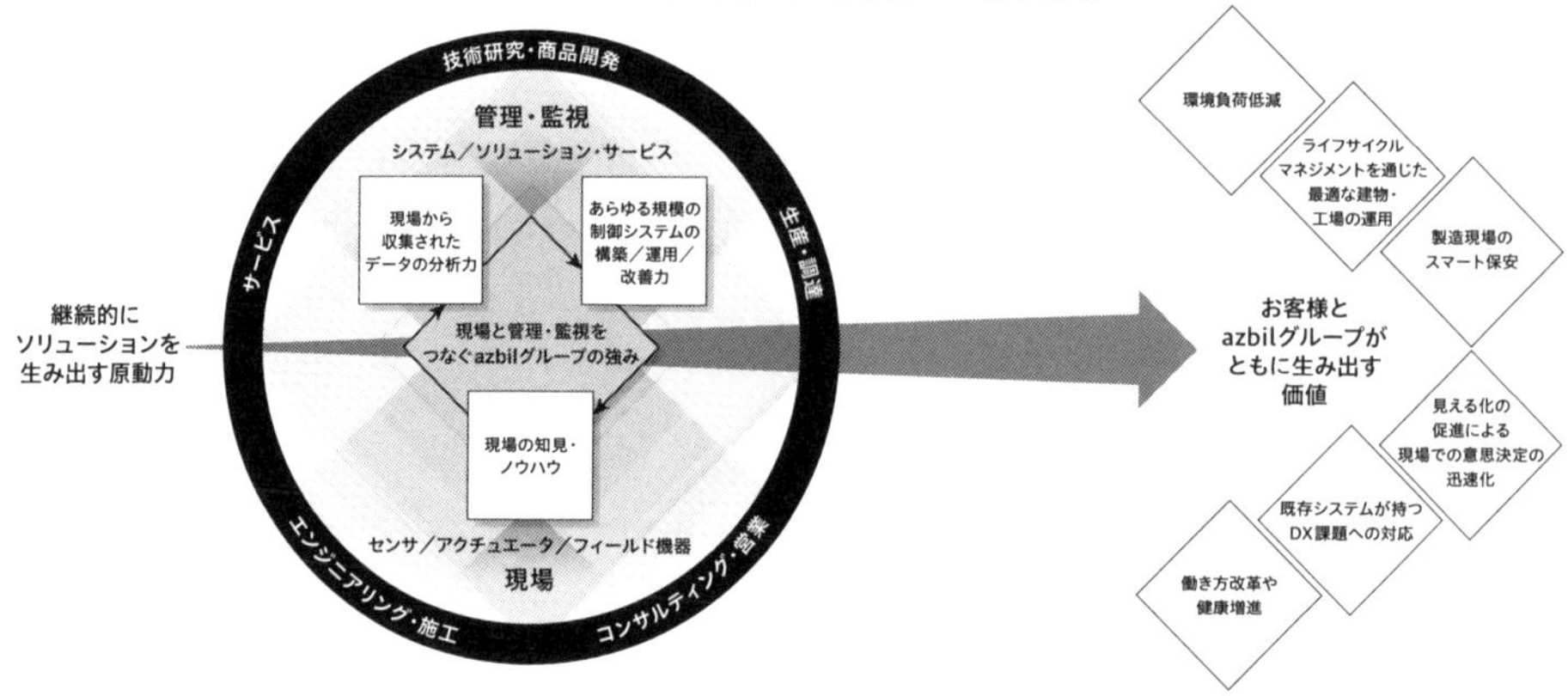

アズビルでは、積極的な研究開発・設備投資を行ない、技術開発からサービスまでの一貫体制をさらに強化する

出所：アズビル

業目標達成を目指していく体制を整えました。

円滑な技術伝承に取り組む

――今後、どのような分野に力を入れていきますか。

山本　持続可能な社会へ「直列」につながる事業活動を継続するため、人材育成に一層注力していきます。既に12年に設立した人材育成の専門機関「アズビル・アカデミー」を中心に、「学習する企業体」としての取り組みを進めています。

14年には技術伝承の視点から、トップレベルの技術を持つ社員を認定する「技術プロフェッショナル」検定制度も開始しています。

技術伝承については、多くの企業でも課題となっています。今後は当社でもより重視し、ベテランから若手へと技術が円滑に伝承されるような仕組みをつくり、企業体質を強化していきます。

聞き手：酒井 耕一（日経ESG発行人）

犬飼 新 氏

日本貨物鉄道（ＪＲ貨物）
代表取締役社長 兼 社長執行役員

犬飼 新（いぬかい・しん）氏：1985年早稲田大学教育学部卒業後、間組（現・安藤ハザマ）入社。2003年日本貨物鉄道入社、15年執行役員、18年取締役兼常務執行役員、22年より現職

写真：村田 和聡

貨物鉄道の拡大で脱炭素を推進

「JR貨物グループ カーボンニュートラル2050」を発表、
環境負荷が少ない社会の実現を目指す。
貨物鉄道輸送の特性を生かし、省エネと再生可能エネルギー利用を推進する。

（役職名・肩書を含む全ての情報は、「日経ESG」2023年１月号掲載時点のものです）

――２０２２年７月に環境長期目標を発表しました。概要を教えてください。

犬飼　21年に発表した「ＪＲ貨物グループ長期ビジョン２０３０」で、社会に４つの価値を提供すると宣言しました。その１つである「グリーン社会の実現」に向けて22年７月、環境長期目標「ＪＲ貨物グループ カーボンニュートラル２０５０」を策定しました。

貨物鉄道のCO_2排出量はトラックの約10分の１です。当社は物流全体の脱炭素化によって、お客様や関係各社のスコープ３の実現に貢献してきました。今後は50年のカーボンニュートラル実現に向けて、自社のCO_2排出削減を加速します。

当社が単体で13年度に排出したCO_2は約60万８０００ｔで、20年度は13万８０００ｔを削減し、約47万ｔとなりました。30年度には13年比で50％削減、50年度にグループ全体でCO_2排出実質ゼロを目指します。

――貨物鉄道輸送の特性を生かし、どのように目標を達成しますか。

犬飼　省エネと再生可能エネルギーの推進という２つの軸で進めています。省エネ推進では、貨物駅内での「貨車入換作業用機関車」として、小型ディーゼルエンジンと大容量リチウムイオン蓄電池を組み合わせたＨＤ３００形式ハイブリッド機関車を41両導入済みです。19年からは環境負荷を軽減するＤＤ２００形式電気式ディーゼル機関車の導入も始まり、現在21両を運用しています。減速時に発生するエネルギーを再利用する交流回生ブレーキを備えたＥＦ５１０形式交直流電気機関車も開発し、試験走行を経て23年の運行を目指します。

再エネ推進は、再エネ電力の購入や自家発電設備の導入拡大、バイオ燃料の段階的な活用などの取り組みを始めています。21年に閣議決定された第６次エネルギー基本計画に基づいて供給される再エネ電力の購入も視野に入れています。遊休地を活用した太陽光発電電力の活用や地域社会への提供も検討しています。

使用済み食用油とミドリムシを原料とするバイオディーゼル燃料は、既に越谷貨物ターミナル駅（埼玉県越谷市）構

■「JR貨物グループ カーボンニュートラル2050」の数値目標とロードマップ

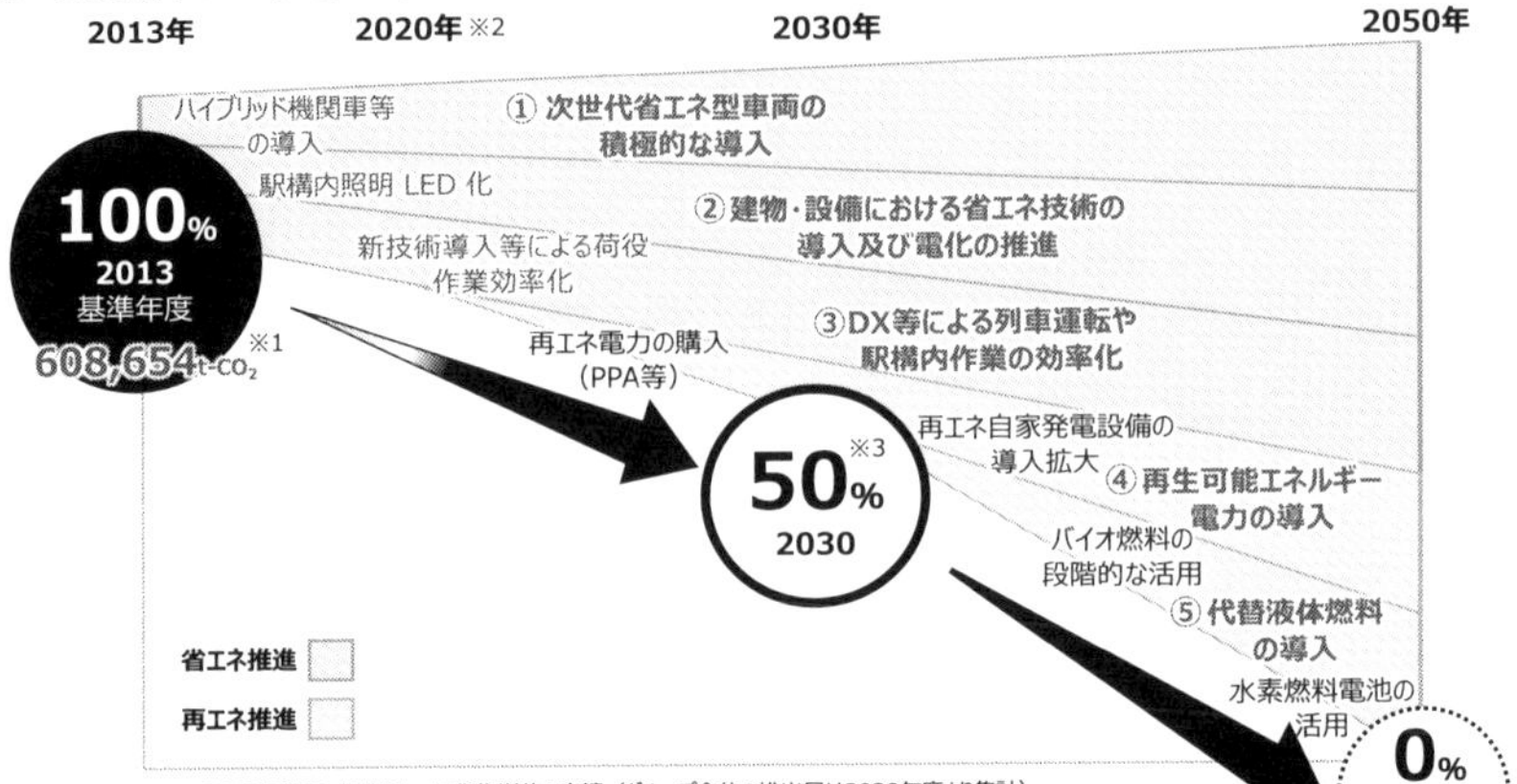

※1 2013年度CO_2排出量：JR貨物単体の実績（グループ全体の排出量は2020年度より集計）
※2 2020年度CO_2排出量：JR貨物単体471,251 t-CO_2、JR貨物グループ全体510,324 t-CO_2
※3 2030年度CO_2排出量：JR貨物単体で50%削減（2013年度比）

2013年のCO_2排出量60万8654ｔを基準に、30年に単体で50％の削減、50年にグループ全体でのCO_2排出量の実質ゼロを目指し、物流全体の脱炭素化とカーボンニュートラルに貢献する
※数値は、50年までの輸送量増加や使用電力の増加を加味したもの　　出所：日本貨物鉄道

内移送トラックに使用しており、今後の使用拡大を目指しています。

次世代エネルギー輸送に貢献

――国土交通省が鉄道分野における脱炭素に関する委員会や検討会を進めています。

犬飼　22年3月に国交省主導で始まった「鉄道分野におけるカーボンニュートラル加速化検討会」に、当社もオブザーバーとして参加しました。貨物鉄道輸送はCO_2削減に大きな成果をもたらすとして、カーボンニュートラルの実現に向けて貢献が期待されています。水素などの新しいエネルギーの輸送にも携わることで、省エネや再エネ促進に一層貢献していきます。

――22年は鉄道開業150周年の節目でした。今後の課題や展望を聞かせてください。

犬飼　1872年に新橋・横浜間で旅客列車が、翌73年には貨物列車が運行を始め、2022年はJRグループ誕生35周年の節目でもありました。古くから石炭などの燃料輸送を担

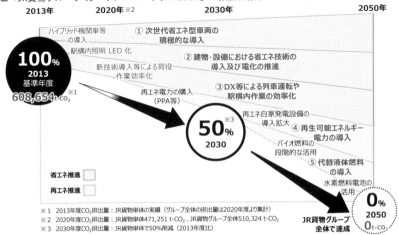

い、現在も鉄道は群馬県や栃木県、長野県といった内陸の地域への石油輸送の約８割を支えています。東日本大震災の時にも現地で不足していたエネルギー輸送に一役買うなど、貨物鉄道は長年社会インフラとしての機能を果たしてきました。

貨物鉄道は運転士１人でトラック約65台分の荷物を運べるため、CO_2削減に貢献するだけでなく、トラックドライバーの働き方改革推進にも貢献します。

貨物鉄道そのものにも課題は残されています。大型コンテナに対応できる機器の導入や、国際海上コンテナの海陸一貫輸送への対応、貨物駅の有効活用やトラックドライバーアプリによるスマート化推進などには、さらに注力しなければなりません。貨物鉄道の拡大とともに、これらの課題を解決しながら、カーボンニュートラルの実現に向けて貢献したいと考えています。

聞き手：大塚　葉（日経ＢＰ 総合研究所上席研究員）

長尾 裕氏

ヤマトホールディングス
代表取締役社長

長尾 裕（ながお・ゆたか）氏：1988年ヤマト運輸入社。2010年同社執行役員 関東支社長、15年同社代表取締役社長 社長執行役員 兼 ヤマトホールディングス執行役員、17年同社代表取締役社長 社長執行役員 兼 ヤマトホールディングス取締役執行役員、19年同社取締役 兼 ヤマトホールディングス代表取締役社長 社長執行役員を経て、21年4月より現職

写真：村田 和聡

EV、太陽光でグリーンデリバリー

温室効果ガス排出量の削減に向け電気自動車（EV）導入、再生可能エネルギー由来電力の活用などを進める。「2024年問題」への対応が必要となるなか、パートナーも含めたサステナブルな物流への取り組みを推進する。

（役職名・肩書を含む全ての情報は、「日経ESG」2023年4月号掲載時点のものです）

――２０３０年に温室効果ガスの自社排出量を20年度比48％減とする目標を掲げています。進捗状況を教えてください。

長尾　社会情勢などを背景に、サプライチェーンが混乱しＬＥＤ電球や車輌を計画通り導入できないといった点が一部あるものの、おおむね計画通りに遂行できました。22年度の数字はまだ確定していませんが、狙い通りのところまで到達していると思います。環境マネジメント体制の下、各現場で誰が何をやるべきかを明確にし、動き始めることができたのは大きな前進でした。

――48％削減に向けた主要な施策を説明してください。

長尾　グリーンデリバリーの実現に向けて、様々な施策を講じています。まずラストマイルの温室効果ガス排出量削減のため、30年までに電気自動車（ＥＶ）を2万台導入します。22年には日野自動車と開発した小型トラック５００台を首都圏中心に導入し始めました。運転席から荷室に直接移動できるウォークスルータイプで、作業効率や安全性も高まります。

ＥＶについては、トヨタ自動車などが出資するコマーシャル・ジャパン・パートナーシップ・テクノロジーズ（ＣＪＰＴ）とカートリッジ式バッテリーの規格化や実用化を検討しています。今後、群馬県内で実証実験をする予定で、年内には実用化のスケジュールが見えてくると思います。

30年までに、再生可能エネルギー由来電力の使用率を全体の70％まで向上させます。それに向け、太陽光発電設備を８１０基導入する目標も掲げています。現在、拠点の集約と大型化を進めており、新しい拠点の立ち上げ時には太陽光発電設備をあらかじめ設置するようにしています。

さらにドライアイス使用量をゼロにする取り組みも進めています。冷蔵・冷凍庫の壁に蓄冷効果の高い畜冷板を組み込むことで、エンジンを切っても蓄冷効果を発揮できるなど新たな取り組みを検討しています。

――日本ミシュランタイヤやアダストリアとパートナー契約を結んでいます。

■ グリーンデリバリーの実現に向けた取り組みの概要

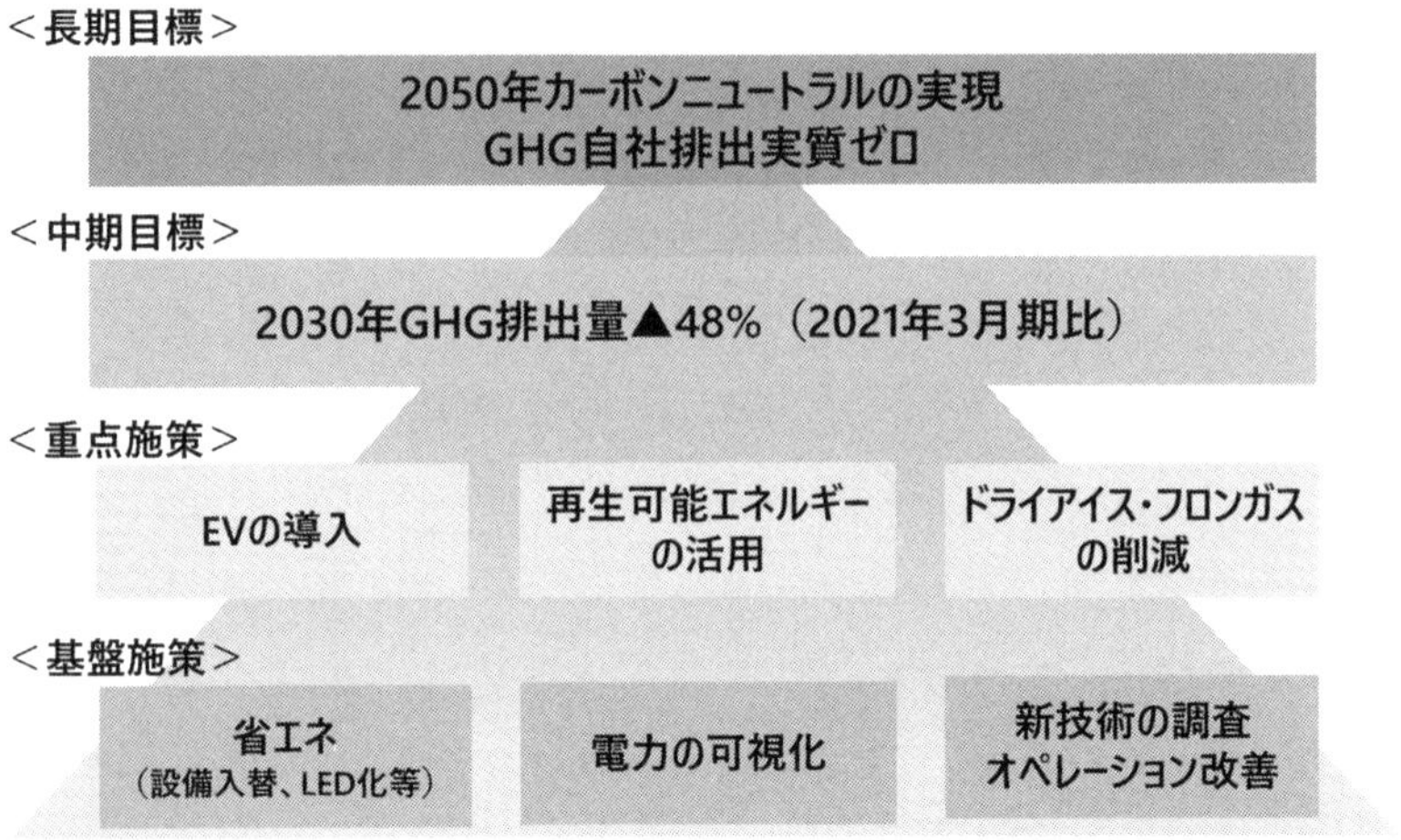

2030年に温室効果ガス排出量を20年度比48％削減する目標を掲げ、EV2万台・太陽光発電設備810基の導入、ドライアイスの使用削減などの施策を推進している

出所：ヤマトホールディングス

長尾　荷物を運ぶだけでなく、クライアント企業のサプライチェーン全体を見直し、在庫の最適化や出荷リードタイムの短縮など物流を通じてお客様の経営課題の解決に貢献する取り組みを進めています。我々としては、荷物を運ぶ領域だけでなく、企業の経営課題に貢献した部分もしっかりと可視化し、価値としてお客様に示していく必要があります。将来的には、サプライチェーンにおける温室効果ガス削減量も可視化し、提示できる仕組みを構築したいと思います。

フランス企業と排出量算定を規格化

――フランスのＤＰＤグループと環境分野での協力で基本合意書を締結しました。

長尾　どの企業にも物流はあります。スコープ３では物流領域の温室効果ガス排出量算定が必要ですが、現在は物流事業者によって算定基準が異なります。当社とＤＰＤグループで、算定基準の策定と国際標準化に向けて取り組んでいます。

ＤＰＤグループとは以前にも小口保冷配送サービスの基準の策定、国際標準化機構（ＩＳＯ）の規格化で連携した実績があります。その経験を生かし、今回は温室効果ガス排出量の世界共通算定基準の検討など、環境分野で連携します。

――運送業から〝運創業〟への転換を掲げています。人を育てる上で何がポイントになりますか。

長尾　セールスドライバー、ターミナルの作業員、事務員といった区分けで事業を進めることができた時代と異なり、今は業務も職務も多様化しています。改めて職務定義を明確化し、評価などを定めることが必要です。現在、専門人材や外部の知見も取り入れながら、制度づくりを進めているところです。

先行して社内のシステム開発を手掛けるＩＴ（情報技術）人材向けの新たな人事制度の運用を検討中です。今後約２年で全体の人事制度を変えていく方針です。多様な人たちが生き生きと活躍できる風土と職場環境づくりも推進します。そのためにミライロ（大阪市）と共同でオリジナルの「ユニバーサルマナー検定」を開発し社員の受講を促しています。

――物流業界では、運転業務の労働時間に上限を設定する「２０２４年問題」への対処が求められています。

長尾　これまで１人で走行していた長距離区間に中継拠点を設けてドライバーを交代するなど、従来とは違う方法が必要です。24年４月には長距離輸送に貨物専用機（フレイター）の運航も始めます。トラック以外の輸送手段を拡充する必要があります。サステナブルな物流ネットワークの構築に向けて、今後も業界を先導する取り組みを推進していきます。

聞き手：杉山 俊幸（日経ＢＰ 総合研究所主席研究員）

安田 正介 氏

サンゲツ

代表取締役 社長執行役員

安田 正介（やすだ・しょうすけ）氏：1973年一橋大学経済学部卒業後、三菱商事入社。2004年三菱商事執行役員機能化学品本部長、08年常務執行役員中部支社長、12年常務執行役員、同年サンゲツ取締役、14年代表取締役社長、16年代表取締役社長執行役員兼インテリア事業本部長、19年より現職

写真：上野 英和

仕入れ先と協業しスコープ3削減へ

サプライチェーン全体からの温室効果ガス排出量（スコープ3）をいかに削減するかが大きな課題だ。障がい者雇用の拡大、児童養護施設のリフォーム支援などにも力を入れる。

（役職名・肩書を含む全ての情報は、「日経ESG」2022年９月号掲載時点のものです）

――壁紙、床材、カーテンなど内装材全般の企画・開発・販売などを行なっていますが、業績はいかがですか。

安田　２０２1年度は原材料の高騰による仕入れ価格の上昇、物流関連費用のアップにより、21年９月に値上げを実施し、22年４月にも２次値上げを行ないました。価格に頼らない販売体制の強化などにも、ここ数年来、取り組んできました。

22年３月期の連結決算は、営業利益79億５０００万円、経常利益82億円となりましたが、米国の関連会社の商標権で多額の減損を実施したため、２億７０００万円の連結純利益にとどまりました。ただ基本的には、基礎的な収益力がついてきており、その状況は22年度も続いています。

――サンゲツ単体で30年、カーボンニュートラルの実現（スコープ1、2）を掲げています。

安田　サンゲツ単体が排出する温室効果ガスは、スコープ1、２で５９９２ｔ（ＣＯ$_2$換算＝以下同じ、21年度）であり、基本的には事務所の電力や営業車のガソリンなどによるものです。グループ連結では同じく３万４７７ｔ（21年度）となっています。

我々の30年目標は、サンゲツ単体でカーボンニュートラルにすること、グループ連結では18年度比で50～55％削減することです。

単体のカーボンニュートラルを実現するため、電力やガソリンについては、空調設備の更新やＬＥＤ化による省エネ、太陽光発電による創エネ、ハイブリッド車や電気自動車の導入、再生可能エネルギーの購入で賄い、足りない分はカーボンオフセットを利用します。単体の30年目標は無理のない内容と考えています。

課題はスコープ３の削減です。排出量は38万９２９５万ｔ（20年度）ですが、スコープ３のカテゴリー１（購入した製品・サービス）については、仕入れ金額に係数を掛けて求めた大枠の規模感を表したものです。仕入れ先約２００社に対してエネルギー使用量を調査し、それを積み上げて算定したところ、壁紙や床材など製造過程での排出量は約23万

■ サンゲツの温室効果ガス排出量の内訳

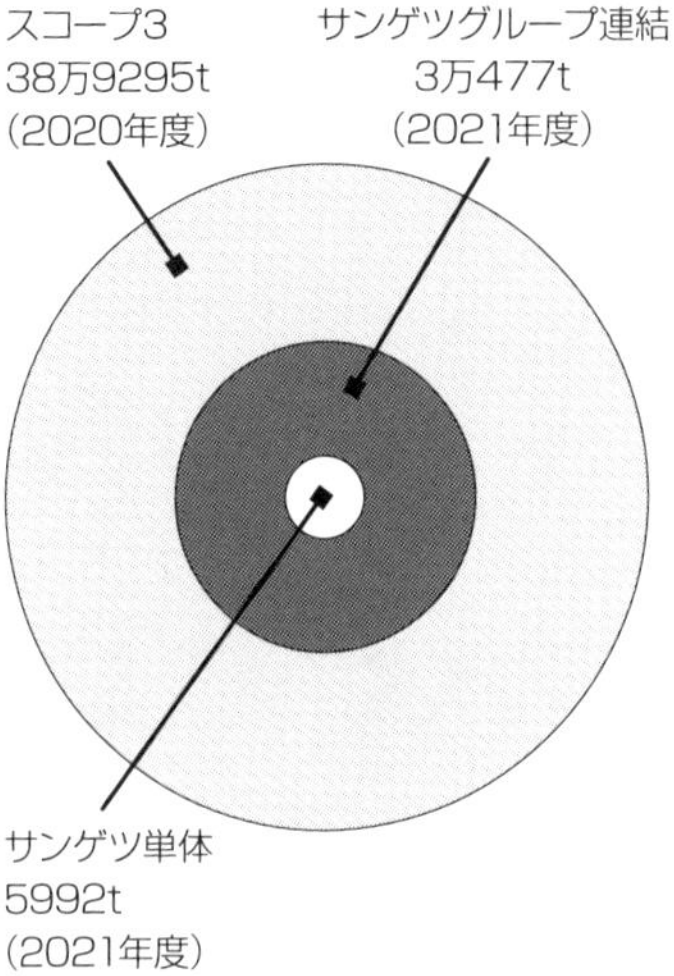

■ サンゲツは仕入れ先に「温室効果ガス削減目標」を調査

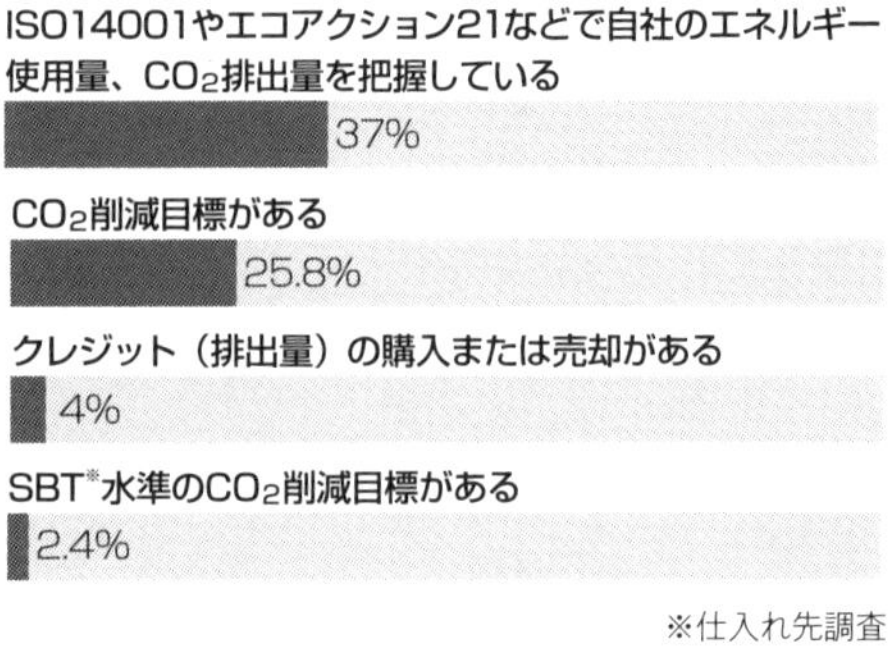

※仕入れ先調査

スコープ3は38万9295t（CO_2換算、2020年度）と推定する。サンゲツの仕入れ先調査では、「CO_2削減目標がある」との回答は25.8％にとどまる。エネルギー使用量は多くの仕入れ先で把握しているものの、CO_2削減目標を定めている会社はまだ少ない

出所：サンゲツ

t、原材料の製造時の排出量は約7万tとなりました。

――スコープ3の削減をどのように進めますか。

ただスコープ3の算定は難しく、精度を上げていく必要があります。仕入れ先調査では、エネルギー使用量は把握しているものの、「CO_2削減目標がある」の回答は25・8％しかないなど、CO_2削減への取り組みはまだ低いのが現状です。仕入れ先各社と協業し、国内・海外仕入れ先評価ランクを作成して各社の意識を高める取り組みを始めました。今後はスコープ3の削減目標を定めていきたいと考えています。

温室効果ガスの削減だけでなく、資源リサイクルにも取り組んでいます。毎年、150万冊の見本帳を発行していますが、22年度のリサイクル目標は13万冊です。商品・端材のリサイクルにも取り組んでいます。

資源リサイクルした環境商品

――環境商品の開発方針と具体的な事例を教えてください。

安田　「サンゲツSIP（Sustainable Interior Products）」認証制度をつくり、環境に対する商品のグレード付けをするなどして、

持続可能な地球環境への貢献を目指します。

21年11月に漁網や廃カーペットを再利用し１００％リサイクル糸を採用した床材「NT double eco」を発売しました。従来品と同じ価格でＣＯ$_2$を約61％削減します。22年５月に車のクッション材やもみ殻を再利用した壁紙「MEGUReWALL（メグリウォール）」、６月にはペットボトルを再利用した透明飛散防止フィルム「クリエイシア90」を発売しました。

――ＥＳＧのＳ（社会）について、具体的な取り組みを教えてください。

安田　力を入れているのは障がい者雇用の拡大です。障がい者雇用率は21年度実績で３・43％、22年度目標は４・０％です。障がい者の職場は広がっていて、見本帳リサイクルセンターでは５人が働いています。

グループを挙げて児童養護施設のリフォーム支援に取り組んでいます。本業を通じた社会貢献活動として実施しており、14年度から累計で１３２件に達し、22年度は30件を目標にしています。施設の壁紙を貼り替えたりすると子供たちが喜んでくれ、社員もやりがいを感じています。

――安田社長は商社出身で創業家から社長として招かれました。Ｇ（企業統治）についての考えを聞かせてください。

安田　経営の監督と執行の分離に尽きます。この点については、15年より監査等委員会設置会社へ移行、現在は独立社外取締役比率を57％とした取締役会構成とし、透明性の高いガバナンス体制を構築しています。

聞き手：斎藤　正一（日経ＥＳＧ経営フォーラム事務局長）

奥 和登 氏

農林中央金庫

代表理事理事長 兼 執行役員

奥 和登（おく・かずと）氏：1983年東京大学農学部卒業後、農林中央金庫入庫。2003年総合企画部副部長、04年総合企画部企画開発室長兼副部長、07年JAバンク統括部長、09年総合企画部長。11年常務理事、13年専務理事、17年代表理事専務、18年代表理事理事長、21年より現職

写真：髙田 浩行

脱炭素と農林水産業者の所得増目指す

2023年12月に創立100周年を迎え、
一層のサステナブル経営の強化を図る。
パーパスの実現に向けて、温室効果ガスの排出量削減と
農林水産業者の所得増加を目標に掲げた。

（役職名・肩書を含む全ての情報は、「日経ESG」2023年４月号掲載時点のものです）

――２０２１年に中長期目標とともに掲げた「持てるすべてを『いのち』に向けて」という文言から始まるパーパス（存在意義）と、「いのちの連鎖」という言葉に込めた思いを教えてください。

奥　農林中央金庫（以下、農林中金）は農林中央金庫法という独自の法律に基づいて運営されており、その法の下に使命が規定されています。しかし、法律用語は難解な表現も多く、職員も自分事として捉えにくい。そこで、自分たちの使命を再定義したのがこのパーパス「持てるすべてを『いのち』に向けて～ステークホルダーのみなさまとともに、農林水産業をはぐくみ、豊かな食とくらしの未来をつくり、持続可能な地球環境に貢献していきます～」です。

そして地球環境を、農林水産業の発展と結びつけるものとして表現したのが「いのちの連鎖」です。私たち人間の体は農林水産業が生み出す動植物でできており、農林水産物は太陽光や水などの地球環境の下で作られています。「人のいのち」「食べ物（生物）のいのち」「地球（星）のいのち」を結び付けて意識できるようにしました。

――中長期目標として、「投融資先等の温室効果ガス排出量削減」「農林水産業者の所得増加」を掲げています。

奥　この２つは直接リンクしにくいものですが、いずれもパーパスの実現に向けた不可欠な取り組みです。「投融資先等の温室効果ガス排出量削減」は、投融資先に対して建設的な対話をしていくことから始め、排出量の計測、削減ソリューションの提案へと進めていきます。

「農林水産業者の所得増加」は、農林水産業の課題を考えると、常に中心にあるのが〝所得〟だと気付きます。所得が低いと後継者や新規参入が少なく、耕作放棄地が増え、人が集まらないから地域全体が寂れていく。所得が増加すれば、この悪循環を断ち切り、サステナブルな農林水産業と地域コミュニティーの維持にもつながるはずです。

――所得増加に向けた取り組みを教えてください。

奥　農林水産業者の所得増加というマクロな問題は、政府が対策すべきことです。農林中金がアプローチできることとしては、取引先である農林水産業者の利益や、成長に向けた人材投資・設備投資を増やすことにフォーカスしています。

■ 2030年中長期目標への取り組み状況

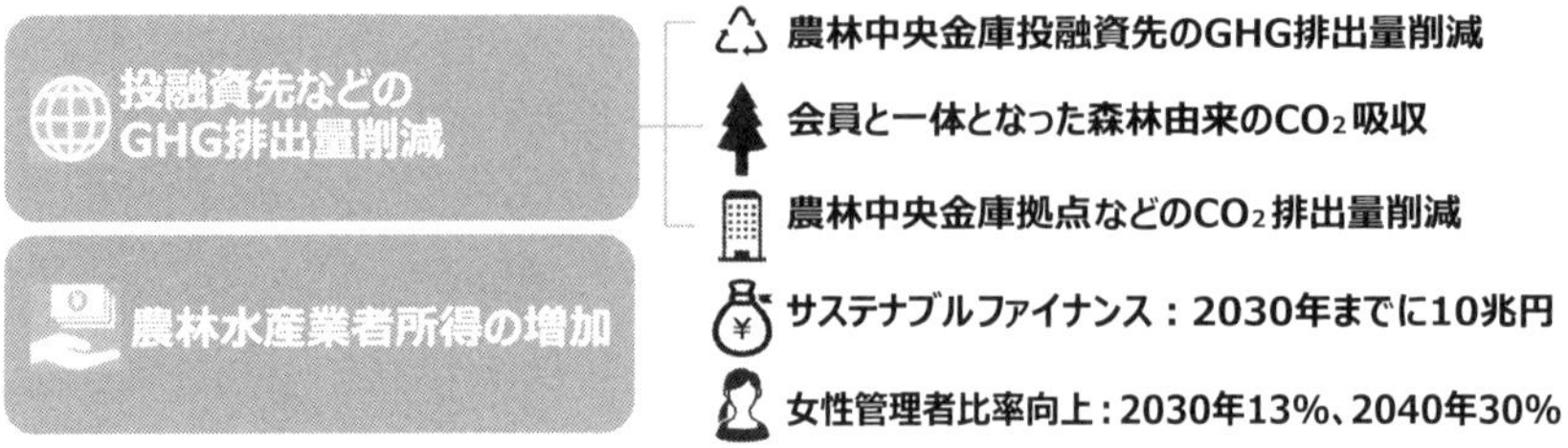

中長期目標「投融資先等の温室効果ガス排出量を削減」「サステナブルファイナンス新規実行額を2030年までに10兆円」をはじめ、毎年着実に歩みを進めている

出所：農林中央金庫

21年度から数十社の農業法人に対して高付加価値作物の開発や売り先を提案するなど、前年対比で数%でも所得を増加できるようにコンサルティングを始めました。まもなくその結果が出ますから、その数字を踏まえて、次年度どこまで引き上げられるかを検討していきます。

今はインフレなどの影響で肥料や飼料が高騰し、収益環境が悪化しています。そんな状況も含めて、次の数字を考えていく必要があります。

CO_2削減で販売価格上げ

──農業生産者の温室効果ガス排出量削減を促進・支援するために始めた「MABIプロジェクト」は、どのような取り組みですか。

奥　グローバルでは、農業はCO_2排出セクターだとされています。一方で、農林水産業にはCO_2吸収主体になり得るポテンシャルがありますが、農業生産における温室効果ガスの測定や脱炭素技術など、排出量削減のための仕組みがありません。

そこで、農業生産者のCO_2排出量を計測し、その結果に基づいて温室効果ガスの排出量削減につなげるためのプラットフォームとして、農業・食品産業技術総合研究機構との連携により「ＭＡＢＩ（Measurements of GHG in Agriculture and Better Implementation）プロジェクト」を開始しました。

ＣＯ$_2$排出量削減の取り組みが可視化できれば、削減分が付加価値になるかもしれません。そうして作られた農作物は、その価値に見合った金額を販売価格に上乗せすることもできるでしょう。そうなれば、温室効果ガスの排出量削減と農業生産者の所得増加がリンクすることになります。

――具体的な事例はありますか。

奥　金融機関としてサステナビリティ・リンク・ローン（ＳＬＬ）という形で支援しています。23年1月には本ローン第1号として静岡県の農業法人、鈴生《すずなり》に対しＳＬＬの契約を締結しました。鈴生は創業当時から化学肥料や農薬散布量を大幅に削減した農業で、温室効果ガス排出量の可視化や削減にも取り組んでいます。

――「電力」「石油・ガス・石炭」「食品・農業」「飲料」のセクターを対象とした移行リスク分析を行なっています。その結果をどう見ていますか。

奥　「電力」「石油・ガス・石炭」はＣＯ$_2$排出側ですが、当金庫における信用コストはさほど大きくありません。「食品・農業」「飲料」については、リスクになり得る部分もありますが、むしろプラスと捉える企業もあります。リスクに対しては改善の対応を、事業を伸ばせる可能性に対しては投資をというように、今後に向けた対話をする下地となりました。

――サステナブルファイナンスについて、30年までに新規実行額10兆円を目標としています。

奥　初年度が1兆5000億円、今年度上期が2兆円と、1・5期ですでに3兆5000億円を達成しています。この進捗を

■ 新規サステナブルファイナンスの目標額

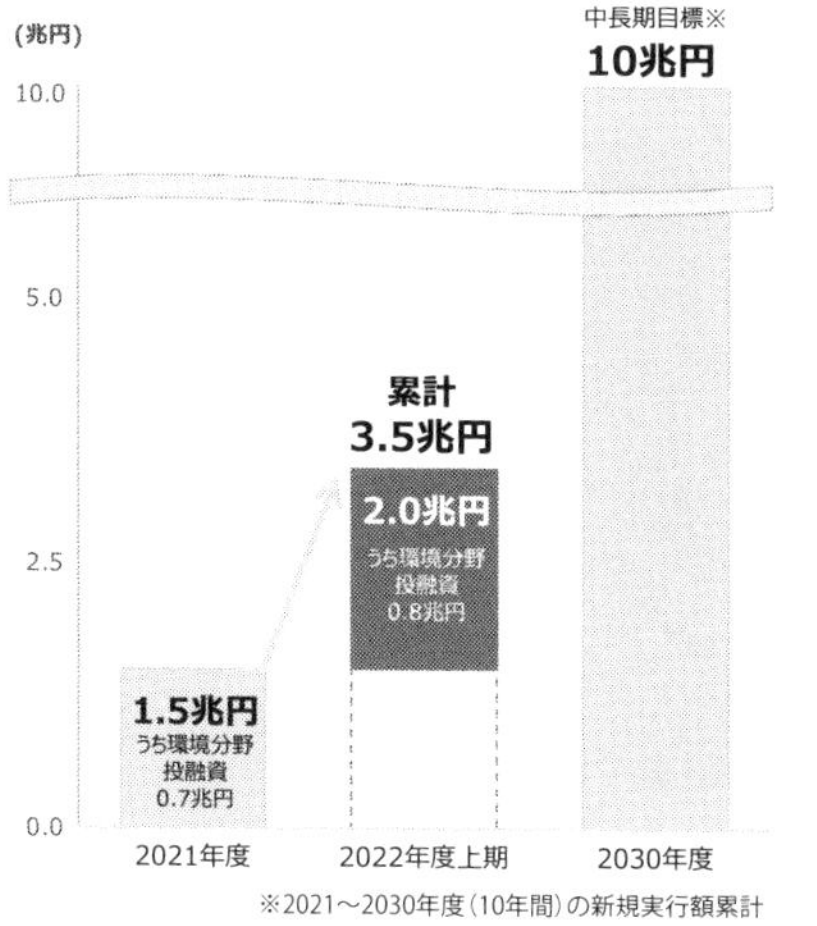

※2021～2030年度（10年間）の新規実行額累計

出所：農林中央金庫

■ ポートフォリオのセクターごとに依存する自然資本

■UNEPFIなどが提供するエクスポージャーにおけるセクターごとの依存を分析する「ENCORE」を用いて、ポート分析を試行的に実践した。エクスポージャーは自然資本の中でも「水資源」に最も依存していることが分かるが、セクターごとに自然資本・生物多様性への依存の在り方はまちまちであり、リスクと機会の把握に向けては**セクター**や**取引先の特徴に応じた深堀りした分析**が必要と認識した。

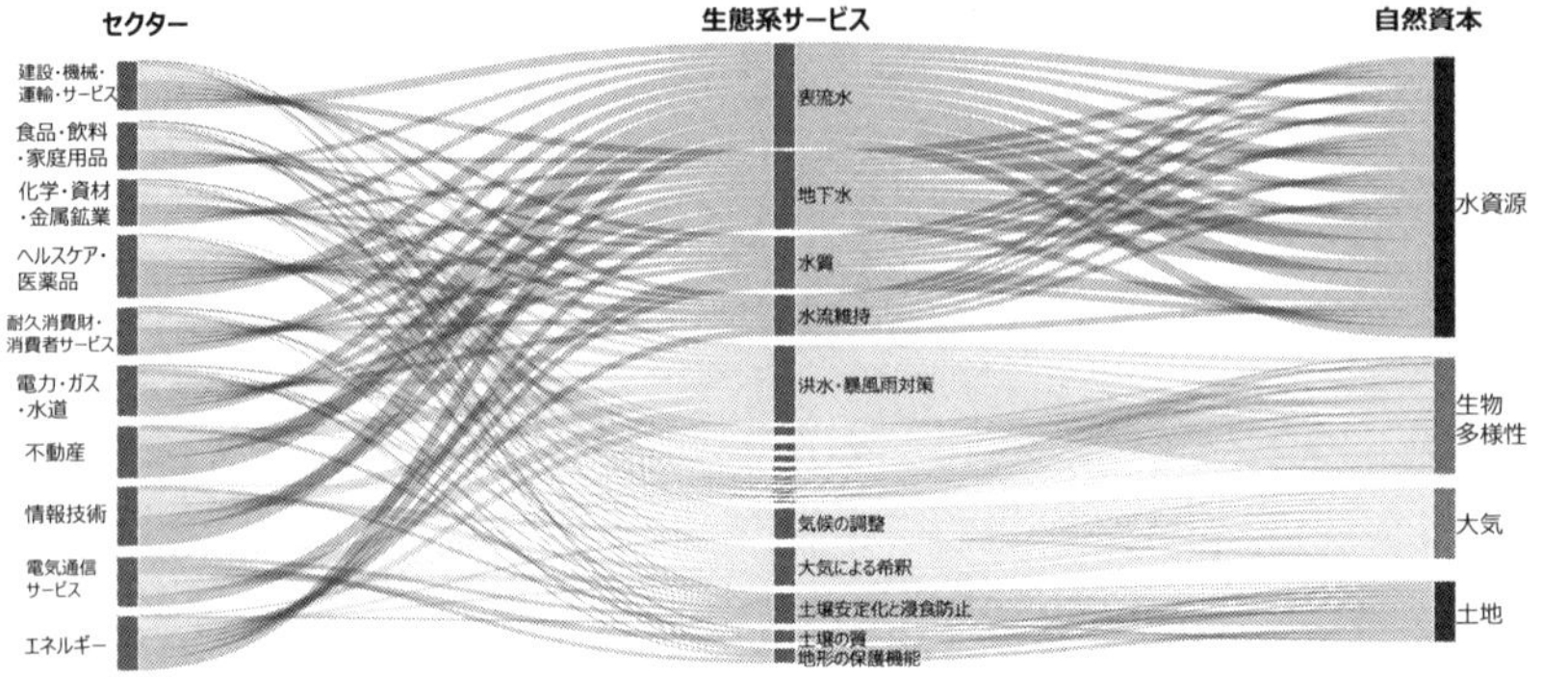

※左側のセクターごとのエクスポージャー量は基準時点のポートフォリオを基にウエイトを均等に加工

出所：農林中央金庫

見る限り、30年の10兆円はむしろ低すぎたかもしれません。投融資、プロジェクトファイナンス、ローン、調達といった様々なセクションがある中、少しずつ実績を積み重ねていけば、3、4年目にはおおよその予測がつくと見込んでいます。

――伸びしろを感じている分野はありますか。

奥　再生可能エネルギーのプロジェクトファイナンスです。日本国内の再エネに対して、農林中金の貸出金は少ないと言われていますが、欧州をはじめとするグローバルなプロジェクトファイナンスならば、地球規模でアプローチしていることになります。地球上からCO_2が減れば、日本にも恩恵があるという考えです。

――温室効果ガスの排出量削減を進める上での課題は何でしょうか。

奥　温室効果ガスの排出量は地下埋設などである程度抑制できるかもしれませんが、問題は技術以外の部分です。自然界で多くの温室効果ガスを吸収する役目を果たすのは海と森林です。ところが、日本の山林は所有者が入り組んでいる上に、所有の境界線も明確ではありません。吸収量を可視化してカーボンクレジットを発行したとしても、財産権が明確でないために分配できないのです。

吸収量を最大にするならば、木を伐採して、植えて、光合成が活発な樹齢に育てるという循環を維持する必要があります。しかし、日本の山林は急峻で作業が難しい。荒れた山の木は雨が降ると流されて川をせき止め、洪水を起こします。
きちんと手入れされて代謝の活発な樹齢の木々からなる山林ならば、温室効果ガスの吸収源となり、治水や防災にも役立ちます。それが森林所有者の収入に結び付けば、より良い循環を生み出すことにつながるでしょう。実は、ここにも事業者の所得の問題が関連してくるのです。

――海を吸収源とするブルーカーボンはどうでしょうか。

奥　22年５月に鳥取県、鳥取県漁業協同組合と共に立ち上げたブルーカーボンプロジェクトは、ムラサキウニの畜養によって収入を確保しつつ、海藻を取り戻していく取り組みです。海藻が豊富な海はＣＯ２を吸収し、漁場も豊かにしてくれます。

「ダイバーシティ元年」始動

――22年を「ダイバーシティ元年」とした狙いを教えてください。

奥　当金庫は23年12月、創立１００周年を迎えます。その先の１００年に、いかに新しい風を取り込んでいけるかを考えました。
効率重視のプロセス型の働き方では通用しなくなっている今、個人の能力を最大限に引き出し、それらを組み合わせた中から事業の進化やイノベーションが生まれます。要素が多いほど組み合わせの数は増えますから、化学変化が起きる可能性も大きくなる。そのためのダイバーシティだと捉えています。
22年４月に開催した「サステナビリティ・アドバイザリー・ボード」は、外部有識者の方々からサステナブル経営について率直な意見を頂戴する場として設定しました。耳の痛い意見も全て受け止めるというスタンスは、ダイバーシティと同じです。

――管理職を希望する女性職員が少ない、残業時間の増加、有休取得率の低さなども課題とされていました。

奥 22年3月末時点で当金庫の女性管理職比率は6・6％です。これを40年には30％に増やす目標です。しかし、そもその女性職員比率が低いままでは管理職も増えません。

そこで、23年度から女性の採用を増やすことにしました。現在の女性比率は34・9％ですが、来年度の新卒採用では42％まで増やす予定です。このペースで採用を続ければ、管理職比率も変わってくるでしょう。

残業時間の削減と有給取得率はこの1年で改善していますが、まだ改善の余地はあります。今後は総労働時間削減に向けたKPI（重要業績評価指標）を設定して、テレワークやフレックスなどの働き方改革、デジタルを活用した効率化などを進めていきたいと考えています。

自然資源の保全にも注力

――今後注力していく生物多様性や自然資本に関連して、農林中金としての基本スタンスを教えてください。

奥 22年11月、自然関連財務情報開示タスクフォース（TNFD）のメンバーに当金庫から追加選出されました。今後は農林中金もタスクフォースメンバー組織としてルールメイキングに参画していくことになります。自然資源の保全、生物多様性について関係者間で議論し、どのようにアプローチするかを考える場だと捉えています。

ルールメイクというと野心的に聞こえるかもしれませんが、自分たちはどう考え、どのように次につなげようとしているのか、世界に向けて発信していくことがルールメイクなのだと思います。まずはアンテナを張り巡らせ、議論を重ね、日本としての方向性を示していきます。

――１００兆円の資産を有する金融機関として、今後のＥＳＧ投資の見通しを聞かせてください。

奥　非常に難しい質問です。ウクライナ問題などの大きな課題が立ちはだかり、一時的にＥＳＧ投資が減少することもあるでしょう。

しかし、当金庫のポートフォリオを見ても明らかなように、あらゆるセクターにおいて自然資本への依存度は高く、自然環境の劣化が事業活動に与えるインパクトはかなり大きいものです。そもそも地球が元気になることが私たちのいのちの源をもたらしていることに変わりはありません。ＥＳＧ投資の重要性はこれからも増していくと考えています。

聞き手：杉山　俊幸（日経ＢＰ　総合研究所主席研究員）

堀 秀充 氏

YKK AP

代表取締役社長

堀 秀充（ほり・ひでみつ）氏：1981年吉田工業（現YKK）入社。89年より米国勤務。97年YKK AP アメリカ社 バイスプレジデント、2000年YKKコーポレーション・オブ・アメリカ シニアバイスプレジデント。06年に帰国し、07年執行役員 経営企画室長、09年取締役上席常務 事業本部長、11年より現職

写真：髙田 浩行

窓から住宅の省エネに取り組む

創業の精神「善の巡環」を基本に、建築用プロダクツを通して健康で快適な暮らしを提案する。断熱性能の高い樹脂窓に力を入れ、家庭部門の温室効果ガスの排出削減に貢献する。

（役職名・肩書を含む全ての情報は、「日経ESG」2023年１月号掲載時点のものです）

――２０２１年2月に「Architectural Productsで社会を幸せにする会社。」というパーパスを策定しました。

堀　ＹＫＫ創業者の吉田忠雄は、「他人の利益を図らずして自らの繁栄はない」という「善の巡環」の精神を事業活動の基本に、今日のＹＫＫグループを築きました。１９９０年に前身の吉田商事を母体に、ＹＫＫ２代目社長の吉田忠裕が建材事業の中核会社としてＹＫＫアーキテクチュラルプロダクツを設立しました。「善の巡環」の精神に基づき、時代に合わせて企業価値を高める重要性を説いたのが、経営理念「更なるCORPORATE VALUEを求めて」です。

２０２１年に策定したパーパスは、中堅社員が中心のブランドマネジメント委員会で、約1年かけて手づくりしたものです。「善の巡環」の精神を継承し、窓をはじめとした建築用プロダクツを通して、健康で快適な暮らしを提供することが私たちの使命だと考えています。

――住宅の窓やドアなど、開口部の高断熱化による省エネの取り組みを進めています。

堀　海外と比較すると、日本の住宅は断熱性能が極めて低いことが分かります。欧米などに住んでいる人が日本に来ると、「日本の住宅は寒い」と言うのをよく聞きます。

アルミ製フレームの窓（アルミ窓）は、住環境に大きな影響を及ぼします。アルミ窓は加工性や価格、気密性などの面で非常に優れていますが、唯一の弱点は断熱性能が低いことです。アルミは樹脂の約１４００倍も熱を伝えやすいので、夏は窓から熱が流入し、冬は熱が流出します。

政府は地球温暖化対策計画で30年度の温室効果ガス排出量の13年度比46％削減に向けて、家庭部門の排出量を同66％削減することを目標にしています。そのためには家庭のエネルギー消費量の４分の1程度を占める空調の効率性を高めることが重要ですが、既存住宅で一般的なアルミ窓のままでは、省エネが難しいのです。行政側も住宅を省エネ化するため、窓の断熱性能を重視するようになっています。

■ YKK APによる窓の種類別、断熱性能の比較

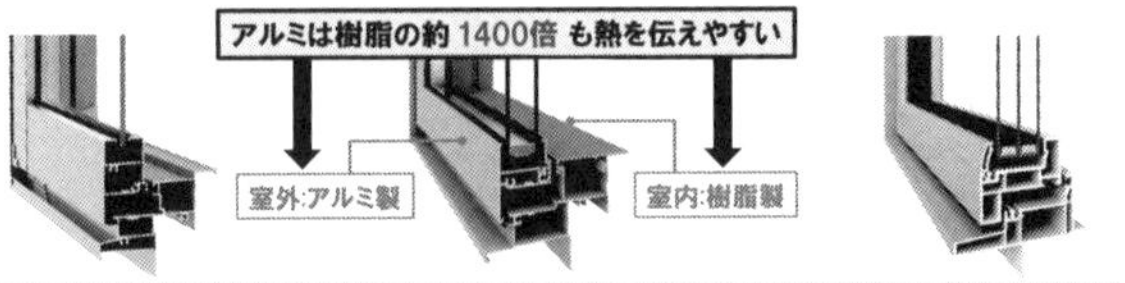

		アルミ窓		アルミ樹脂複合窓	樹脂窓	
構造	フレーム材質	室内外:アルミ製		室外:アルミ製 室内:樹脂製	室内外:樹脂製	
	ガラス	単板ガラス	複層ガラス	Low-E複層ガラス	Low-E複層ガラス	トリプルガラス
窓の断熱性能		低い →				高い
Uw値 (W/㎡・K)		6.51	4.07	2.33 アルミ単板の2.8倍	1.31 アルミ単板の5.0倍	0.90 アルミ単板の7.2倍

住宅用窓の断熱性能は、窓を構成する建具の仕様と装着するガラスの性能値を基に窓全体の熱貫流値（Uw）を算出する。3層ガラスと室内外共に樹脂製フレームの窓は、単板ガラスとアルミ製フレームの窓に比べて断熱性能が7.2倍高くなる

出所：YKK AP

樹脂窓の販売を推進

——住宅の省エネを推進するために、アルミ窓から樹脂製フレームの窓（樹脂窓）への転換を進めています。

堀　断熱・気密性が高い樹脂窓に本格的に取り組んだのは09年からです。私が米国に駐在していたとき、米国で普及が進んでいた樹脂窓を日本でも始めようと提案しました。しかし、樹脂窓はアルミ窓に比べて構造が大きくなりがちで、日本では北海道など寒冷地以外ではほとんど利用されていませんでした。

社員も「売れるのか」と疑問を感じていましたが、ガラスの複層化とフレームの樹脂化に取り組み、販売奨励金を出すなどして積極的に推進しました。住宅の省エネという要請もあって樹脂窓の販売数量は徐々に増え、現在は当社の窓製品出荷数の31％に達しています。さらなる普及に向けて、アルミ窓と比べて高くなりがちな価格を抑え、デザイン性の高さや窓の断熱性能などについてソリューションを提案していきます。

——窓に使われる素材のリサイクルにも力を入れています。

堀　リサイクル性においては、樹脂よりアルミの方がはるかに優れ

■ 社員と対話する「車座集会」の様子

「車座集会」と呼ぶ座談会で、社員との対話の機会を増やしている。10人程度の参加者と経営方針や人事制度などについて質疑応答を行なう。写真はYKK APアメリカ社で実施した車座集会の様子

出所：YKK AP

ています。社内品のアルミ材は100%再利用しています。アルミ再生地金や市中スクラップ材など社外品のリサイクル率は、24年度に37%を目指しています。塩ビ（ポリ塩化ビニール）など樹脂材の社内リサイクル率は23年度に70%、28年度に100%を目標にしています。樹脂窓を普及させるためにも、リサイクルに力を入れる必要があります。

――21年にCHRO（最高人事責任者）職を設置し、副社長が就任しました。

堀　イノベーションを起こすための人材育成に力を入れ、定年制度を廃止して社員のリスキリングを進めています。これまでは、ある年齢になると役職から外れて降格する役職定年制度がありました。ただ、社員のモチベーションを損なうデメリットが大きいので、降格がない人事制度を検討しています。

22年からは「車座集会」と呼んでいる座談会を行なっています。月1回程度、世界中の各拠点で10人くらいの社員と対話をするようにしています。働きやすく、働きがいのある職場環境を提供し、全社員が同じ方向に進むために取り組んでいく考えです。

聞き手：飯村　かおり（日経ESG経営フォーラム事業部次長）

高田 正樹 氏

敷島ファーム
代表取締役

1966年、東京都生まれ。企業コンサルタントから転身し、2011年に敷島ファームを設立、同年より現職

写真：髙田 浩行

農場を起点にCO_2排出ゼロを実現

通常30カ月以上かかる牛の飼育期間を
26カ月に短縮することでメタン排出量を削減した。
牛のふん尿の活用、植栽によるオフセットなど多面的な取り組みによる
ゼロカーボンビーフにも挑戦している。

（役職名・肩書を含む全ての情報は、「日経ESG」2023年5月号掲載時点のものです）

——栃木県那須町と北海道白老町で約１万１０００頭の黒毛和牛を飼育しています。特に注力している取り組みを教えてください。

高田　牛が生まれてから出荷するまで、自社直営牧場で生育一貫生産を行なっており、ＤＮＡ解析技術による「ゲノミック評価」で、スピーディーで的確な品種改良を実現しています。

肉質の向上とともに取り組んでいるのが、牛の飼育期間の短縮です。通常は30～32カ月で枝肉出荷しますが、当社ではその期間を26カ月まで短縮しました。回転率が上がるので頭数を増やさず同等数の出荷が可能で、飼養コストも削減できます。

飼育期間の短縮で、温室効果ガスの発生源である牛のゲップや排せつ物も少なくなるという環境面でのメリットもあります。今後はさらにこの期間を縮めて、24カ月での出荷を目指しています。

——持続可能な農業など温室効果ガス削減の取り組みも進めています。

高田　牛を増やさずに飼育期間の短縮を進めたのは、近年の飼料や建築資材の高騰も影響しています。ＳＤＧｓ対応も必須で、急速な時代の変化に呼応して複合的に取り組まなければなりません。

温室効果ガス対策の１つとして、日本製紙が開発した高消化性セルロース飼料「元気森森」を黒毛和牛に与えています。製紙の工程で国産木材から抽出したセルロースの飼料を与えることで消化吸収が良くなり、ふんの量が減るため、発生するメタンガスも減少すると考えられます。

一方で、牛のふん尿は肥沃な土地を作る上で重要です。白老牧場で出たふん尿は、堆肥化させて農園や放牧地の土壌改良に活用しています。ふん尿を発酵させて作る完熟堆肥は、牛の寝床としての利用も期待できます。現在、寝床に使用しているおがくずは、バイオマス原料として使われるようになってから価格が高騰しているため、代用化はコスト削減にもつながります。

■ ゼロカーボンビーフの実現に向けた敷島ファームの取り組み

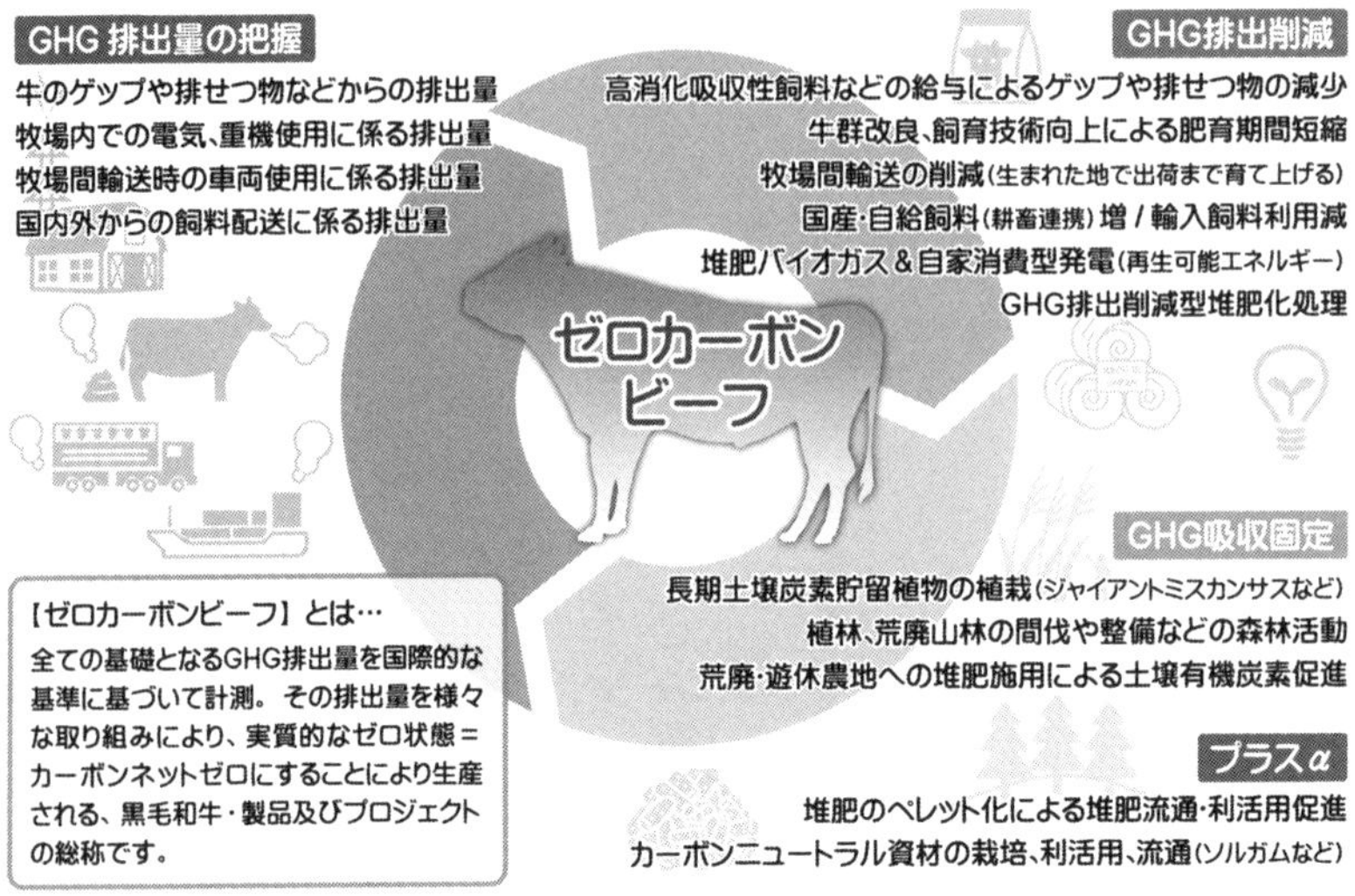
GHG 排出量の把握
牛のゲップや排せつ物などからの排出量
牧場内での電気、重機使用に係る排出量
牧場間輸送時の車両使用に係る排出量
国内外からの飼料配送に係る排出量
GHG排出削減
高消化吸収性飼料などの給与によるゲップや排せつ物の減少
牛群改良、飼育技術向上による肥育期間短縮
牧場間輸送の削減（生まれた地で出荷まで育て上げる）
国産・自給飼料（耕畜連携）増 / 輸入飼料利用減
堆肥バイオガス＆自家消費型発電（再生可能エネルギー）
GHG排出削減型堆肥化処理
ゼロカーボン
ビーフ
GHG吸収固定
長期土壌炭素貯留植物の植栽（ジャイアントミスカンサスなど）
植林、荒廃山林の間伐や整備などの森林活動
荒廃・遊休農地への堆肥施用による土壌有機炭素促進
プラスα
堆肥のペレット化による堆肥流通・利活用促進
カーボンニュートラル資材の栽培、利活用、流通（ソルガムなど）
【ゼロカーボンビーフ】とは…
全ての基礎となるGHG排出量を国際的な基準に基づいて計測。その排出量を様々な取り組みにより、実質的なゼロ状態＝カーボンネットゼロにすることにより生産される、黒毛和牛・製品及びプロジェクトの総称です。

出所：敷島ファーム

堆肥化の際に発生するバイオガス利用の発電プラントも開発中です。

――温室効果ガス対策の集大成ともいえる「ゼロカーボンビーフ」とはどのようなものですか。

高田　生きた牛が排出するものをゼロにはできませんが、オフセットのルールにのっとれば、ゼロもしくはマイナスにもできると考えています。先述の通り、早期出荷による温室効果ガス削減効果がありますし、生育一貫生産体制にすることで繁殖牧場から肥育牧場への車輌による移動時のCO_2排出がなくなります。

２０２２年９月からは畜産業では初めて、アスエネ（東京都港区）、農林中央金庫と共にＧＨＧプロトコルと照らし合わせた排出量の計測を始めました。土壌炭素固定能力が高い植物の植栽、荒廃地を取得して間伐植林を行なうなど、オフセット事業も進めています。コストは高くなりますが、既に食肉メーカーからの要望があり、付加価値を求める消費者からも選ばれるはずです。

海外向けの体制づくり

――海外展開を進める上での課題は何でしょうか。

高田　近年、国内では若い女性を中心に赤身肉志向が強く、高級な霜降り肉を販売するには海外展開を考えないわけにはいきません。品種改良をして出荷できるようになるまで2年ほどかかるので、市場ニーズが高まったタイミングで出荷できるようにチャレンジしていきます。

海外展開については、アニマルウェルフェア（動物福祉）の問題もあります。国際的には欧米ルールで進んでいますが、日本と欧米では飼育方法が異なるため、対応が難しい部分もあります。とはいえ、準拠しなければ輸出できなくなるリスクがあるので、業界に先んじて体制を整えていきます。

牛の飼養環境だけでなく、人の働く環境も整備しています。障害者雇用は以前から行なっており、適材適所に配属することで、十分に力を発揮してくれています。男性社員の育休の取得も進んでいます。

――飼料や資材の高騰が続く中での、今後の展望を聞かせてください。

高田　畜産や酪農については社会的にネガティブな話題が多くなっていますが、こういう時こそ好機があると考えています。私たちは小さな企業ですが、ここにしかないフィールドとサンプルがあります。それらを活用してもらうことで大企業や研究機関と研究開発を進め、ウィンウィンの関係をつくりだしてきました。

今後もゲノミック評価で培った肉質のエビデンスやゼロカーボンビーフといったブランド価値を高めて、ビジネスを成長させていきます。

聞き手：渡辺 和博（日経ＢＰ 総合研究所上席研究員）

第3章

SDGs編

塚越 伸朗 氏

アイ・エフ・エフ日本
代表取締役社長

塚越 伸朗（つかごし・のぶあき）氏：1994年ハーキュリーズジャパン、2009年CPケルコジャパン ゼネラルマネージャー。11年ダニスコジャパン（IFFグループ）セールスディレクター、20年ダニスコジャパン代表取締役社長、21年よりIFF Nourish北アジア リーダーを経てIFFグループ 北アジア代表、22年より現職

写真：髙田 浩行

大豆たんぱくで環境保全に貢献

**食品素材の世界最大手企業として
「ポストコロナ」「インフレ」を追い風に業績を伸ばしている。
大豆たんぱく素材を健康面だけでなく、
環境保全などサステナビリティの観点からもアピールしていく。**

（役職名・肩書を含む全ての情報は、「日経ESG」2023年3月号掲載時点のものです）

――２０２２年を振り返って、日本市場ではどのような変化がありましたか。

塚越　「ポストコロナ」「インフレ」という外部環境の変化を示す２つのキーワードについては、いずれも当社にとって追い風となりました。

コロナ禍での健康志向の高まりで、大豆でたんぱく質を取る習慣が着実に浸透しつつあります。コンビニエンスストアなどでは、以前に比べてプロテインバーのコーナーが拡大しています。また、日本では以前から一定の需要がある「ノンシュガー」「ローシュガー」が、巣ごもりで消費カロリーが減ったことで、あらためて注目されています。

一方、インフレで原材料価格が高騰する中、食品ブランドなどは、価格転嫁に伴う消費者離れに頭を悩ませています。そこで求められているのが、消費者が求める新たな付加価値を備えるブランドの立ち上げです。当社は、高品質の香料やサステナブルを意識した素材など幅広い製品群という強みを生かして、ブランドの立ち上げに寄与できます。

――環境保護に向けた取り組みについて教えてください。

塚越　「25年に電力ポートフォリオの75％を再生可能エネルギーで調達」「全ての主要製造拠点で埋め立て廃棄物ゼロ」などの目標に向けて取り組んでいます。

環境保全に貢献する事業として大いに期待しているのが大豆たんぱく素材です。大豆は、重量当たりのたんぱく質含有量が肉より多いだけではなく、たんぱく質生成の際に排出されるＣＯ$_2$の量が肉よりも格段に低いという特徴があります。

現状では主に健康面で注目されていますが、今後は環境保全などサステナビリティの観点からの評価も高めていきたいと考えています。肉に代わるたんぱく質として大豆へのニーズが高まり、環境保全に貢献できれば、まさに一挙両得の構図になるでしょう。

■ アイ・エフ・エフ日本が推進する「4つのハイブリッドワークモデル」の概要

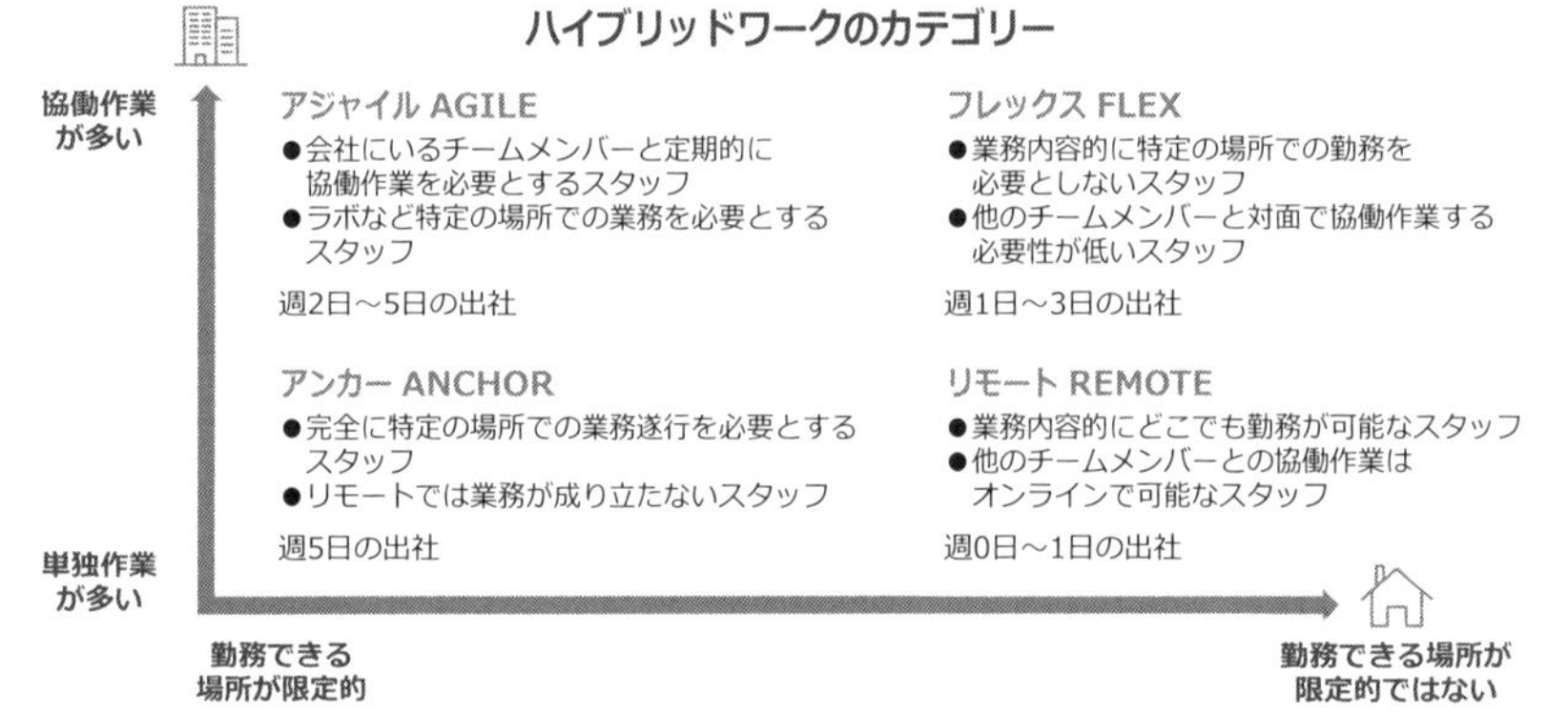
ハイブリッドワークのカテゴリー
協働作業が多い
単独作業が多い
アジャイル AGILE
●会社にいるチームメンバーと定期的に協働作業を必要とするスタッフ
●ラボなど特定の場所での業務を必要とするスタッフ
週2日～5日の出社
フレックス FLEX
●業務内容的に特定の場所での勤務を必要としないスタッフ
●他のチームメンバーと対面で協働作業する必要性が低いスタッフ
週1日～3日の出社
アンカー ANCHOR
●完全に特定の場所での業務遂行を必要とするスタッフ
●リモートでは業務が成り立たないスタッフ
週5日の出社
リモート REMOTE
●業務内容的にどこでも勤務が可能なスタッフ
●他のチームメンバーとの協働作業はオンラインで可能なスタッフ
週0日～1日の出社
勤務できる場所が限定的
勤務できる場所が限定的ではない

コロナ禍を機に「アジャイル」「アンカー」「フレックス」「リモート」という4つのカテゴリーに分けたハイブリッドワークモデルを導入した。社員は仕事の内容に応じて効率的に業務を進める。

出所：アイ・エフ・エフ日本

バニラ生産地の農家を支援

——温暖化は原材料の調達にも影響を及ぼします。どのように対応していきますか。

塚越　フレーバーをはじめとする当社製品の主原料は天然物です。例えば、アイスクリームやチョコレートなどのお菓子の製造に欠かせないバニラは、安定的な調達が課題となっています。バニラの収穫量は年によって大きく変わり、それに伴って価格が変動するためです。

そこで主要生産国であるマダガスカルで、3000人以上を擁する農民組合と連携し、バニラの品質と生産性の向上に取り組み始めました。農法のトレーニングだけでなく、無料で医療を提供したり、学校の再建に参加するなど、農家の方々の生計の向上にも努めています。

——働き方の多様化も積極的に推進しています。

塚越　コロナ禍を機に、業務に応じて出社日数を調整しながら仕事ができるよう、柔軟性・適応性・権限委譲に基づく「アジャイル」「アンカー」「フレックス」「リモート」という4つのカテゴリーに分けたハイブリッドワークモデルを導入しました。

ラボ所属の社員は週5日出社するアンカーに属し、営業担当の社員は週1～3日出社のフレックスに属して効率的に仕事を進めています。

社員の男女比はほぼ５対５で、女性管理職の比率は36・４％に達しています。ジェンダー平等に関する国際的な企業認証基準ＥＤＧＥから、「男女の賃金格差がない」と認定されました。子供が生まれた社員には最低16週間の有給休暇を提供する施策も始まっています。

――最後にサステナビリティ経営のポイントを教えてください。

塚越　国内では今後、「低糖質（健康）、おいしい（味）、安い（価格）」という３つの要素を備えた食品の開発が必要になってくると考えています。フレーバーや増粘剤、乳化剤など幅広い製品を扱う当社は、お客様に多種多様な提案が可能なので、さらに優位性を高めていくことができます。

■ ニーズが高まる大豆たんぱく素材

大豆たんぱくは健康面だけでなく、サステナビリティの観点からの評価が期待される
出所：アイ・エフ・エフ日本

大豆たんぱく素材については、フレーバーのバリエーションや、香料の技術で味の向上を図る一方で、課題となっていたコストにもめどがつきました。近いうちに代替たんぱくとして日本国内にも浸透し、経営面で貢献してくれると期待しています。

聞き手：河井 保博（日経ＢＰ 総合研究所主席研究員）

村野一氏

オリオンビール

代表取締役社長 兼 執行役員社長CEO

村野一（むらの・はじめ）氏：1962年生まれ。85年ソニー入社、91年ユーゴスラビア駐在員事務所代表、2003年ソニーメキシコ社長、12年ソニーグローバルリテール&ウェブ部門部門長などを経て、同年リコーイメージング入社（チーフセールス&マーケティングオフィサー）。16年ディアゴスティーニ・ジャパン代表取締役社長兼アジア統括、18年シック・ジャパン代表取締役社長。21年12月より現職

写真：河野 哲舟

沖縄を活性化して持続可能性を強化

「人を、場を、世界を、笑顔に。」をミッションに掲げ、
ESGの取り組みを進める。
技術革新、環境、教育、文化の面から沖縄の発展に寄与し、
企業のサステナビリティを追求する。

（役職名・肩書を含む全ての情報は、「日経ESG」2022年12月号掲載時点のものです）

――２０１９年に投資ファンドの米カーライル・グループと野村ホールディングスの傘下に入りました。経営再建の現状を聞かせてください。

村野　両社の傘下に入った後、中期経営計画を策定するなど手を打っていましたが、私が社長に就任した21年12月にはコロナ禍の影響で業績が落ち込んでいる状態でした。そこで、海外事業強化のために販路開拓の強化を実施するなどして台湾やオーストラリア、香港などでの需要拡大につなげました。

20年7月にＥＣ（電子取引）サイトのリニューアルをして以来、家にいながら沖縄の雰囲気を楽しめるように、当社のビールだけでなく、地元の様々な会社と連携して食品や雑貨など県産品を販売したところ、売り上げが順調に伸びるようになりました。その結果、ビール単体では22年度上半期の売り上げが21年度比で25％アップし、コロナ禍前の水準まで戻ってきました。

経営再建では、良い流れをつくることに腐心しましたが、この実績により社員が自信を取り戻しています。コロナ禍による向かい風の中でのＶ字回復に手応えを感じています。

――経営再建を進める中で、ＥＳＧをどのように位置づけていますか。

村野　私は社長就任後、「人を、場を、世界を、笑顔に。」という当社のミッションに「沖縄から」の一言を加え、「Make Okinawa Famous」を理想として掲げました。自社の利益だけを追求するのではなく、沖縄の発展や知名度向上に貢献することが、今年創業65周年を迎えた当社の持続的成長につながり、人々を笑顔にできると考えたからです。

■ オリオンビールがESGに取り組む意義をまとめた図

オリオンビールの役割
沖縄から、人を、場を、世界を、笑顔に。
オリオンビールの持続性強化へ
もっと教育を、ずっと。
もっと美ら海を、ずっと。
もっと首里城を、ずっと。
もっと技術革新を、ずっと。
沖縄の発展
↓
沖縄を差別化の武器とする
オリオンビールの成長につながる
笑顔が生まれる「価値」を創造する
4つの活動テーマ
（マテリアリティ）の設定
沖縄の
自然資本・社会関係資本
との結びつき強化
→ 商品の差別化に
「沖縄を知って・来て・買ってもらう」
沖縄経済の発展が沖縄の笑顔に
県産素材の開拓・徹底活用
環境保全、雇用機会の創出 など
・「Japanese Quality &
Island Feel」
「沖縄」を体現する商品の開発
海外・県外への展開強化

オリオンビールは、4つの活動テーマに取り組む。沖縄の発展に貢献して沖縄ブランドを確立し、商品差別化の武器とすることで企業の成長につなげていく

出所：オリオンビール

4つのテーマで沖縄を訴求

――具体的にどのような取り組みをしていますか。

村野　ミッション達成に向けて、4つの活動テーマ「技術革新を通じた社会貢献」「美《ちゅ》ら海をはじめとする沖縄の環境保全」「子どもの教育支援」「首里城再建支援」を設定しました。こうしたESGの取り組みは、外部から客観的に評価いただけるものとしても重要だと考えています。

技術革新による社会貢献は、製品作りの中で進めています。世界自然遺産のやんばるの森で育まれた「やんばるの水」を使用するなど県産素材に着目してきましたが、新たなビール「オリオン ザ・プレミアム」では県産酵母の採用が実現しました。草木から約3000種類の酵母を採取して、試験を重ね、ビール酵母として1つだけ最適なものが発見できたのです。今回の新製品は、「沖縄」を体現した象徴的な製品と言えます。

琉球大学との連携で、県産ホップの栽培にも成功しました。量産化が進めば、生産者の栽培作物の選択肢を増やせますし、原材料の安定供給にもつながります。

今年7月には、泡盛を使った「泡盛ハイボール」を開発しました。これにより泡盛が認知され、消費量や生産量がアップすれば、製造工程で発生するもろみかすが増え、発売以来好評の「もろみ酢」も生産増となります。泡盛業界全体の活性化を目指しています。

――環境保全についてはどうですか。

村野　当社の名護工場において、ビール類の製造工程で発生する麦芽かすを牛の飼料や堆肥などにしています。06年以来、製造に伴う廃棄物の100％再資源化を達成し、継続しています。CO_2に関しては、再生可能エネルギー由来のCO_2フリー電気を22年2月から採用し、22年度の工場排出量は、19年度比で36％の削減を見込んでいます。

美ら海の海洋資源を守るために、琉球大学と共同で、麦芽かすなどを餌とする「閉鎖循環型陸上養殖」の研究に参画しています。将来的にはこのシステムで、世界の飢餓・貧困の根絶に貢献したいと考えています。

――教育や首里城再建の支援にも取り組んでいます。

村野　子供の貧困は、沖縄最大の社会課題です。未来を担う子供のために奨学財団を設立し、返済義務のない奨学金の給付やシングルマザー支援などを行なっています。

首里城は沖縄の歴史や文化のシンボルであり、大切な観光資源でもあります。19年に焼失して以降、その復元に必要な建材となるイヌマキの植樹・育樹や、ビールの売り上げの一部を寄付するといった活動をしています。

こうした取り組みを通じて沖縄の認知度をさらに上げたいと思いますが、単独でできることではありません。地元企業を巻き込み、共に海外や県外に進出することで、地域が活性化すると同時に沖縄ブランドが確立する。「地方から海外へ」というビジネスモデルを沖縄でつくりたいと考えています。

聞き手：斎藤 正一（日経ESG経営フォーラム事務局長）

中野 祥三郎 氏

キッコーマン

代表取締役社長COO

中野 祥三郎（なかの・しょうざぶろう）氏：1957年千葉県生まれ。81年キッコーマン入社。2002年営業企画部長、06年プロダクト・マネジャー室プロダクト・マネジャー。08年執行役員 経営企画部長、11年常務執行役員 経営企画室長、12年常務執行役員CFO、15年取締役常務執行役員CFO。19年キッコーマン食品代表取締役社長（現任）、21年6月より現職

写真：吉澤 咲子

「食を通じた喜び」を世界で提供

海外で地道に取り組んできたレシピ提案がコロナ禍で花開き、
しょうゆが現地の食文化に融合しつつある。
「食を通じた喜び」を世界で提供するため、
社員一人ひとりとのビジョンの共有に力を注ぐ。

（役職名・肩書を含む全ての情報は、「日経ESG」2022年8月号掲載時点のものです）

――2022年3月期は売上高・利益とも過去最高を更新するなど好調でした。

中野　前期は家庭用・業務用とも海外事業が好調でした。ただコロナ禍の影響で21年夏ごろから上がっていた穀物価格がウクライナ危機による相場への影響でさらに高騰しました。原油やガスの価格上昇によりオペレーションコストも高まっています。今期は見通しが難しい状況です。

――「グローバルビジョン2030」で「新しい価値創造への挑戦」を掲げています。思いを聞かせてください。

中野　我々が創造すべき価値とは、お客様に食を通じた喜びを提供することです。その結果、しょうゆが世界中で使われ、キッコーマンが地球社会で存在意義の大きな企業になることを目指しています。この10年で海外事業が2倍以上に成長し、しょうゆが世界中で定着しつつあるのは、こうした思いで取り組んだ活動が実を結んだものと捉えています。

しょうゆを世界に普及させるには現地で作る料理に使ってもらい、現地の味に不可欠な調味料に育てる必要があります。そのために我々は長年、レシピの提案に力を注いできました。外食もままならないコロナ禍で、家庭の料理にしょうゆを使ってみようと考えた人が増えたのか、20～21年には欧米でレシピサイトへのアクセス数が増えました。米国で「鶏の手羽先のサイダーしょうゆ焼き」に人気が集まるなど幅広いメニューのレシピが閲覧されています。しょうゆと海外の食文化との融合が進みつつあると手応えを感じています。

社会とのつながりを大切にする

――グローバルビジョンの中で重要な社会課題として3分野を特定しました。

中野　「社会からの要請が強い課題」と「キッコーマンとの関係性が深い課題」という視点で議論して特定しました。豊かな自然は食を提供する基盤であり、「地球環境」の負荷軽減は欠かせません。食に携わる企業として当然、「食と健

■ キッコーマンのグローバルビジョン2030

グローバルビジョン2030

重要な社会課題

地球環境	食と健康	人と社会

キッコーマングループ長期環境ビジョン

持続可能な社会

気候変動	食の環境	資源の活用
テーマ		
●CO_2削減	●水環境への配慮 ●持続可能な調達	●廃棄物・食品ロス対応 ●環境配慮型商品
2030年度までに目指す目標		
●CO_2排出量30%以上削減※1	●水の使用原単位30%以上削減※2 ●排水法規制よりも高い自主基準値の達成維持 ●持続可能な調達体制の構築と推進	●製造や流通段階での廃棄物削減 ●再資源化率100%※3 ●バリューチェーンを通じた環境配慮型商品の展開

※1 2018年度比　※2 2011年度比　※3 生産部門

「グローバルビジョン2030」では重要な社会課題3分野に「地球環境」「食と健康」「人と社会」を特定した。20年には「長期環境ビジョン」を定めCO_2排出量削減などの取り組みを進めている

出所：キッコーマン

康」には大きな責任があります。農家、小売店、お客様とステークホルダーも幅広く「人と社会」とのつながりも重要です。

キッコーマンは戦前から「産業魂」を理念として掲げるなど社会とのつながりを大切にしながら事業を運営してきました。その思想は今のESG経営にも通じています。

――20年に策定した「長期環境ビジョン」の取り組みを教えてください。

中野　重要なテーマに据えているのが気候変動です。30年度までにCO_2排出量を18年度比30%以上削減する目標を掲げています。一部工場で屋根に太陽光パネルを設置したほか、再生可能エネルギー由来の電力の調達やエネルギー効率の高い設備への更新を進めています。24年に竣工予定のしょうゆ関連調味料の新工場では効率的な生産方法も採用し、CO_2排出量を大きく減らす予定です。

――「こころをこめたおいしさで、地球を食の

よろこびで満たします。」という「キッコーマンの約束」をスローガンに掲げています。実現のために何が必要ですか。

中野　引き続き、国内外で健康的でおいしく豊かな食生活を提案します。国内ではスマートフォン向けのレシピアプリも提供し、「旬の素材を生かした料理」「気分に合う料理」など様々な切り口で紹介しています。会員登録したお客様から意見を集め商品作りに生かすなど、双方向のコミュニケーションにも努めます。

大事なのは、社員一人ひとりが自らの業務で「キッコーマンの約束」を自分の言葉に置き換えて実行することです。そのために「組織活性化ビジョン」という活動を進めています。各職場の所属長が自身の言葉でビジョンをまとめ組織内で共有するものです。月に２回、事業や職種の異なる所属長15人ほどを集めて意見交換を行なう研修を開き、私も参加しています。互いの理解を深め、違う角度から気付きを得る貴重な場になっています。

――中野社長は創業家一族出身です。同族経営についてどうお考えですか。

中野　キッコーマンは千葉県野田市周辺でしょうゆを作っていた８家が合同で設立しましたが、今ファミリーの持ち株比率は高くありません。02年には指名委員会が発足し、社外取締役を中心に役員や社長を選んでいます。既に創業家外から社長になった人もいます。同族企業という意識はもうありません。最もふさわしい人物が選ばれる仕組みでなければ会社は持続しないと考えています。

聞き手：斎藤 正一（日経ＥＳＧ経営フォーラム事務局長）

大橋 太 氏

シップヘルスケアホールディングス

代表取締役社長

大橋 太（おおはし・ふとし）氏：1964年神奈川県生まれ。87年エフエスユニマネジメント入社。2000年取締役、06年代表取締役社長、09年シップヘルスケアホールディングス取締役、14年代表取締役副社長、21年より現職

写真：太田 未来子

医療の総合プロデュースで社会に貢献

医療・ヘルスケア分野のトータルプロデュース力を生かして
成長のエンジンに育てる。
“もの”づくりから“コト”づくりへ転換し、
顧客に最大の価値を提供して社会貢献につなげる。

（役職名・肩書を含む全ての情報は、「日経ESG」2023年4月号掲載時点のものです）

――2022年度から3年間の中期経営計画「SHIP VISION 2024」を策定しました。

大橋　「SHIP VISION 2024」は、長期目標「連結売上高1兆円」実現へのマイルストーンであり、今後の成長に向けたメッセージです。今期は設立から30年に当たり、グループ会社は68社、連結売上高は約5000億円になりました。

長期目標を達成するには、新たなバリューの創造と、事業の高付加価値化を図る必要があります。そのため「コア事業の更なる高成長」「積極的なバリューの拡大」「機能強化戦略」「サステナビリティに対する取り組み」の4つの重点施策をまとめました。これらを通じて、既存事業の強化、経営資源の最適化、戦略的M&A（合併・買収）やグループの横連携による新たな価値の創出を図っていきます。

――グループの会社数が拡大し、ヘルスケア業界でも他に類を見ない業態ともいえます。強みは何でしょうか。

大橋　当社グループには、祖業である医療コンサルティング&プロデュース事業の他、医療機器製造、医療材料卸事業や、カーテンリース、給食事業、介護事業、調剤薬局事業、システム開発、警備や建物総合管理などを行なう様々な業態の会社があります。

しかし、各会社が単に〝もの〟を作って売るだけでは、成長のエンジンにはなりません。これからは〝コト〟づくり、〝コト〟売りが成長の鍵となります。その意味では当社グループの最大の強みは、コンサルティング力とプロデュース力をコアにしたグループ全体の連携によって新たに生まれる〝コト〟づくり、〝コト〟売りと言えるでしょう。

それにより、顧客に最大の価値を提供するトータルプロデュースの幅がさらに広がります。これらのグループシナジーの拡大は社会貢献のフィールドの伸展にもつながると共に、当社の持続的成長のエンジンとなります。

――デジタルトランスフォーメーション（DX）の促進は、医療現場の働き方改革などの課題解決につながりますか。

大橋　病院などでの医療材料の管理を例にとると、現在様々な職種の人が、発注、納品、在庫管理、運搬、記録などの

■ シップヘルスケアホールディングスが手掛ける 医療・ヘルスケア分野などの事業概念図

多彩なリソースをトータルプロデュースできる強みを生かし、質の高い医療提供体制や働き方改革、持続可能性の向上などを実現する

出所：シップヘルスケアホールディングス

作業を行なっています。ここで一連の作業をＤＸ化して入り口から出口までの管理を行なう〝コト〟づくりをすれば、誰がいつどんな業務をしているというデータを〝いつの間にか取れている状態〟にできる。職場を越えた働き方改革も、自然に推進できるのです。

重粒子線で先進医療を提供

――大阪重粒子線センター（ＯＳＡＫＡ ＨＩＭＡＫ）による「地域医療への貢献」や官民連携について教えてください。

大橋　ＯＳＡＫＡ ＨＩＭＡＫは、日本で６つ目の重粒子線治療施設です。この治療法は、重粒子によりピンポイントで病巣にダメージを与える先進的ながん治療で、他の治療法と比較すると体への負担や副作用が少なく、働きながらの通院も可能なため、患者のＱＯＬ（生活の質）を低下させにくいことがメリットです。隣接する大阪国際がんセンターなどとも連携し、医療アクセスの向上と包括的な地域医療に貢献しています。

ただし、運営には加速器を含む高額な医療装置に加えて堅固な施設の建設も必要で、相応の費用がかかります。ＯＳＡＫＡ ＨＩＭＡＫは当社が大阪府から土地を借款し、総額１５０億円ほどかけて造り、公益財団法人大阪国際がん治療財団が当社に家賃と装置の使用料を支払って経営する民設民営ジョイント型のプロジェクトなのです。

私たちが目指すのは〝もの〟を売って終わるだけのビジネスではなく、トータルプロデュースによる持続可能なビジネスモデルです。その意味でも、ＯＳＡＫＡ ＨＩＭＡＫはシンボルとなる事業モデルと言えるでしょう。22年12月末の治療件数の累計は２６９９件となり、多くの方の命を救ってきました。

当社グループでは、「生命を守る人の環境づくり」をミッションに事業に取り組んでいます。今後は、「生命を守る」の概念をさらに広げ、ウェルビーイングな社会の実現に向け、当社のリソースを生かした活動に積極的に取り組みたいと考えています。

聞き手：藤井 省吾（日経ＢＰ 総合研究所主席研究員）

庄司 英洋 氏

フィード・ワン
代表取締役社長

庄司 英洋（しょうじ・ひでひろ）氏：1964年生まれ。88年東京大学農学部卒業後、三井物産入社、2018年食料・流通事業業務部長、20年フィード・ワン上席執行役員経営企画部長、21年常務執行役員経営企画部長兼水産飼料部副管掌、22年6月より現職

写真：大槻 純一

飼料で日本の畜産と水産業を支える

**畜産・水産の飼料メーカーとして
「食のバリューチェーン」を支える役割を担う。
飼料原料の調達から畜水産物の消費までを
カーボンニュートラルに変える仕組みをつくる。**

（役職名・肩書を含む全ての情報は、「日経ESG」2022年11月号掲載時点のものです）

――事業の特徴を教えてください。

庄司　フィード・ワンは2014年、協同飼料と日本配合飼料の2社が経営統合して設立されました。畜産飼料、水産飼料の製造・販売を主力に、食肉や鶏卵などの畜産物や水産物の販売も手がけています。肉、魚、卵、牛乳などの生産には飼料が不可欠です。「食のバリューチェーン」の川上で、食の安全・安心・安定を支える重要な役割を果たしていると自負しています。

国内の畜産飼料の需要量は年間2400万t程度で推移し、当社はそのうち約350万tを供給し、JA全農（全国農業協同組合連合会）を除くとトップシェアです。食卓に食の安心と感動を届ける企業を目指し、コーポレートスローガンに「おいしさのみなもと」を掲げています。

日本は少子高齢化で人口減少が進んでいますが、海外に目を向けると、経済成長が続く国々では食を通じてたんぱく源を取得する流れが増えていきます。日本で培った技術を生かして海外での事業展開も進めます。

――飼料の安定供給への関心が高まっています。

庄司　畜産物を安定して市場に提供するには、世界中から原料を調達して畜産農家が安心して家畜を育てられるように飼料を供給する必要があります。食の安心や安全については消費者の意識が高まっていましたが、ウクライナ問題を機に食の安定供給についても関心が集まっています。

当社の強みは、主要株主である三井物産を通じて、世界中から原料を調達できることです。私自身は三井物産の在籍時に、飼料製品や畜産物の販売、穀物や砂糖の貿易など食料全体に携わってきました。商社で培った経験や視点を生かし、飼料業界に恩返しをしたいと思います。

■ フィード・ワンの「サステナビリティ重点課題（マテリアリティ）」の概要

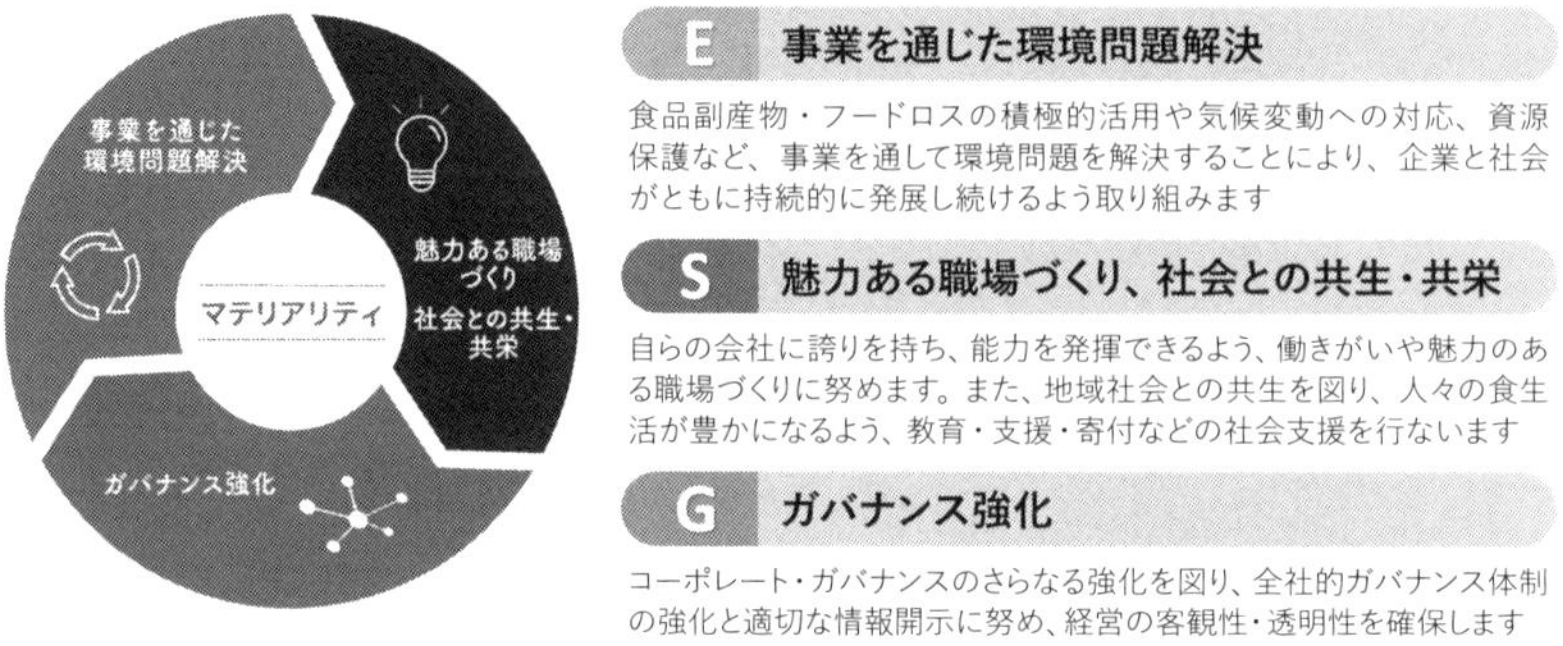
事業を通じた環境問題解決
魅力ある職場づくり
社会との共生・共栄
マテリアリティ
ガバナンス強化
E 事業を通じた環境問題解決
食品副産物・フードロスの積極的活用や気候変動への対応、資源保護など、事業を通して環境問題を解決することにより、企業と社会がともに持続的に発展し続けるよう取り組みます
S 魅力ある職場づくり、社会との共生・共栄
自らの会社に誇りを持ち、能力を発揮できるよう、働きがいや魅力のある職場づくりに努めます。また、地域社会との共生を図り、人々の食生活が豊かになるよう、教育・支援・寄付などの社会支援を行ないます
G ガバナンス強化
コーポレート・ガバナンスのさらなる強化を図り、全社的ガバナンス体制の強化と適切な情報開示に努め、経営の客観性・透明性を確保します

■ 2050年度に向けたCO_2排出量削減目標

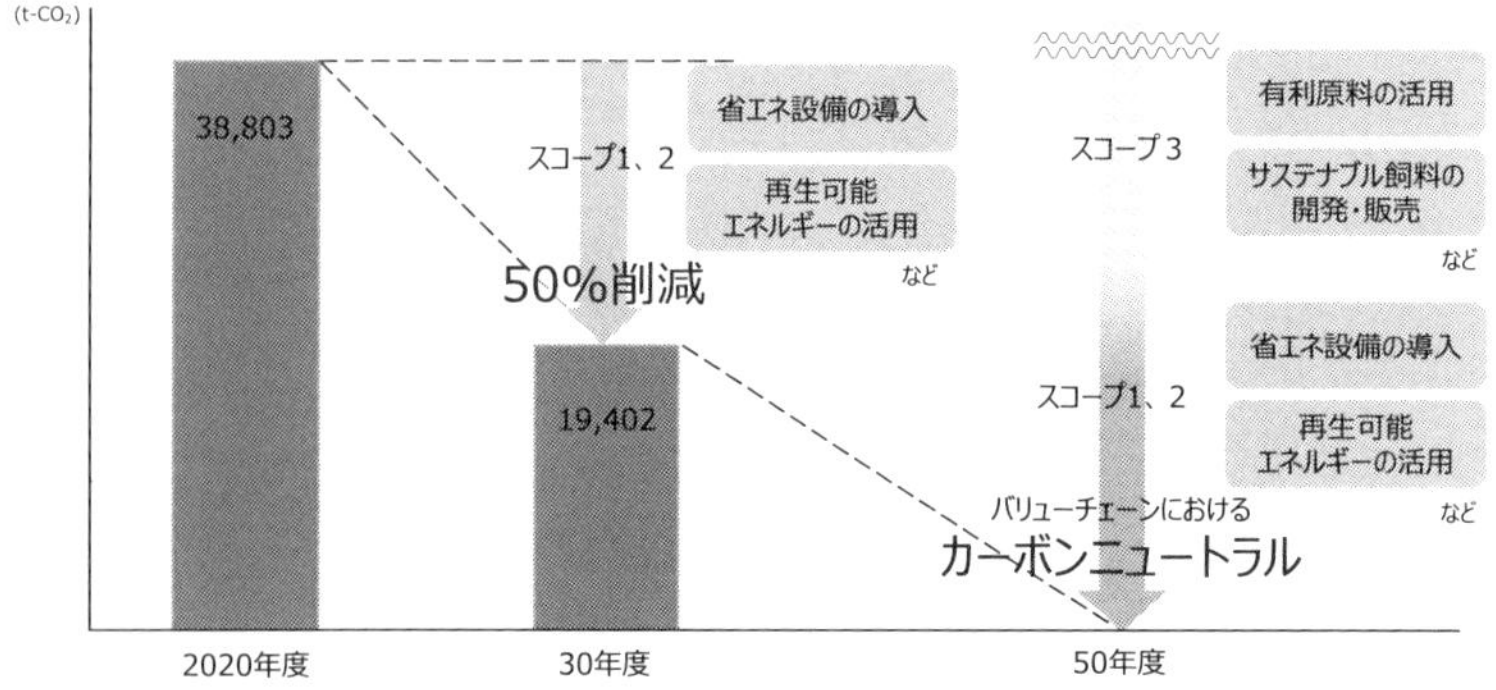
(t-CO2)
38,803
19,402
スコープ1、2
省エネ設備の導入
再生可能
エネルギーの活用
など
50%削減
スコープ3
有利原料の活用
サステナブル飼料の
開発・販売
など
スコープ1、2
省エネ設備の導入
再生可能
エネルギーの活用
など
バリューチェーンにおける
カーボンニュートラル
2020年度
30年度
50年度

出所：フィードワン

畜水産業の持続性を高める

――事業を通じたサステナビリティへの貢献についてお聞かせください。

庄司　飼料業界には、搾油後の大豆かす、小麦のふすまなどの副産物などを原料として使い、動物性たんぱく質にリサイクルする役割もあります。また、コンビニなどから廃棄されるフードロスを飼料原料として活用し、食品リサイクルループの取り組みも進めています。乳牛のDNAをゲノム解析することで搾乳量などを管理する先駆的な取り組みも行ない、畜産農家の経営改善の手助けをしています。

クロマグロの完全養殖によるマグ

ロの資源保護や、養殖魚のへい死率を下げる研究も進めています。水産飼料の主原料となる魚粉は、これまで天然イワシの残さを使ってきました。イワシの漁獲量が不安定になっていることから、愛媛県の水産研究所で低魚粉・無魚粉の水産飼料の研究・製品化も進めています。

これまで水産物は天然魚がもてはやされてきましたが、安心かつ安全でおいしい養殖魚を安定して供給することで、養殖魚に対する評価を高める努力も重要です。

――飼料業界では初めて気候関連財務情報開示タスクフォース（ＴＣＦＤ）提言に賛同しました。

庄司　シナリオ分析や中長期目標を策定して、22年６月にＴＣＦＤレポートを開示しました。飼料メーカーとしては高いハードルでしたが、東京証券取引所プライム市場の上場企業としては必須だと考えています。気候リスクとしては、気候変動による自然災害で飼料工場の停止や、畜産家や養殖業者の被害、海水温の上昇による水産物の生息域の変化などが考えられます。

畜産分野では、ウシのゲップに温室効果ガスのメタンが含まれることが問題視されています。科学的根拠に基づくメタン排出量の計測方法を確立し、飼料技術の観点から削減に取り組みます。家畜のふんに含まれる一酸化二窒素やリンを減らすため、飼料の改良も進めています。

――ＥＳＧ経営をどう進めますか。

庄司　50年度にバリューチェーンのカーボンニュートラルを実現するため、飼料原料の調達から畜水産物の消費までスコープ３の算定と、課題解決の仕組みづくりを進めます。

業界として課題解決に取り組むことは、環境のため、そして自分たちのためでもあります。飼料メーカーとして研究開発に注力し、環境負荷低減と効率化の両立を目指します。

聞き手：藤井　省吾（日経ＢＰ　総合研究所主席研究員）

大貫 陽一 氏

森永乳業
代表取締役社長

大貫 陽一（おおぬき・よういち）氏：1959年東京都生まれ。83年3月上智大学法学部卒、同年4月森永乳業入社、2011年執行役員経営企画部長兼広報部長、15年取締役 常務執行役員経営企画部長、17年常務取締役、18年同 常務執行役員経営戦略本部長、19年専務取締役 専務執行役員経営戦略本部長、21年より現職

写真：中島 正之

「おいしいと健康」で人や社会に貢献

2022年5月、「サステナビリティ中長期計画2030」を発表した。
「食と健康」「資源と環境」「人と社会」を軸にした活動でビジョンの実現を目指す。

（役職名・肩書を含む全ての情報は、「日経ESG」2022年7月号掲載時点のものです）

――2022年5月に発表した「サステナビリティ中長期計画2030」の狙いは何ですか。

大貫　19年制定の「森永乳業グループ10年ビジョン」で、「サステナブルな社会の実現に貢献し続ける企業へ」をビジョンの1つとして打ち出しています。それに沿って、22年4月に始まった新しい中期経営計画に合わせて発表しました。

非財務のサステナビリティ中長期計画も、中計と切り離せないので、整合性をとった計画にしました。社員が共有して意識を高めること、サステナビリティ経営に本格的に取り組むことを社外に明らかにするのが狙いです。

――この中長期計画では、「食と健康」「資源と環境」「人と社会」を軸に活動するとしていますが、3つを掲げた理由を教えてください。

大貫　「乳で培った技術を活かし、私たちならではの商品をお届けすることで健康で幸せな生活に貢献し豊かな社会をつくる」という経営理念と、「かがやく〝笑顔〟のために」というコーポレートスローガンを掲げています。食のおいしさ・楽しさと健康・栄養を両立させることが目標で、それが事業そのものである「食と健康」につながります。

その土台になるのが「資源と環境」「人と社会」で、昨今の社会状況では必ず取り組まなければならない課題です。そして、事業を通して社会課題を解決していくという考え方の下、3テーマを同列に並べることとしました。

目標は3億人の健康への貢献

――「食と健康」では「3億人の健康に貢献する」としています。その意味と具体的な取り組みを教えてください。

大貫　健康に貢献する商品・サービスの提供数を具体的な数字で表したいと考え、延べ3億人という数字を打ち出しました。長年、健康維持に関わる素材を研究し、免疫機能に影響するといわれている腸内フローラの乱れを改善する「ビフィズス菌」を配合した商品を開発してきました。これらを中心に、機能性や栄養を付加した商品、糖分・塩分をカッ

■ サステナビリティ中長期計画2030の概要

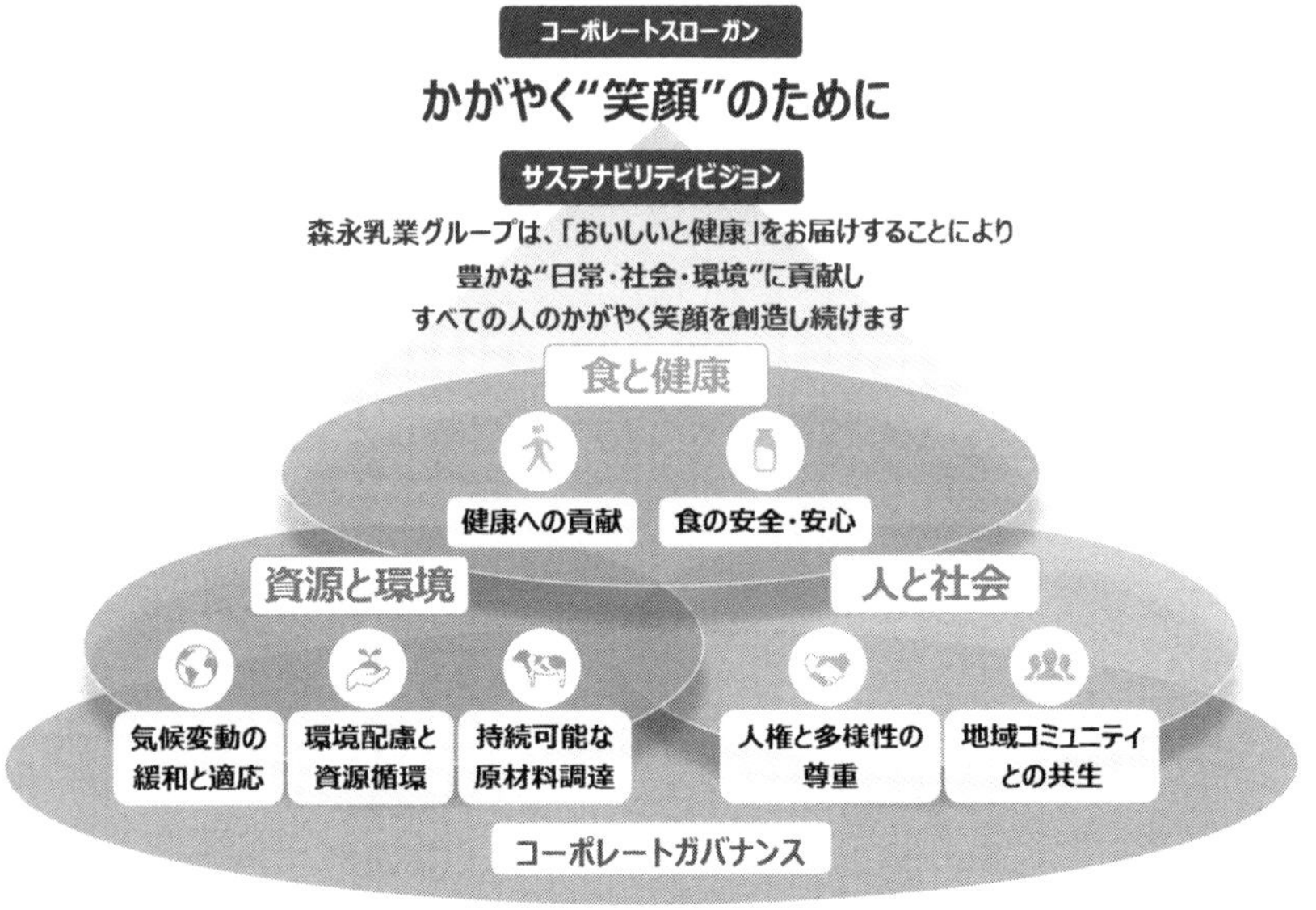

森永乳業グループは、全ての人々のかがやく"笑顔"のために、「食と健康」「資源と環境」「人と社会」を軸としたサステナビリティ活動を行ない、サステナビリティビジョンの実現を目指している　出所：森永乳業

トした商品を伸ばしていきます。

それとともに、特別な研修を受けた栄養士が腸内フローラや免疫力などに関する健康情報をセミナーで提供する「健幸サポート栄養士」事業も拡大していきます。

セミナーは健康経営を進める法人の従業員や、自治体、教育団体を通して消費者向けに有料で開催しています。健康に貢献する食品購入者とセミナー参加者は現状年間2400万人ですが、30年度に5000万人にするのが目標です。22年度から積み上げていくと延べ3億人になります。

――21年6月、社長直轄のサステナビリティ本部を新設しましたが、その活動はどのようなものですか。

大貫　サステナビリティ推進部と広報IR部で構成されていて、サステナビリティ経営とコーポレートコミュニケーションを強化するために本部にしています。

サステナビリティ推進部では関係部門の社員を

集めて、サステナビリティトランスフォーメーション（ＳＸ）チームを作り、中長期計画２０３０を策定しました。さらに、各事業所にサステナビリティ推進リーダーを置き、フォーラムなどを開催しながら、活動を根付かせていきます。広報ＩＲ部はサステナビリティ推進部との連携で、活動を積極的にニュースリリースとして発信していきます。

――中長期計画２０３０の実現のためには、どのような組織風土が求められるのでしょうか。

大貫　以前から保守的で、何ごとも無難に過ごすという風潮が強い会社でした。それを、失敗を恐れずに行動して、チャレンジする風土に変えていきます。

主張するところは主張して、お互いに意見を活発に交わす会社が目標です。先日も全国の支店長が集まる会議がありましたが、支店・工場ともに若手社員が積極的に発言し、行動することが増えてきたとの声が上がっていました。雰囲気がだいぶ変わってきたという手応えを感じています。

――ＥＳＧ経営を企業経営の中でどのように位置付けていますか。

大貫　サステナビリティ経営は企業経営そのものだと考えており、中計と連動しなければなりません。そこで大事になるのは時間軸と優先順位の付け方です。投資が必要なところも出てきますし、売り上げや利益に影響する部分も出てきます。時間軸の中で、そのバランスをとりながら、課題解決に取り組んでいきます。

聞き手：斎藤　正一（日経ＥＳＧ経営フォーラム事務局長）

牛腸 栄一 氏

ロッテ

代表取締役社長執行役員

牛腸 栄一（ごちょう・えいいち）氏：1960年神奈川県生まれ。83年明治大学卒業後、ロッテ入社。2008年ロッテ商事 営業統轄部執行役員、15年常務取締役、同年ロッテホールディングス取締役（兼任）、16年ロッテ商事 代表取締役専務（兼任）。18年より現職

写真：吉澤 咲子

食育に注力、その狙いは社会貢献と一体感

ESG活動の一環として出張授業や教材の提供、
工場見学など食育に力を注ぎ、企業価値向上を図る。
社会貢献やファンづくりを狙いとするほか、
インナーブランディングにも活用する。

（役職名・肩書を含む全ての情報は、「日経ESG」2023年2月号掲載時点のものです）

――ＥＳＧ活動の一環で食育に力を注いでいます。

牛膓　食は健康の源です。菓子やアイスなど、幅広い世代のお客様が親しむ商品を扱う我々が、食に関する正しい知識を提供して理解を深めることは重要な社会貢献です。幼い頃の体験は深く心に残るため、ファンづくりにもつながります。企業価値を向上する取り組みと捉えています。

ＥＳＧ推進部の食育推進課が中心となり、「食の楽しさの共有」「食と健康に関する理解促進」「食の安全・安心の伝達」をミッションに、小学校への出張授業や教材の提供などを行なっています。食育体験者数を２０２３年度に10万人以上、28年度に15万人以上にするのが目標です。これにはインナーブランディングの狙いもあります。食育やサステナビリティへの取り組みを重視することで、いま会社がどこへ向かおうとしているかを明示できます。

――小学校5、6年生を対象に行なう出張授業の概要を教えてください。

牛膓　社員が講師になり、菓子とアイスを題材に創造的思考力を育成します。ロッテはチョコレートとビスケットを組み合わせた「トッポ」のように、全く違うものを〝かけ算〟して画期的な商品を生んできました。授業ではこの考え方を元に、アイデア創出に挑戦します。

初年度の21年度は35校で出張授業を実施しました。23年度からは社員のモチベーションと帰属意識向上を狙い、本来の業務と兼ねる「兼任講師」による授業を始めます。私も講師を務めました。子どもたちが興味を持ち、きらきらした目を向けてくれる体験はとても貴重で、当社の事業や活動の意義を再認識しました。

社長ブログにこの時の様子を掲載したところ、大きな反響を呼び、兼任講師の社内公募に多くの応募がありました。20～50代の21人を任命し、研修を始めたところです。今後は人事研修のプログラムに講師育成を組み込むことも考えています。

■ ロッテの出張授業の目的

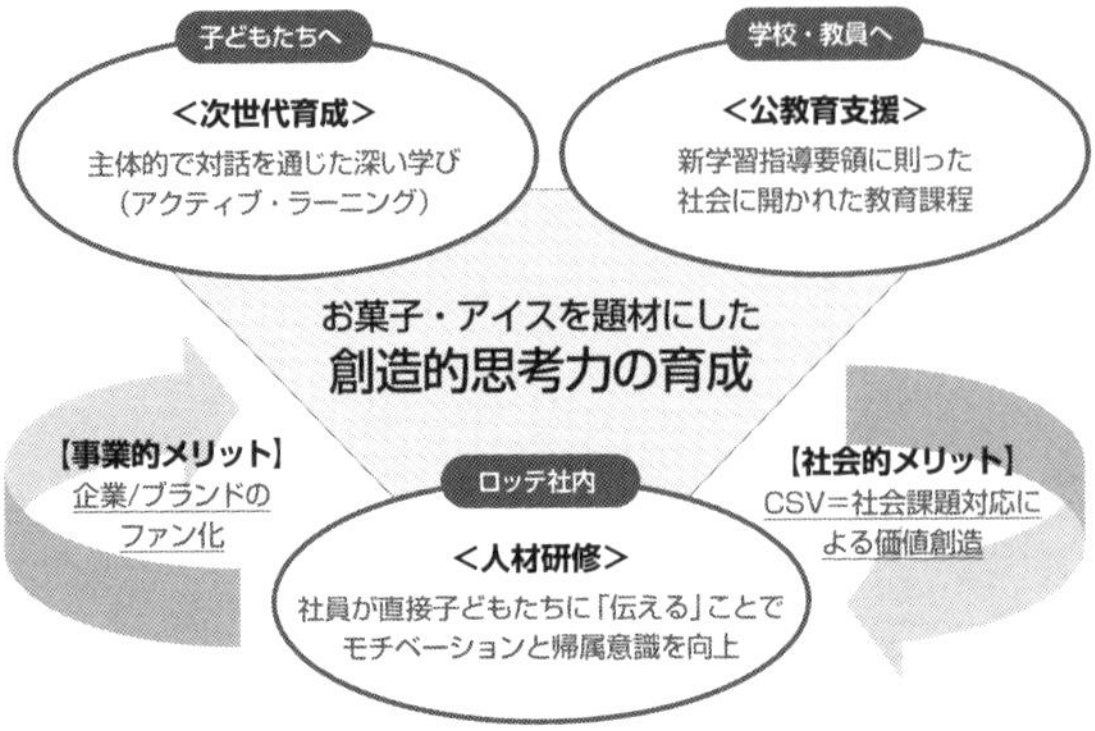

出張授業の講師は社員が務める。牛膓社長が講師を務めた際の様子を「社長ブログ」に掲載したところ反響を呼び、兼任講師の社内公募には多くの応募があったという

出所：ロッテ

「よく噛む」習慣付けを支援

——教材『めざせ！かむことマスター』の提供の狙いは何ですか。

牛膓　創業以来ガムを作り続けてきたロッテが、「噛《か》むこと」を通じて心身の健康と豊かな生活の実現に寄与したいと考え、教材を開発しました。生活習慣を形成する時期である小学校1、2年生が対象です。咀嚼《そしゃく》チェックガムなどを使い、よく噛む意識付けと習慣化をサポートします。

　当社は噛むことの健康機能に着目し、様々な研究に取り組んできました。順天堂大学の小林弘幸教授らとの共同研究では、ガム咀嚼が自律神経や気分の改善に役立つことが確認されています。各分野の研究者と発足した「噛むこと健康研究会」でも様々なエビデンス（証拠）を蓄積しており、今後は情報発信にも努めます。

——22年5月に、コロナ禍で休止していた工場見学を再開しました。

牛膓　老朽化していた浦和工場（埼玉県）の見学施設を、休止中にリニューアルしました。単なる見学ではなく、体験しながらおいしさの秘密を学べる施設にしています。デジタル映像技術を使い、「パイの実」にチョコレートを充填するところや焼き上がるところなど、細部の工程も理解できるよう工夫しました。メディアにも多く取り上げられ、22年11月までに46校2540

人、一般３８３人が来場しました。

子どもたちに向けてオンラインプログラム「リモートチョコレートセミナー」も開発し、ライブ配信を行なっています。

――世界的に食糧不足問題が浮上しています。

牛膓　食糧不足の要因には紛争や貧困などがありますが、食品メーカーとして特に重要なのが気候変動への対応です。気候関連財務情報開示タスクフォース（ＴＣＦＤ）のフレームワークに従って原材料のリスク分析を行ない、「科学的根拠に基づく温室効果ガス削減目標（ＳＢＴ）」を取得するなど、カーボンニュートラルに向けて着実に取り組みを進めています。

食品ロスと食品廃棄物を減らすため、人工知能（ＡＩ）による需給予測にも取り組んでいます。例えば夏に気温が上昇した際、同じアイスでもクリーム系か氷系かによって売り上げの伸び率は変わります。予測精度の向上は、過剰在庫や返品による食品廃棄物の削減につながるのです。

聞き手：杉山　俊幸（日経ＢＰ 総合研究所主席研究員）

代表取締役社長
新日本空調
前川 伸二 氏

前川 伸二（まえかわ・しんじ）氏：1983年東京理科大学卒業後、新日本空調入社。2018年執行役員首都圏事業本部関東支店長、20年取締役上席執行役員首都圏事業本部リニューアル事業部長、21年6月より代表取締役社長兼経営企画担当（現任）

写真：大槻 純一

人的資本の価値向上を目指す

飛沫を可視化できる「微粒子可視化システム」など、独自技術でコロナ禍の社会課題解決に貢献している。従業員の安全確保と健康維持に注力し、ダイバーシティの推進で人的資本の価値向上を図る。

（役職名・肩書を含む全ての情報は、「日経ESG」2022年6月号掲載時点のものです）

――「微粒子可視化システム」など、独自技術がコロナ禍における社会の課題解決に貢献しています。

前川　微粒子可視化システムは、空気中や水中に浮遊する微粒子の動きを観察できます。コロナ禍で多くの企業や団体から、空気中の飛沫可視化について依頼を受けています。

代表例がオーケストラです。管楽器奏者の飛沫を可視化・計測し、演奏者や聴衆との間にどの程度の距離が必要かを検証することで、演奏会の再開につなげました。その他、建築現場でマスクの代わりに息苦しさを軽減するマウスシールドを使用した場合の効果を調べたり、剣道や空手で発声する際の飛沫飛散状況の調査を行なったりしています。

――空調設備システムは都心の大型再開発案件などに導入されています。どんな点が評価されていますか。

前川　当社は熱源最適制御システム「EnergyQuest」を開発し、空調設備に搭載しています。熱源機器の使用率などのデータを基に、最小エネルギーで効率良く運転ができます。一層の省エネが求められる中、重要な技術との評価をいただいています。

――「会社の方針」の1つに「労働安全衛生」を掲げ、2021年度には「健康経営宣言」を定めました。

前川　建築設備工事に携わる当社は、現場での作業が不可欠です。作業員は経営の根幹を成す重要資本であり、安全の確保と健康の維持は経営の基盤です。21年度は労働災害が35件ありました。休業4日以上のケガが生じた災害は5件です。これをゼロにすることが目標です。

安全意識の高揚と意識改革を図るため、「現場」に赴き「現物」を確認し「現実」を認識した上で「原理」にのっとって「原則」をつくり問題解決を図る「5ゲン主義」を徹底しています。安全管理について「安全に関する役割拝命者とその責務を明確にする」など、見直し第6項目も掲げて実施しています。

従業員が心身の健康維持を図り、自由でかつ達な発想力をもって仕事に取り組める職場環境を作ることも、重要な経営課題と捉えています。今年3月には、従業員の健康を大切に考え実践する企業として、経済産業省と日本健康会議が

■ SNK Vision 2030における「新日本空調グループのあり姿」の説明図

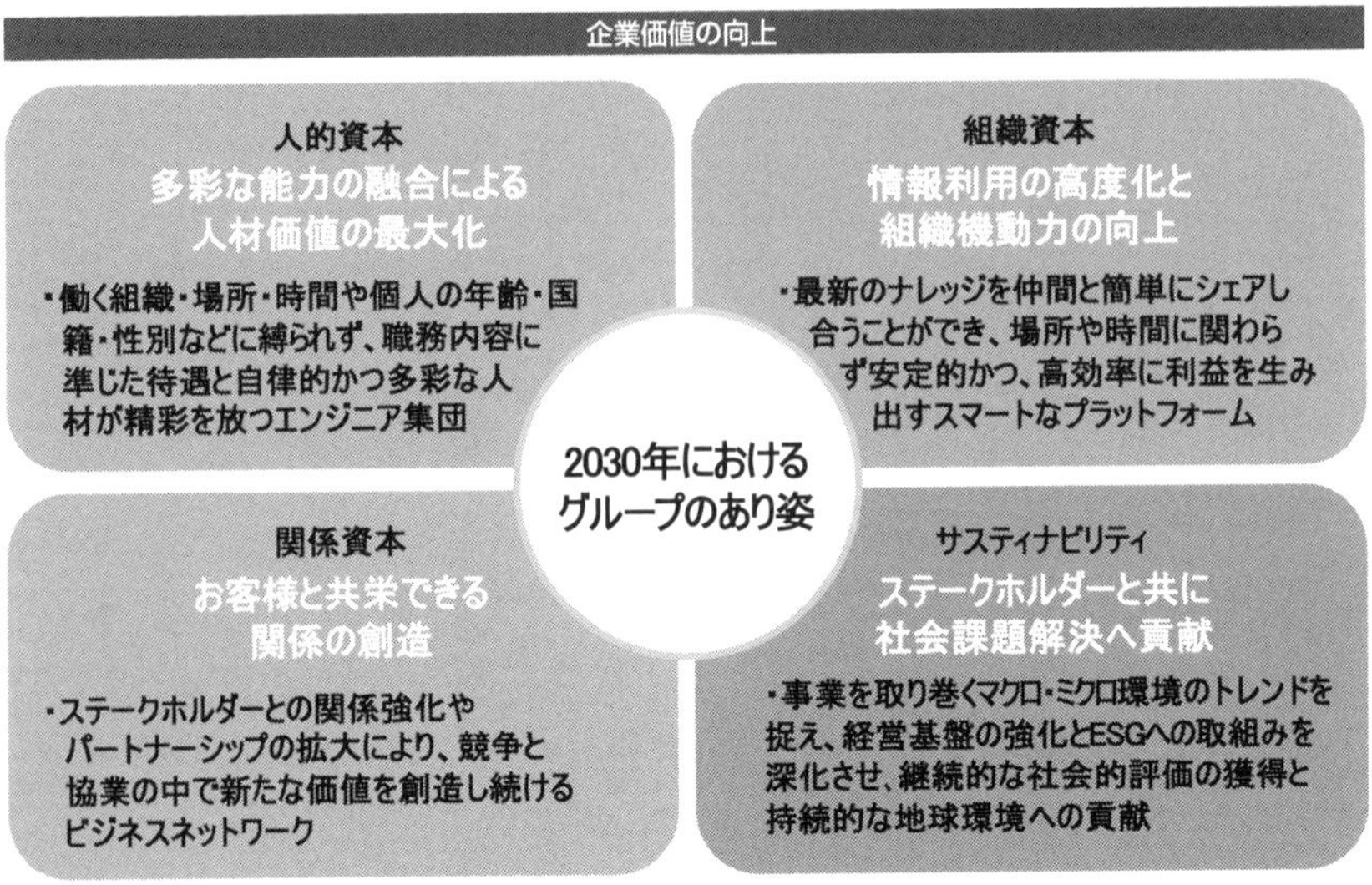
企業価値の向上
人的資本
多彩な能力の融合による
人材価値の最大化
・働く組織・場所・時間や個人の年齢・国籍・性別などに縛られず、職務内容に準じた待遇と自律的かつ多彩な人材が精彩を放つエンジニア集団
組織資本
情報利用の高度化と
組織機動力の向上
・最新のナレッジを仲間と簡単にシェアし合うことができ、場所や時間に関わらず安定的かつ、高効率に利益を生み出すスマートなプラットフォーム
2030年における
グループのあり姿
関係資本
お客様と共栄できる
関係の創造
・ステークホルダーとの関係強化やパートナーシップの拡大により、競争と協業の中で新たな価値を創造し続けるビジネスネットワーク
サスティナビリティ
ステークホルダーと共に
社会課題解決へ貢献
・事業を取り巻くマクロ・ミクロ環境のトレンドを捉え、経営基盤の強化とESGへの取組みを深化させ、継続的な社会的評価の獲得と持続的な地球環境への貢献

今後の企業競争力には知的資本の創造・活用が影響を与えると考え、知的資本を構成する人的資本、組織資本、関係資本、サステナビリティ資本を価値創造の根幹と位置付けている

選ぶ「健康経営優良法人2022」に認定されました。

女性社員との意見交換会を実施

——ダイバーシティ推進に注力しています。現状を教えてください。

前川　21年度末時点の女性従業員数が141人で全社員の12・7%なのに対して、女性管理職者数は3人と1・7%にとどまります。活躍の場を広げて登用を進め、22年度末に女性管理職を5%とすることが目標です。女性社員と私とで女性活躍の方策を議論する意見交換会も始めました。

その中で、男性従業員が育児休暇を取りやすい環境を整えてほしいというリクエストが出ました。19年以降、育休を取得した男性従業員は9人（22年3月末現在）です。この取得率を上げようと活動しています。

——21年8月に気候関連財務情報開示タスクフォース（TCFD）への賛同表明を行なうなど、環境をESG経営の上位に位置付けています。

■ 新日本空調グループの事業活動

出所：新日本空調
（188、189ページ）

前川　長野県茅野市の技術開発研究所・研修所では21年11月、再生可能エネルギー100％の電力プランに切り替えました。従来に比べると費用は増しますが、カーボンゼロへの投資と考えています。

22年4月にはグループ会社が福島県にある太陽光発電所を取得し、売電事業を開始しました。グループのCO_2排出量を削減できるよう、今後も様々な手段を通じて再エネの取り組みを推進します。

――ESG経営に対する考えや思いをお聞かせください。

前川　地球にはできる限り〝長生き〟してもらわなければなりません。そこに住む私たちがより良い生活を送るための活動がESGであり、企業として誠実に取り組まなくてはなりません。財務に加え非財務にも力を注ぎ、社会に貢献していきます。

聞き手：藤井 省吾（日経BP 総合研究所主席研究員）

仲井 嘉浩 氏

積水ハウス

代表取締役 社長執行役員 兼 CEO

仲井 嘉浩（なかい・よしひろ）氏：1965年京都府生まれ。88年京都大学工学部卒業後、積水ハウス入社。2012年経営企画部長、14年執行役員経営企画部長、16年取締役常務執行役員経営企画・経理財務担当、18年代表取締役社長、21年より現職

写真：行友 重治

良質な住宅ストック実現へ主導力発揮

良質な住宅ストックに向け、20年後を見据え「賃貸もZEH化」を積極推進する。スコープ3対応で、主要サプライヤーのSBT認定の取得を支援し、業界全体の脱炭素を展望する。

（役職名・肩書を含む全ての情報は、「日経ESG」2023年３月号掲載時点のものです）

――グローバルビジョンに〝「わが家」を世界一幸せな場所にする〟と掲げ、それを実現するためのマテリアリティ（重要課題）の1つに「良質な住宅ストックの形成」を打ち出しています。

仲井　２０２２年6月に公開した統合報告書「Value Report ２０２２」をまとめていく過程で、グローバルビジョンを実現するための最重要項目について社内で議論を重ねました。

積水ハウスは１９６０年の創業から、まさに課題解決型の企業でした。戦後の住宅難をどう解消するか、地震の多い日本で「住まい」を通じて国民の生命と財産をどう守るか。これまでに追求してきたことを改めて棚卸ししてみた結果、「良質な住宅ストックの形成」「持続可能な社会の実現」「ダイバーシティ＆インクルージョン」という３つのマテリアリティが浮かび上がってきました。

「良質な住宅ストックの形成」については、災害大国である日本では、耐震性能が高く長寿命で資産価値が高い住宅を造っていくことが重要な課題になります。当社は常に国の耐震基準を先取りする形で対応してきました。大震災でも「全壊・半壊なし」という実績を残し、時代をリードしてきたという自負があります。

資産価値という点では長寿命を実現するだけでなく、姿形が美しい住宅造りを通じて、街並みがきれいな都市づくりを進めてきました。住宅とは社会資本＝インフラの１つです。その意味では、景観を形づくる住宅は美しくあるべきでしょう。

積水ハウスは、創業から30年間のフェーズ１では「安全・安心」を、次の30年間に当たるフェーズ２では「快適性・環境配慮」を追求してきました。現在のフェーズ３においては、人生１００年時代の幸せを実現すべく、人々が健康に暮らし、家族・友人とのつながりを深め、様々な体験・スキルなどの学びを得られるような無形資産を提供できる住宅の実現を目指しています。

環境面では「CO_2削減の家」を追求して20年になります。新築の家にその地域の在来樹種を植えて生物多様性に貢献

■ 積水ハウスグループのマテリアリティ（重要課題）

2025年の耐震基準や断熱基準の強化・義務化も見据え、マテリアリティの１つに「良質な住宅ストックの形成」を掲げて、顧客や社会に対して長期の価値提供を目指す

出所：積水ハウス

する「５本の樹」計画も、２００１年から実施して20年がたちました。これまでに全国で１８００万本以上を植樹し、その効果を琉球大学と共同検証した結果、都市部に呼び込める可能性のある鳥の数が2倍に、チョウの種類が5倍になったことが分かりました。これは緑地が持つ生物多様性への効果を初めて定量的に評価する手法となり、公益財団法人都市緑化機構が緑地を持つ企業の環境評価に採用するなどの広がりが出ています。

賃貸住宅ZEH比率、6割超に

——環境性能については、戸建て住宅のネット・ゼロ・エネルギー・ハウス（ZEH）化にいち早く取り組んできました。現在は賃貸向けの集合住宅でもZEH化を進めています。

仲井　積水ハウスは１９９９年に「環境未来計画」を発表し、CO_2の削減に取り組むと宣言しました。最初は「住宅1階の南面リビングの窓をペアガラス（二重ガラス）にする」などの小さな取り組みから始めました。次は窓のサッシを断熱にし、さらに家全体の断熱性を高めてCO_2排出量を30％削減する家や50％削減できる家を造るなど、技術開発陣の努力で実現してきました。

現在はCO_2排出量１００％削減となったZEHを累計で約7万棟供給す

るまでになり、当社の戸建て住宅におけるＺＥＨ比率は２０２１年度に92％にまで高まりました。

このＺＥＨを集合住宅にも広げています。賃貸住宅のオーナーにとって、入居者を集めやすい物件を、ＺＥＨ化で実現できる道を開いたのです。

当社が建てる賃貸住宅ＺＥＨは、太陽光パネルを各住戸がＺＥＨになるように割り当てて配線しています。こうした形式を当社では「住戸ＺＥＨ」と呼んでいます。入居者は発電した電力を使うことで電気代を節約できますし、使いきれない余剰電力を売電することもできます。

自分が〝つくった〟電力で収入を得る感覚は、ＺＥＨへの親しみを増しますし、長い目で見て当社への愛着を持ってもらいやすくなると考えています。入居者は毎月の明細を電子データで受け取ることができ、「今月は何千円分を売電できた」と分かるようになっています。

特に世界的にエネルギー価格が高騰している時代には、ＺＥＨによって光熱費が安くなるのは大きなメリットをもたらすと思います。

――賃貸住宅の入居者にも大きな意識改革をもたらします。

仲井　それが狙いでもあります。賃貸住宅で暮らしてＺＥＨ住戸のメリットに目覚めた人は、それを他の人にも伝えたくなるのではないでしょうか。引っ越しをすることになっても、「またＺＥＨに住みたい」と考える人が増えるでしょう。結果としてＺＥＨが世の中に増え、良質な住宅ストックとして社会資本になっていくのです。

これは賃貸住宅のオーナーにとっても非常にメリットが大きく、賃貸住宅をＺＥＨ化することは新設時のモチベーションになっていくでしょう。当社の賃貸住宅ＺＥＨは18年度に累計３８０戸でしたが、21年度には累計１万２０００戸を超え、ＺＥＨ比率は35％になりました。22年度第３四半期では累計２万３５４３戸となり、63％まで伸びています。

――ここへきてＺＥＨ比率が急伸しています。かつて環境配慮型の住宅が高コストから敬遠される時代もありましたが、

■ ZEHの進捗状況

戸建住宅は過去最高の92%を達成

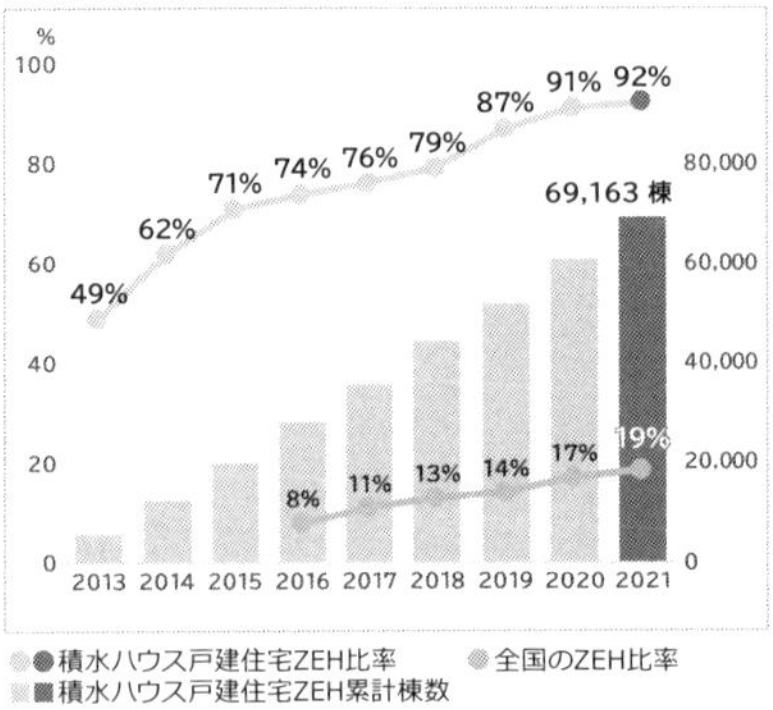

※ZEH比率は請負・建売を含む。全国実績は「ネット・ゼロ・エネルギー・ハウス実証事業 調査発表会 2022」（主催：経済産業省資源エネルギー庁）における公開情報の小数点以下を四捨五入した

賃貸住宅もZEHの普及を推進

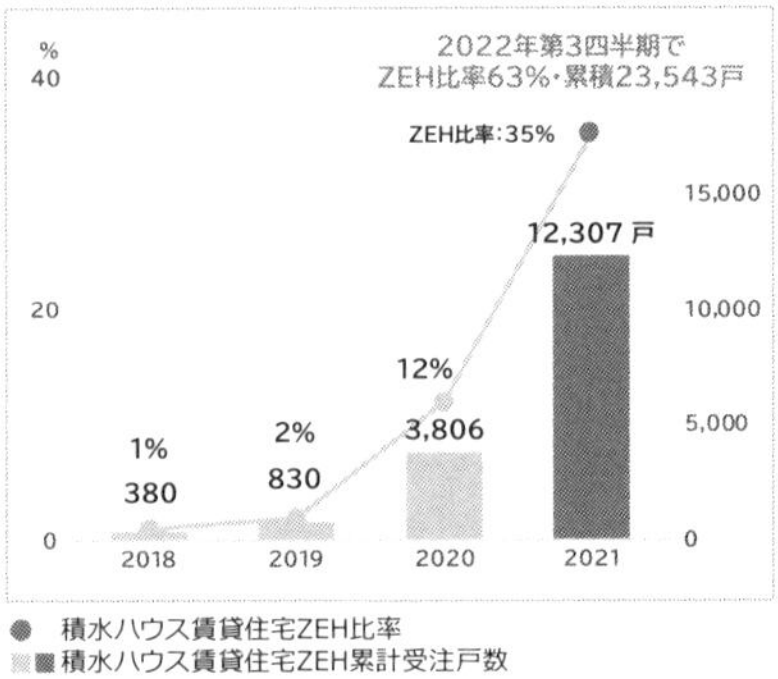

出所：積水ハウス

入居者の意識が変わってきたということでしょうか。

仲井　環境未来計画を宣言した1999年からの当社の取り組みを振り返ると、初期は「環境配慮の住宅は高くなるから進んでは選ばない」と言われていました。それが徐々に世の中の環境への意識が高まり、お客様の理解もあって技術開発が進んできたという歴史があります。賃貸住宅のオーナーも、「地球環境に貢献できる良質な賃貸住宅を経営したい」という思いが高まっていると感じます。

　少子化や世帯減がさらに進んで賃貸物件数が余剰になってくれば、入居者が物件を選べる時代になると言われています。賃貸住宅は20年先を見据えて新しい住宅を造っていかなければ、長期安定経営が難しい面があります。環境に優しく、自然エネルギーを売電できるなどのメリットが大きい賃貸住宅は、長期安定経営を願うオーナーにとって価値のある物件となり得るのです。

――分譲マンションのZEH化はどうでしょう。

仲井　様々な取り組みや技術開発を進めています。例えば、当社の分譲マンションは窓を大きくして開放感を高めているのが特徴です。特に部屋の隅が全面の窓になっている「コーナー窓」を設置することが多くありました。

　しかし、窓はご存じのように熱が逃げやすいため、断熱性を確保するのが技術的にも非常に難しいのです。そこでガラスメーカーやサッシメーカーと協力しながら、高い断熱基準のコーナー窓を技術開発して、ＺＥＨを実現したマンションを売り出すことができました。

スコープ３の取り組みを推進

――住宅部材を供給するサプライヤーとの協力は重要になります。積水ハウスグループにおいてCO_2排出量の約35％を占めるのが、サプライチェーンから排出される資材・原材料調達段階とのことですが、環境面での主要サプライヤーとの連携について教えてください。

仲井　サプライチェーンから排出されるCO_2排出量の削減、いわゆるスコープ３については、主要サプライヤーと協力して、パリ協定にのっとった「科学に基づく温室効果ガス削減目標（ＳＢＴ）」の認定を取得してもらうなどの取り組みを進めています。

住宅に使われる部材は約1万点ほどです。当社の１次サプライヤーは約４００社にのぼります。鋼材を製造している鉄鋼メーカーやユニットバス、キッチンなどを造る住宅設備機器メーカーなど大手企業も多いですが、規模の小さな会社もあります。その全てにＳＢＴ認定の取得をお願いするのは難しいでしょう。

ただ４００社のうち上位１００社のCO_2排出量を合算してみると、全体の90％近くになることが分かっています。ですからこの１００社と連携しながら、ＳＢＴの認定率を21年度に約22％だったものを30年度には80％まで高める目標を掲げているのです。

■ 賃貸住宅のZEH化により脱炭素化を進める

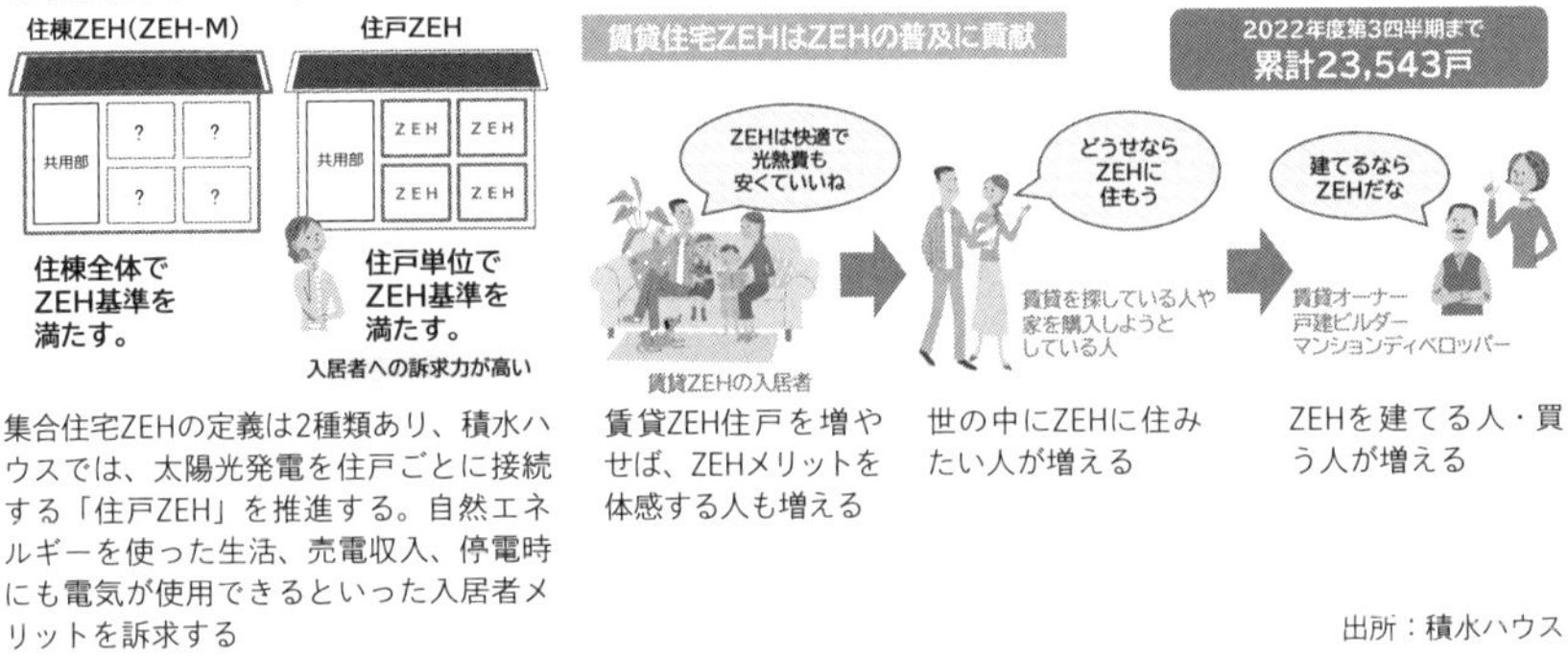

住棟ZEH(ZEH-M)

住棟全体でZEH基準を満たす。

住戸単位でZEH基準を満たす。
入居者への訴求力が高い
集合住宅ZEHの定義は2種類あり、積水ハウスでは、太陽光発電を住戸ごとに接続する「住戸ZEH」を推進する。自然エネルギーを使った生活、売電収入、停電時にも電気が使用できるといった入居者メリットを訴求する
2022年度第3四半期まで
累計23,543戸
ZEHは快適で光熱費も安くていいね

賃貸ZEH住戸を増やせば、ZEHメリットを体感する人も増える
どうせならZEHに住もう
賃貸を探している人や家を購入しようとしている人

世の中にZEHに住みたい人が増える
建てるならZEHだな
賃貸オーナー
戸建ビルダー
マンションディベロッパー

ZEHを建てる人・買う人が増える

出所：積水ハウス

協力会社の認定取得を支援

――上位100社をはじめとするサプライヤーには、どのような形でSBT取得の支援をしているのですか。

仲井　当社の主催で勉強会などを実施しています。サプライヤーのうち約150社に参加していただいており、21年度に3回、22年度も既に2回実施しました。当社の取り組みについて説明する他、脱炭素に向けて協力を呼びかけるとともに、具体的なSBT認定制度の説明や、認定企業の事例紹介、申請の手順なども担当者が解説しています。

　自社で認定取得まで進めるのは骨の折れる作業なので、自社での認定取得が難しい規模のサプライヤーに対しては、取り組みのサポートなども実施しています。

――電気や熱の利用に伴うエネルギー起源CO_2排出量は、家庭部門が日本全体の16％だと言われています。住宅大手として、どのようなリーダーシップを発揮していきますか。

仲井　CO_2排出量の削減などへの取り組みは当社のためだけでなく、サプライチェーン全体のサステナビリティ向上につながるものなのです。それがひいては、建設業界全体の脱炭素社会の実現につながるのだと考えています。日本

■ サプライヤーとの協働による脱炭素化の取り組み

- サプライヤー約400社に対して、SBT認定取得やRE100イニシアチブへの加盟を推奨
- 主要サプライヤーのSBT目標設定率を2030年に80%にする（2021年度は約22%）
- サプライヤーにとってもサステナブルな経営につながる

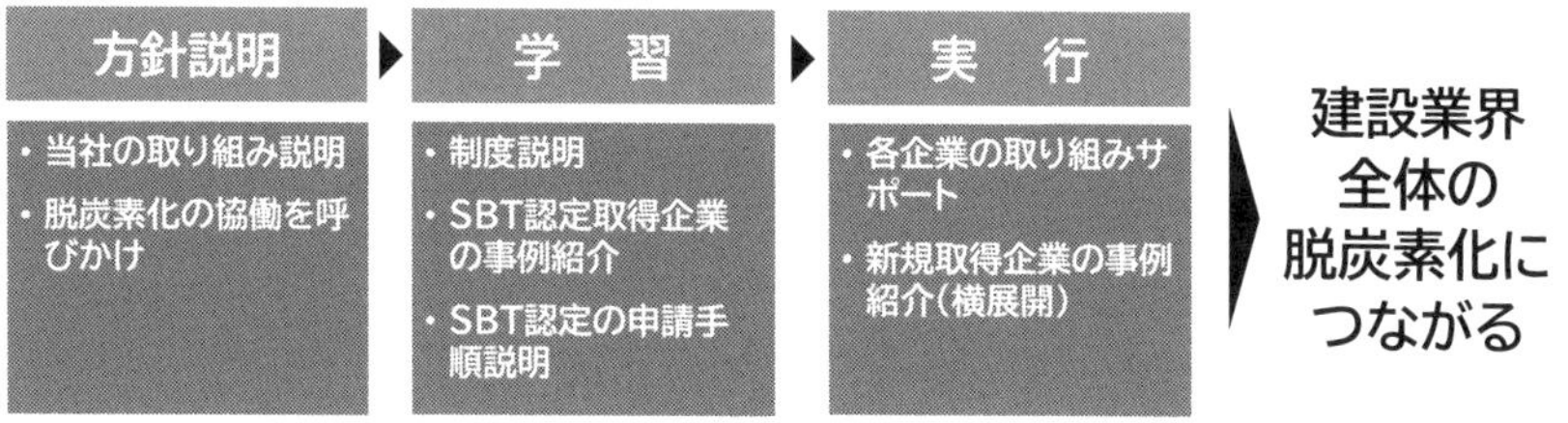

出所：積水ハウス

各地の住宅が耐震性の面でも、環境面でも強化されていくことが、良質な住宅ストックを発展させていくことにつながると確信しています。

良質な住宅ストックが充実していくためには長い年月がかかります。政府は25年度以降、住宅を含む全ての新築の建物が、一定の省エネルギー性能を満たすよう義務化することを決めています。30年にはさらにそのレベルをZEH基準相当に引き上げる予定です。そのための対応が、住宅業界全体で必要になっていくでしょう。その実現をサポートするのが積水ハウスの責務だと考えています。

聞き手：杉山 俊幸（日経BP 総合研究所主席研究員）

池上一夫氏

長谷工コーポレーション

代表取締役社長

池上 一夫（いけがみ・かずお）氏：1957年生まれ。80年早稲田大学理工学部卒業、長谷川工務店（現長谷工コーポレーション）入社。2008年執行役員、09年執行役員 設計部門エンジニアリング事業部長、11年取締役執行役員、14年取締役常務執行役員、17年取締役専務執行役員、20年4月から現職

写真：吉澤 咲子

独自のDXを推進力に社会課題に挑む

住まいと暮らしに関わる幅広い事業を通じて、
持続可能な社会の実現を目指す。
気候変動対応方針の策定、新築マンションのZEH化など
積極的に課題解決に動く。

（役職名・肩書を含む全ての情報は、「日経ESG」2022年6月号掲載時点のものです）

――2020年4月に社長に就任しました。この2年間を振り返ってみていかがでしょうか。

池上　社長就任直後に新型コロナウイルスによる緊急事態宣言が発出され、当初は販売センターの閉鎖など対応に追われました。出社制限もかかり、テレワークや会議のリモート化などＩＴ（情報技術）環境も急きょ整えました。その点に関しては、以前より事業継続計画（ＢＣＰ）の観点からＩＴ環境を整備していたことと、12年前から建物をコンピュータの３次元上で立体的に設計するビルディング・インフォメーション・モデリング（ＢＩＭ）を導入するなどデジタルトランスフォーメーション（ＤＸ）を推進してきたことが奏功しました。建設業におけるデジタル化は日本の住まいを豊かにすると考え、業界に先駆けて取り組みを進めてきましたが、それがコロナ禍による環境変化へのスムーズな対応につながったと考えています。

――ＥＳＧについては、どのような体制で取り組んでいますか。

池上　取締役会の下に、私が委員長を務める「ＣＳＲ委員会」を設置し、当社各部門役員およびグループ各社の社長が参加しています。同委員会で決定した内容は、下部組織のＣＳＲ推進会議および環境推進会議を通じ、グループ全体の戦略として落とし込まれます。ガバナンス体制としては、豊富な経験と実績を持つ社外取締役を３分の１以上（取締役13人中、社外取締役５人）選任し、健全な経営監視機能を確保しています。

気候変動対応方針を策定

――気候変動や脱炭素への取り組みについて教えてください。

池上　環境への取り組みを強化するために、21年1月に全社をあげての推進を促す旗を掲げ、同年12月に長谷工グループ気候変動対応方針「HASEKO ZERO-Emission」を策定しました。これは、「50年カーボンニュートラル」を目指し、

■ 長谷工コーポレーションのESGに関する取り組みの例

長谷工管理会社グループでは、災害時などに重要となる住民同士の交流や地域コミュニティの活性化を目指し、管理マンションの「打ち水大作戦」などを実施

22年2月に東京都内に竣工した「コムレジ赤羽」では、学生寮の2～5階の共用リビングを木造化。森林資源の活用やCO_2固定化に寄与

BIMにより生産情報のデジタル化が加速。現場ではスマートフォンやタブレットで図面を確認

出所：長谷工コーポレーション

気候変動への取り組み姿勢を明確にしたものです。本対応方針にのっとり、パリ協定と科学的根拠に基づく目標（SBT）に準拠したCO_2排出量削減をスコープ1、2では「1・5℃目標」、スコープ3では「2℃目標」と設定し、全建設現場で使用電力の100％再生可能エネルギー化や環境配慮型の「H-BAコンクリート」の採用提案を進めていきます。併せて、気候関連財務情報開示タスクフォース（TCFD）の提言への賛同を表明し、情報開示も行なっています。

――ネット・ゼロ・エネルギー・ハウス（ZEH）化や集合住宅の木造化にも力を入れています。

池上　脱炭素社会の実現に向け、自社開発の新築マンションは基本的にZEH化を推進していきます。木造化については木造推進委員会を設置し、第一段階として共用棟の木造化を進めています。例えば、学生寮、シェア型企業寮、賃貸マンションからなる共創型レジデンス「コムレジ赤羽」では、学生寮の2階から5階に設けた共用リビングを木造にしています。今後は、建物本体の木造化にも取り組んでいきます。

――建設DXの推進が社会の課題解決にも貢献しています。

池上　BIMによる設計図書のデジタル化で、建設現場での生産性や品質向上、技能労働者の働き方が改善され、深刻化する担い手不足の解消につながると考えています。私は現場が好きで頻繁に足を運んでいますが、「ＤＸで現場が様変わりした」との声をよく聞きます。実際に、現場はタブレットで図面を確認できるなど業務が省力化・効率化され、１日当たりの労働時間が30分から1時間減るなど効果が表れています。

――住宅事業者として防災面ではどんな取り組みを行なっていますか。

池上　災害対策として雨水を貯水する「スマートウォータータンク」を開発しました。平常時は植栽への水やりに使い、非常時は飲料水に精製して居住者に提供します。当社管理の既築マンションにおいてもハザードマップで全棟を調査し、管理組合の要望に応じてインフラ関連の改修提案をしています。グループの管理会社主導で、夏場にマンション周辺に水をまいて気温を下げる「打ち水大作戦」も実施しています。防災面ではハードに加え、居住者同士のコミュニティ作りといったソフトも重視した取り組みを行なっています。

聞き手：安達　功（日経ＢＰ 総合研究所フェロー）

石原 美幸 氏

UACJ
代表取締役社長兼社長執行役員

石原 美幸（いしはら・みゆき）氏：1981年住友軽金属工業入社。同社執行役員・生産本部副本部長を経て、2013年UACJ執行役員・生産本部名古屋製造所長などを歴任。18年6月より現職

写真：吉澤 咲子

「人権尊重」を明確化しグループで推進

総合アルミニウムメーカーとして国内外に生産拠点を持ち、グローバルに事業を展開する。世界的にも意識が高まる「人権尊重」の基本方針を打ち出し、持続可能な社会を目指す。

（役職名・肩書を含む全ての情報は、「日経ESG」2022年7月号掲載時点のものです）

――２０２２年３月に「ＵＡＣＪグループ人権基本方針」を開示しました。方針策定の背景を教えてください。

石原　国連ビジネスと人権に関する指導原則、国連グローバル・コンパクト、世界人権宣言をはじめとする国際規範を支持しています。一方で、グループ企業理念の価値観の1つとして「相互の理解と尊重」を掲げ、人権を尊重した事業活動を行なっています。そうした中、21年度には、アルミニウムのサプライチェーン全体におけるサステナビリティへの取り組み向上とＥＳＧへの貢献を目的とする国際イニシアチブ（ＡＳＩ）の認証を業界に先駆けて取得しました。

本認証取得の過程で当社に関わる全ての人の権利を尊重することが不可欠となり、改めて人権尊重の姿勢と取り組みを整理し、企業活動のよりどころとして人権基本方針を定めました。当社は世界12カ国40カ所に海外拠点を有するため、各国・地域の法令を順守し、宗教や習慣、文化、伝統を尊重するなど取り組みを強化していきます。

――21年5月に発表したサステナビリティの基本方針でも、６つのマテリアリティ（重要課題）の１つに「人権への配慮」を掲げています。

石原　国内外で経営層と従業員が参加するワークショップを開催し、マテリアリティを特定しましたが、海外の従業員から第一に挙がったのが「人権への配慮」です。「素材の力を引き出す技術で、持続可能で豊かな社会の実現に貢献する」という当社の企業理念を実現していく上で、グローバルな事業展開での課題になると考え、項目の1つとしました。

目標として、まず事業活動に伴う人権侵害リスクを把握し予防策を講じる人権デューデリジェンスの実施と目標作り、アクションプランの実行を設定し、21年度は福井県とタイの製造所で実施しました。30年度までには国内外の主要事業所で実施します。

もう1つは、行動規範、人権、ハラスメント関連の研修実施率で、30年度までに１００％を目指します。

■ UACJが定めたマテリアリティと達成目標

6つのマテリアリティ	評価指標	2030年度目標
気候変動への対応	サプライチェーン全体での CO_2排出量の削減量（2019年度 BAU[*1]比）	22% 削減
製品の品質と責任	重大品質不具合件数	ゼロ
	客先クレーム件数	2020年度比半減
労働安全衛生	重篤災害発生件数	ゼロの継続
	総合度数率[*2]	0.08
人権への配慮	人権デューデリジェンス実施、結果を踏まえた目標づくりとアクションプラン実行	グループの国内外の主要事業所
	行動規範、人権、ハラスメント関連の研修実施率	100%
多様性と機会均等	管理職に占める女性比率（役員含む、国内）	15% 以上
人材育成	後継候補者計画の実施率	100% 実施
	重点分野に関する教育支援活動の受益者数	1000人 / 年

*1 BAU（Business as usual）：何も対策を講じずに現状（生産量、品種構成）を維持した状態
*2 総合度数率：統計期間中の延べ労働時間当たりの労働災害による死傷者数（不休業を含む）を100万時間で換算した労働災害の発生状況（頻度）を評価する指標
出所：UACJ

循環型経済社会の心臓に

——マテリアリティの「気候変動への対応」ではロードマップ作成の一環としてシナリオ分析を実施しましたが、どう進めましたか。

石原　環境省の「令和3年度気候関連財務情報開示タスクフォース（TCFD）に沿った気候リスク・機会のシナリオ分析支援事業」に参画し、将来の気温上昇が1・5℃と4℃の2つのシナリオに基づいて中長期的なリスクと機会を分析しました。特に機会では、アルミニウムの特性を生かすことで低炭素社会や循環型経済の実現に貢献できると評価しています。

——アルミニウムは製造過程で多くの電力を使用しますが、素材としてどのように貢献できるのですか。

石原　アルミニウムはリサイクル性が高く、リサイクル材利用の場合、原料から作る場合と比較してCO_2排出量を97%削減できます。リサイクルすることで廃棄物抑制とCO_2の排出抑制に貢献できるのです。軽量で強いため、自動車や鉄道、航空機など輸送機器の車体を軽量化でき、航続距離や燃費の向上につながります。リサイクルを徹底すれば、ほぼ無限に循環する素材でもあるため、当社はリサイクルに適し

た合金開発を行ない、使用済みの製品やお客様の工場で発生した端材などを素材として再利用するクローズドループリサイクルを実現することで、アルミニウムが循環型経済社会の心臓となることを目指していきます。

――マテリアリティに「多様性と機会均等」や「人材育成」も掲げています。

石原　多様な人材が活躍することは企業の競争力を高める原動力になると考え、「多様性と機会均等」を挙げました。目標としては、国内の管理職に占める女性比率を30年度までに15％以上と設定しています。

一方、変わりゆく事業環境に対応できる人材の育成も重要です。課長以上の後継候補者の計画を国内グループ会社に展開し、30年度までに実施率１００％を目標としています。

――ＥＳＧ経営を進めるに当たり、課題をどう克服していきますか。

石原　従業員がＥＳＧを我がこととし、企業理念の実現に取り組むことが重要だと考えています。こうした課題の解決に向けて、私や各事業部のトップが国内外の従業員と対話する「理念対話会」を２年前から続けており、21年には32回実施しました。この会が従業員にとって、「自分の仕事が会社や社会にどう役立っているか」を実感する機会となっており、我がこと化が進展していることを実感しています。

21年度には、企業理念達成への取り組みをたたえる社内表彰制度も設けました。受賞の一例として、自動車のボディーにリサイクル材を使う仕組みを構築したチームを選出しました。今後も、こうした取り組みを継続していくことで、社内にサステナビリティマインドを浸透させていきます。

聞き手：斎藤 正一（日経ＥＳＧ経営フォーラム事務局長）

竹下 好和 氏

日阪製作所

代表取締役社長 社長執行役員

竹下 好和（たけした・よしかず）氏：1957年生まれ。81年京都工芸繊維大学繊維学部卒業後、日阪製作所入社。2014年取締役生活産業機器事業本部本部長、16年常務取締役 財務・経営戦略担当などを経て、17年より現職

写真：太田 未来子

技術力と社会貢献で企業価値を向上

産業機械の製造で衣食住、医薬、環境、エネルギー分野の課題解決に力を注ぐ。独自技術を通してエネルギー問題やCO_2回収、食品ロスの削減に取り組む。

（役職名・肩書を含む全ての情報は、「日経ESG」2023年1月号掲載時点のものです）

――産業機械の分野で事業領域を広げてきました。まず事業内容を教えてください。

竹下　創業80周年を迎える日阪製作所は、「人びとの暮らしを支え、豊かにする」という創業からの使命とともに事業を展開してきました。世の中の産業に貢献するため、ステンレスを材料とする産業機械の製造、販売を手掛けています。

創業は戦時中で工作機械の修理を担っていましたが、戦後に工場は没収されました。当時、高級素材だったステンレスを加工する溶接技術を生かしたものづくりに挑戦するため、三石工業として起業したのが当社の始まりです。

当時、復興事業として重要視されていた繊維工業で、さびにくいステンレスを材料とした染色機を製造した技術が事業の基盤となりました。その後、製品の製造に使われる機械やサービス、システムを提供する現在のプロセスエンジニアリング事業を立ち上げました。

――どのような技術が強みですか。

竹下　まず、プロセスエンジニアリング事業で当社の産業機械の土台となっているのは、流体（気体や液体）の熱と圧力を制御する独自の技術です。熱交換器事業やバルブ事業にもこの技術が使われています。

次に熱交換器事業ですが、日阪製作所が製造するプレート式熱交換器は、厚さ０・５㎜ほどの耐食金属の薄板を積層し、その間に液体などを流すと熱エネルギーを移すことができるというものです。80℃の工業排水と20℃の真水を等量で熱交換すると、真水は79℃に上がり、工業排水は21℃に下がります。この原理を利用して、熱交換器は空調をはじめ様々な用途に使われています。

３つ目のバルブ事業は、日本で初めて開発したボールバルブを製造販売しています。ボールバルブは配管の中を通る流体の量をコントロールする産業機械です。

衣食住をはじめ、医薬、環境、エネルギーといった幅広い分野にわたり、これらの３つの事業を柱に製品を提供しています。

■ 日阪製作所の新しい経営理念「HISAKA MIND（日阪マインド）」

社　訓：私たちのDNA

「誠心《まごころ》」

「まごころ」のある人間になろう　相手を尊重し和を大切にする人間になること

「まごころ」のある製品をつくろう　ごまかしや曖昧さのない満足の得られる製品をつくること

「まごころ」のある会社にしよう　みんなに幸せをもたらす会社になること

社　是：私たちの永続目標

「世界に定着する日阪」

高い技術・広いネットワーク・深い探究で、魅力ある製品・サービスを提供する

「豊かな人間性の追求」

高い志・広い視野・深い思考で、魅力ある人間になる

五原則：私たちのあるべき姿

❶ 同心協力　心を一つに、皆と力を合わせて物事に取り組むこと

❷ 進取果敢　積極・大胆に物事に取り組むこと

❸ 自利利他　自分の利益は他人の利益、他者に貢献することが自分の幸せ

❹ 公明正大　公平に堂々と物事を行うこと

❺ 安全安心　安全第一で安心を提供すること

行動指針：私たちの取るべき行動

「より高く」挑戦し新たな発見をしよう

①まずやってみる　②軌道修正する　③助けを求める　④謙虚であり続ける

「より広く」自分の可能性を広げよう

①異を受け入れる　②知識の幅を広げる　③経験をたくさん積む

「より深く」専門家になろう

①強みを磨く　②面白さを見出す　③根気よく続ける

900人の社員のうち、60人を超えるチームで意見を出し合い、経営理念を刷新した

出所：日阪製作所

──社会課題を解決するために注力している製品はありますか。

竹下　熱交換器は、エネルギーや環境問題に対応した製品です。熱が高温から低温に移る性質を利用して、排熱を利用して水をお湯にしたりできます。熱交換器を使用した空調や冷却器を使えば、エネルギー効率が上がり、環境負荷を軽減できます。

CO_2の分離回収に使われる熱交換器も製造しています。アミンという溶液を使った熱交換器は、低温時はCO_2を吸収し、加熱すると放出するため、熱交換により吸収と放出をコントロールできます。

工場ではいかに大量のCO_2を低温で吸収できるかが重要なので、小型でかつ高性能な熱交換器が求められます。当社のプレート式熱交換器はこうした要件を満たしており、業界で注目されています。

太陽光など再生可能エネルギーの電力を使って水を電気分解して作る「グリーン水素」の製造プラントにも、熱交換器が使われています。電気分解には適正な温度を一定に保つ必要があるからです。

他にも水族館で水温を一定に保つ、半導体のプラントやデータセンターの空調、ごみ焼却所の熱を利用してプールの水を温めるなど、熱交換器により環境に優しい方法で保温や冷却、加熱をすることができます。

食品の賞味期限を延ばす

――食品分野の製品も手掛けています。

竹下　プロセスエンジニアリング事業の食品事業では、食材ロス削減に貢献するため、食品の賞味期限を長くする様々な取り組みを行なっています。

日本で初めて、レトルト食品を加圧加熱殺菌するステンレスの装置を製造しました。この装置は、レトルト食品を専用の包材に入れて温度を上げ、包材が膨れるのを圧力で制御しながら完全に殺菌します。この方法で、食品の賞味期限を延ばせるようになります。これまで保存食品には防腐剤が使われていましたが、レトルト食品は熱処理だけで長期保存できるので、健康への影響もありません。この装置は、以前に使われていた鉄窯より小型で省エネルギー、かつ低コストというメリットもあります。

レトルト食品の殺菌技術を、コンビニエンスストアなどの総菜や弁当に応用する研究も進めています。食品の容器内の酸素を窒素と置換して殺菌すると、３日前後の賞味期限を2カ月に延ばせます。容器の値段は高くなりますが、流通も含めたメリットは計り知れません。

――海外ではどのように事業を展開していますか。

竹下　アジアで日阪製作所の技術を広げるため、マレーシアを製造拠点として熱交換器の製造、販売事業を拡大しています。工場の排水を排熱回収して、電力や化学など、様々な産業で使用しています。

熱交換器は工場の冷暖房の他、船のエンジンや発電所のタービン油の冷却などにも使われています。最近は中国、タイ、ベトナムなどで購買力が上がっており、レトルト殺菌装置のシステムを導入したいという要望が増えてきました。

■ 日阪製作所の6つの「CSR-SDGsビジョン」

日阪の保有技術を活用したソリューションの提供
多様性（働き方、性別・国籍・障がい等を含む個性）を活かし、みんなが健康で活躍できる会社に
災害対応力の強い会社に
MOTTAINAI 活動でCO₂排出量削減を推進（Reduce：減らす/Reuse：繰り返し使う/Recycle：再資源化する）
ガバナンス向上による成長と健全かつ適正な業務運営（コンプライアンス経営）
パートナーシップによる社会課題解決ソリューションの提供

技術を生かした顧客や社会課題の解決により、SDGsの達成に貢献する（左の図）。右はプレート式熱交換器

出所：日阪製作所

中東には、海水で冷却した真水をプラント内で循環させ、エンジンや発電機などの冷却をするセントラルクーリングシステムによる熱交換器を輸出しています。サウジアラビアにサービスやメンテナンスの拠点を構えています。

――2021年4月に経営理念を刷新しました。背景を教えてください。

竹下　会社は何のために存在するのか、原点に立ち戻って考えることが必要な時期に来ていると判断しました。経営理念を定めた1962年当時に比べて、会社の規模は格段に大きくなっています。加えて、社会でもESG経営が重要テーマになっています。

ところが、社員を対象に行なったアンケートで、経営理念の浸透度が低いことが分かりました。製品を通じて社会に貢献することや、会社の繁栄とともに社員の生活の向上を図り、株主や地域社会に報いることを目的とした経営理念を、社員に浸透させていくにはどうしたらいいかと考えました。

そこで、20年に経営理念を分かりやすく再編集するためのプロジェクトを立ち上げました。プロジェクトには、リーダーと若い世代の社員、様々な職種や海外赴任者も含めた社員60人以上が参加しました。約5カ月かけて、「社訓」「社是」「五原則」「行動指針」を簡潔にまとめ、「HISAKA MIND（日阪マインド）」と名付けました（★ページの図）。

――社員が中心になって生み出したHISAKA MINDに関して、反応はいかがですか。

竹下　ポジティブ、ネガティブ両方の反応があります。否定的な意見には、「HISAKA MINDだけで事業の運営はうまくいくと思えない」「強制的に押し付けているのではないか」というものがありました。

私は、社員たちが心を1つにして、HISAKA MINDという同じ理念を持ってほしいと考えています。私たちが企業価値の向上を目指して進む先には、ＥＳＧが描く世界やＳＤＧｓが求める活動とつながっていくはずです。社会に貢献していくという日阪製作所のパーパス（存在意義）を示し、社員がやりがいを感じることができるきっかけとして、HISAKA MINDがあることを理解してもらいたいと思います。

社会課題を解決する新規事業

——ＳＤＧｓやＥＳＧを念頭に置いた環境貢献型の新事業を検討するため、18年度に未来事業推進部を設置しました。具体的にはどのような取り組みをしていますか。

竹下　社会貢献を念頭に置いた新規事業を立ち上げるために、未来事業推進部を置きました。既存事業とは異なる発想で、社会課題を見据え、核となる技術を使って何かできることはないかと始めたものです。

これまで当社は、現在を起点として未来を予測する「フォアキャスティング」で事業計画を立てていました。しかし、着地点が分かりにくく、将来が描きにくかったのです。

42年に日阪製作所は１００周年を迎えます。まず、その頃に会社の中心となる若手のメンバー8人を集めて議論を重ねました。

42年の目標となる未来像を描き、次に実現するための道筋を未来から現在へと遡る「バックキャスティング」で考えると、当社が手掛けている製品は今後ますます価値が高まるとの見通しが立ちました。

未来事業推進部は設置から4年程ですが、既に2つの新規事業の構想を立ち上げ、準備を進めています。現事業での売り上げ約300億円を42年に800億円に拡大し、新規事業の売り上げ200億円と合わせて、合計1000億円を目指します。30年が目標年のSDGsと日阪製作所の事業計画には、関連付けられる内容が多いことも背景にあります。

サークル活動でCSRを浸透

――6つの「CSR-SDGsビジョン」を発表しています。内容と、ビジョンに込めた思いを聞かせてください。

竹下　日阪製作所の将来の在るべき姿として、6つのビジョンを掲げました。お客様の要望や社会の課題を独自技術によって解決することで、SDGsの目標達成に寄与するという好循環を生み出します。

木に例えるなら、事業としての活動が「根っこ」、顧客や地域社会、株主、環境が「空」だとすると、会社と社会の関係性は「幹や葉や枝」となり、より高く、広く、深く成長することができます。

日阪製作所のCSR活動は、日々の事業がどう社会に貢献しているかを理解するために18年から実施しています。社員を50チームに分け、社会的責任や環境エネルギーなどテーマを決め、講義や勉強会などのサークル活動を行なっています。現場の社員が主体となって、ボトムアップによりCSRの浸透を図るのが目的です。

――22年4月に東京証券取引所のプライム市場に移行しました。事業経営の中でESGへの取り組みを、どのように位置付けていますか。

竹下　日阪製作所はBtoB企業なので、知らない人もたくさんいます。当社の事業内容や技術を通じた社会貢献を知ってもらうことで、広く社会からの意見を聞くことができます。数多くの人に認知されれば、より多くの要望とともに社会貢献ができるようになります。

そのためのチーム力、対応力、組織力を上げていく必要があると考えています。

聞き手：斎藤 正一（日経ＥＳＧ経営フォーラム事務局長）

上野 吉昭 氏

サカタインクス

代表取締役 社長執行役員

上野 吉昭（うえの・よしあき）氏：1961年大阪府生まれ。85年京都工芸繊維大学繊維学部卒業後、阪田商会（現サカタインクス）入社。2014年取締役研究開発本部長委嘱、18年同執行役員、19年同常務執行役員を経て21年より現職

写真：山本 尚侍

インキ技術で持続可能な社会に貢献

長期ビジョンを策定し、35年前から取り組んできた環境志向を強化した。植物由来の「ボタニカルインキ」を開発するなど、サステナビリティ経営を推進する。

（役職名・肩書を含む全ての情報は、「日経ESG」2023年2月号掲載時点のものです）

――２０２１年にサステナビリティ経営の長期ビジョンを策定しました。

上野　１８９６年に大阪で創業して１２７年の歴史を持つ当社は、新聞・書籍や製品パッケージの印刷インキ、デジタル機器の液晶パネルなどに使う機能性材料が事業の主体です。特に環境配慮型製品や高付加価値製品が強みで、米インキメーカー買収などで海外でも事業基盤を広げてきました。現在は世界の60を超える国・地域で販売を展開しています。

１９８７年にサカタインクスに社名変更した際、ビジネステーマや企業指針、プロミスなどを「マインド イン マインド」と定め、ステークホルダーに明示しました。環境志向や社会的協調性を重視し、「国際協調の精神を尊重します」などのプロミスは今のＥＳＧ的な思考にも合致しています。さらに新規事業開発を進めながらサステナビリティ経営を追求すべく、長期ビジョン「SAKATA INX VISION 2030」を策定しました。

――サステナビリティ経営の具体的な施策は、どのようなものですか。

上野　長期ビジョンでは５つのマテリアリティ（重要課題）に、「持続可能な地球環境を維持するための活動」「安心・安全な製品の供給」「研究開発・技術力の強化」「コーポレート・ガバナンス、コンプライアンスの強化」「人権の尊重とダイバーシティ・エクイティ＆インクルージョン（ＤＥ＆Ｉ）の推進」を掲げました。私は入社以来研究開発に携わり、お客様のニーズを探る立場でした。そこで、「社会の課題解決になる製品の開発が、最も社会のニーズに応えられる」と確信して研究開発方針を決めました。さらに、当社のサプライヤーやお客様を含めたサステナビリティ経営を推進すべく、「ＥＳＧ推進部」を２０２１年10月に発足しました。

当社はインキに含まれる固形分の一部を従来の石油由来材料から植物由来材料に変えた「ボタニカルインキ」を開発するなど環境志向を強め、「環境のサカタ」をうたってきました。植物由来インキで印刷したものは、焼却してもCO_2排出量の削減につながります。22年2月には気候関連財務情報開示タスクフォース（ＴＣＦＤ）に賛同を表明しました。

――21年は「中期経営計画２０２３」のスタートの年でした。

■ 長期ビジョン「SAKATA INX VISION 2030」の概要

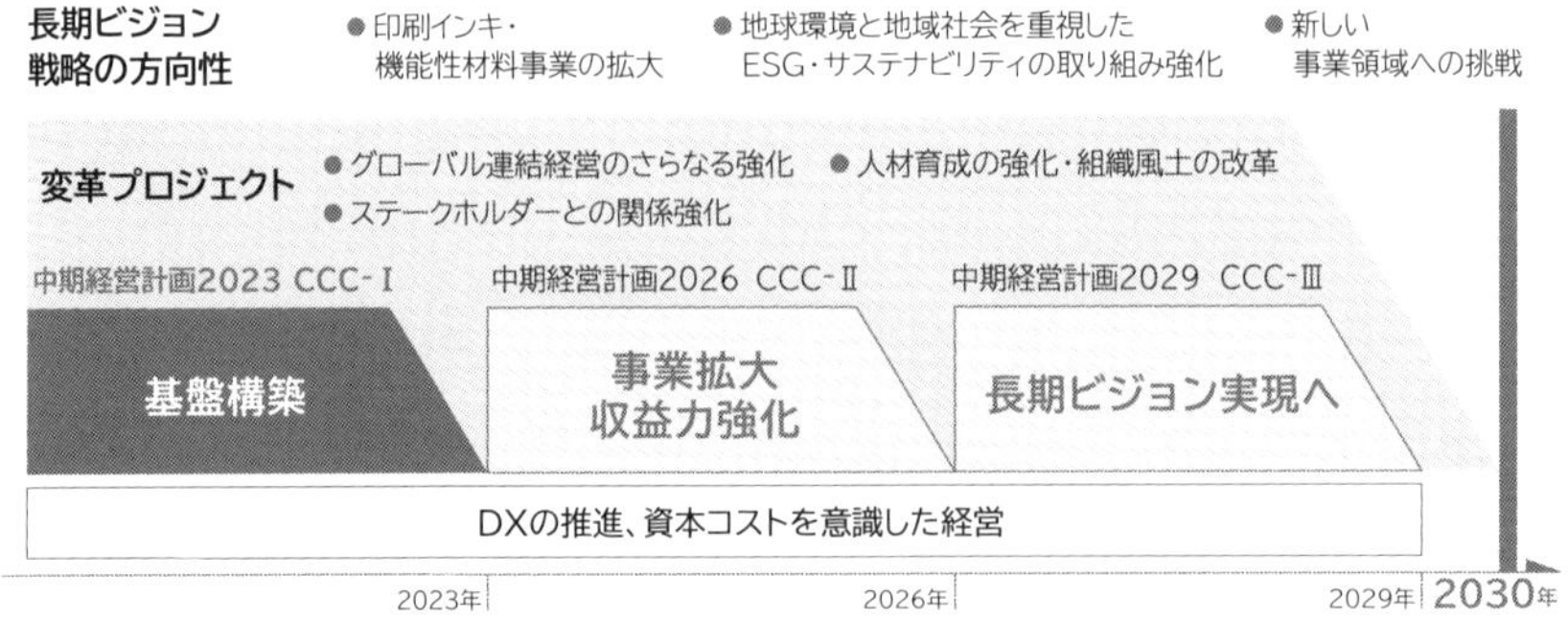

2023年度までの中期経営計画では長期ビジョンを実現する基盤づくりを進め、次期中計では新規事業開発などに力を入れる

出所：サカタインクス

上野　21～23年の中計は長期ビジョン実現に向けた基盤づくりの期間です。サステナビリティの点で最も注力するのはパッケージ事業です。リサイクル（再生）、リユース（再利用）、リデュース（減量）を目指し、当社製品で印刷したパッケージで食品を長持ちさせ、消費するまで安全に保護して輸送することで食品ロス低減も進めます。これは国内だけでなく、インドなどを含めて世界で広げるべき事業です。コロナ禍で物流などが影響を受けましたが、電気自動車（EV）が普及し、産業全体のデジタル化も進みました。当社も印刷で培った技術をエレクトロニクス、ヘルスケア、エネルギー、オプティカル（光学）などの有望市場に移して新規事業を開発したいと考えています。

DE&Iの基本方針定める

——人材やガバナンスの強化についても聞かせてください。

上野　男性の多い社内構造を変えようと、30年目標として国内女性管理職比率15％を掲げました。現在は7人の女性管理職がいます。22年8月に「DE&I推進」の基本方針を定め、「企業のジェンダー平等を推進するための国連の行動指針（WEPs）」にも署名しました。20年に初めて女性役員を登用し、今は女性2人が社外取締役に入っています。さらに海外関係会社の役員を加えた諮問会議「インターナショナル・アドバイザリー・ボード」を年２回開き、海外の視点も取り込んでいます。

――非財務情報の開示など、今後の展開について聞かせてください。

上野　ＴＣＦＤと人的資本の情報開示を強化します。気候変動リスクや生物多様性に対応した事業や製品群を整え、人的資本ではデジタル化による組織変革を進める人材を育てます。その人材がサプライヤーやユーザーを巻き込んで、サプライチェーン改革やカスタマーリレーションなどで全社に横串を刺して組織変革を進めることを支援します。

聞き手：大塚　葉（日経ＢＰ 総合研究所上席研究員）

サラヤ

代表取締役社長

更家 悠介 氏

更家 悠介（さらや・ゆうすけ）氏：1974年大阪大学工学部卒業、75年米カリフォルニア大学バークレー校修士課程修了後、76年サラヤ入社。取締役工場長、80年専務取締役を経て、98年より現職。NPO法人ゼリ・ジャパン理事長、ボルネオ保全トラスト理事

写真：太田 未来子

衛生・環境・健康を軸に成長する

**衛生商品や健康商品の提供、
環境保全の取り組みをグローバルで展開して成長を続けてきた。
2025年開催の大阪・関西万博に向けて、
海洋保全を目的にブルーオーシャン運動に取り組む。**

（役職名・肩書を含む全ての情報は、「日経ESG」2023年4月号掲載時点のものです）

――世界の「衛生・環境・健康」に貢献するという企業理念を掲げています。

更家　創業以来、世界の「衛生・環境・健康」に貢献するため、グローバルなネットワークを構築し、独自の商品やサービスを提供することで事業を発展させてきました。

２０２０年初頭に日本でも新型コロナウイルスによる感染症の拡大が始まり、主力事業である手洗い石けんや手指消毒剤などの衛生商品の需要が急増しました。医療用の手袋やマスク、ガウンのような個人防護具（ＰＰＥ）の不足で価格が高騰し、感染症や各種災害などへの対応に必要な医療機器や商品の海外依存度が高いことが懸念されました。

実は当社では、主力商品の洗剤や消毒剤の製造を増強するため、コロナ禍が始まった20年3月に茨城県北茨城市に国内4カ所目となる関東工場を完成させたところでした。供給責任を果たすため、全社一丸となって増産を続けて対応しました。

その後も生産設備の増強に取り組み、22年3月に国内でマスクを生産する堺ＰＰＥ工場（大阪府堺市）の運用を開始しました。中国・江蘇省では合弁会社を設立して衛生用のニトリル手袋の工場を建設し、23年1月から生産を開始しました。

コロナ禍で感染管理に必要な医療器具や商品などのサプライチェーンのぜい弱性が顕在化したため、政府はこうした製品や素材の国内生産拠点などの整備に乗り出しました。

当社は、経済産業省による「サプライチェーン対策のための国内投資促進事業費補助金」事業に採択され、関東工場内に手指消毒剤などの医薬品・医薬部外品を製造する工場を新設して、23年4月に竣工する予定です。

■ 世界の「衛生・環境・健康」の向上に貢献するサラヤグループの事業概要

環境：
アブラヤシから抽出するパーム油の持続可能な使用と、ボルネオ島での生物多様性保全活動に取り組む

「緑の回廊」プロジェクトを進めるボルネオ島の熱帯雨林（上）、生物保全活動の対象となっているボルネオゾウ（下）

衛生：
手洗い世界No.1企業を目指し、世界各国の衛生ニーズに対応した商品・サービスを提供する。ウガンダ、ケニアなど東アフリカを中心とした途上国の衛生向上に貢献する活動を行なう

ウガンダで進めている手洗いプロジェクト

健康：
植物由来100%でカロリーゼロの甘味料ラカントSのグローバル化などの取り組みで、人々の健康で文化的な生活を支える

ラカントSの原料となる羅漢果の果実（左上）、羅漢果の加工などを手掛けるサラヤの中国・桂林工場（上）

出所：サラヤ

未知の感染症に備える

――コロナ禍での経験を通じてどのようなことを学びましたか。

更家　感染症の危機は今回のコロナ禍が初めてではありません。21世紀に入ってからも02年末頃に始まった重症急性呼吸器症候群（ＳＡＲＳ）や12年の中東呼吸器症候群（ＭＥＲＳ）など、コロナウイルスを原因とする感染症が広まりました。09年にはメキシコから始まった新型インフルエンザの流行がありました。当社が事業を展開するアフリカのウガンダでは、エボラ出血熱が繰り返し流行しています。

今後も感染症がなくなることはありません。未知の感染症への準備を怠らず、衛生管理を進めることが大切です。衛生商品はウイルスや菌によって効果や使い方が異なります。感染症対策に効果のある商品を正しく使ってもらえるよう啓発し、需要に応じて供給が滞らないよう事業を進めることが、衛生関連事業に取り組む当社の役目です。

――薬剤耐性（ＡＭＲ：Antimicrobial Resistance）について危機意識をお持ちです。

更家　ＡＭＲは、細菌やウイルス、寄生虫など幅広い範囲で見られますが、近年は細菌のＡＭＲが注目されています。抗菌薬の不適切な使用を背景に薬剤耐性菌が世界的に増加する一方、新たな抗菌薬の開発は減少傾向にあり、国際社会でも大きな課題となっています。

畜産や水産の現場では、過密な環境で飼育や養殖を行なう際に、感染症対策として抗生物質など抗菌薬を与え過ぎることで耐性菌が生まれ、市中に出回ってしまうことがあります。

１９９０年代には、医療現場でメチシリン耐性黄色ブドウ球菌（ＭＲＳＡ）の院内感染で患者の死亡事故が起きました。ＭＲＳＡは黄色ブドウ球菌の仲間で、抗生物質であるメチシリンへの耐性遺伝子を持ち、菌を殺す効果のある抗生物質が効きにくいのが特徴です。

黄色ブドウ球菌はごくありふれた菌で、健康な人ならば感染症を発症することはほとんどありません。しかし、抵抗力の落ちた患者が感染すると治療法がなく、重症化することがあります。

抗菌薬の不適切な使用がＡＭＲを助長することになるので、政府もウイルスが原因で発症する風邪など抗菌薬が効かない感染症には使用せず、本当に必要なときに限って使うよう促してＡＭＲ対策を進めています。

衛生事業を進める当社としては、医療現場での院内感染を防ぐため、手指の消毒やＰＰＥの利用など標準予防策（スタンダードプリコーション）の徹底を実施できるよう商品供給を欠かさないことが重要です。

生物多様性の保全に寄与

――「衛生・環境・健康」の事業をどのように伸ばしていきますか。

更家　世界の「衛生・環境・健康」に貢献するという企業理念に即してビジネスを展開していきます。環境や健康は、

■ 海洋保全に向けてサラヤグループが展開する「ブルーオーシャン運動」の事例

長崎県対馬市には海流に乗って大量のプラスチックごみなどが漂着する。循環経済に向けた「対馬モデル」の構築に取り組む

サラヤが支援するブルーオーシャンファンデーションが主催する海洋プラスチック問題を考える講座では、小学生が大阪府堺市の海岸でのごみ拾いやワークショップに参加した

出所：サラヤ

2025年に開催される大阪・関西万博には、更家社長が理事長を務めるゼリ・ジャパンが「ブルーオーシャン」をテーマにパビリオンを出展し、海洋保全の啓発などを行なう

出所：ゼリ・ジャパン

衛生分野の事業にも大きく関わっています。

環境分野では、当社の主力製品であるヤシノミ洗剤などの原料にアブラヤシから抽出するパーム油を使っていることから、主力産地のマレーシア・ボルネオ島の環境保全に長く携わってきました。事業の持続可能性に向けてサプライチェーンを維持するためにも、環境保全に取り組むのは自然の流れです。

健康食品の分野では、「ラカントＳ」というカロリー・糖質ゼロの自然派甘味料を、砂糖代替甘味料として提案しています。中国・桂林で自生する羅漢果《らかんか》という果実が原料で、抽出した配糖体は砂糖の約３００倍の甘さがあります。

高カロリー食品を避ける動きがある米国では、ラカントＳの売り上げが１００億円に達するまでに成長しました。これまでは相手先ブランドによる生産（ＯＥＭ）で製造してきましたが、品質管理や生産調整をしやすくするため、自前の工場をユタ州に開設しました。

国内では、ラカントＳを軸に健康食品や自然食レストランなども展開しています。こうした事業に栄養や運動管理といったビジネスを組み合わせていきたいと思っています。

――企業目標の中核にＳＤＧｓを掲げています。

更家　ＳＤＧｓに取り組む理由は、社会のためになるからとか、環境に良いからということだけではありません。ＳＤＧｓを他人事にせず、ビジネスの中で自分たちに何ができるかを社員と共有し、お客様にも共感してもらうことで、会社として成長していくことを目指しています。

２０２２年12月にカナダで開催された国連生物多様性条約第15回締約国会議（ＣＯＰ15）では、30年までに世界の陸域と海域の少なくとも30％を保全する「30ｂｙ30」を柱とする生態系保全の目標について、世界の国々が合意しました。企業も、サプライチェーンの原料調達という上流から消費者が使用する下流まで、環境保全という価値を向上していくことが重要です。

当社は、パーム油関連ブランドである「ヤシノミシリーズ」をはじめとする対象商品の売り上げの１％を、ボルネオ保全トラスト（ＢＣＴ）に寄付しています。ボルネオ島の河川沿いの森林を買い取り、アブラヤシ農園の開発で分断されてしまった森林をつなぎ、ボルネオゾウやオランウータンなど野生生物が移動できる「緑の回廊」を造ることで、生物多様性の保全に寄与しています。

――陸域に加えて、海洋の保全も重要です。

更家　環境省などによると、世界では年間８００万ｔ以上のプラスチックごみが海洋に流出していると推計されています。世界中のあらゆる島の海岸にプラスチックごみが流れ着いているだけでなく、微細なマイクロプラスチックが海洋環境に深刻な影響を及ぼしています。

長崎県対馬市では、海流の影響で隣国の中国や韓国などからプラスチックごみが漂着しています。当社は、プラスチックなど資源の循環利活用モデルの構築に取り組んでいるグループ会社、関西再資源ネットワークの知見を活用し、プラスチックごみの回収や処理を行なっていきます。食品や農業廃棄物などの生ごみは発酵させてメタンを抽出し、天然ガスの代替燃料として使用します。

対馬市で排出される廃棄物や漂着するプラスチックごみと島由来のバイオマスを活用して、電気や熱のエネルギーを生み出すなど、ごみ処理を兼ねた循環経済の「対馬モデル」を構築する提案をしています。対馬モデルを実現して世界の島しょ国にも広げ、ビジネスを通じて社会問題の解決にチャレンジしていきます。

大阪・関西万博に向けて活動

――大阪・関西万博に向けた海洋保全活動にも取り組んでいます。

更家　19年に開催されたG20（20カ国・地域首脳会議）大阪サミットで、海洋プラスチックごみによる追加的な汚染を50年までにゼロにすることを目指す「大阪ブルー・オーシャン・ビジョン」が提案されました。この目標に向けて、私たちは3つの取り組みを進めています。

まず、私が理事長を務めるゼリ・ジャパンが、大阪・関西万博に「ブルーオーシャン」をテーマにしたパビリオンを出展します。ゼリ・ジャパンは資源とエネルギーを循環再利用して廃棄物をゼロに近づける「ゼロ・エミッション構想（Zero Emissions Research and Initiative）」を出発点に、循環型社会の実現を目指す組織です。

それに加えて、新たにブルーオーシャン・イニシアチブを設立しました。他の企業にも呼びかけ、事業活動を通じて「海の保全と繁栄」の両立を目指す共創の場として活動し、政策提言も行なっていきます。

3つ目は日経グループが主催する「ＮＩＫＫＥＩブルーオーシャン・フォーラム」との連携です。影響力のあるメディアの力を活用して、海洋保全をテーマとした議論の場として多面的に情報発信していきます。

大阪・関西万博が開催される25年に向けて、これらの取り組みを三位一体で推進します。

――大阪・関西万博は、海洋保全の取り組みを発信するショーケースになります。

更家　万博の中だけの閉じた活動で終わるのではなく、企業同士が連携したり、地域と協働して日本の魅力を世界に向けて発信したりすることで、ビジネスにつなげていくことが重要です。

今回の万博のテーマは「いのち輝く未来社会のデザイン」です。ブルーオーシャン運動は万博が開催される25年で終わるものではありません。30年、40年、50年へとつなげていくテーマです。ビジネスを通じて、海洋を巡る様々な課題の解決にチャレンジしていく考えです。

聞き手：斎藤 正一（日経ＥＳＧ経営フォーラム事務局長）

加藤 敬太 氏

積水化学工業

代表取締役社長

写真：大槻 純一

加藤 敬太（かとう・けいた）氏：1958年生まれ、大阪府出身。80年京都大学工学部卒業後、積水化学工業入社。2008年執行役員 高機能プラスチックスカンパニー 中間膜事業部長、19年代表取締役専務執行役員 ESG経営推進部担当、経営戦略部長。20年3月より現職

社会貢献と事業成長の両立に挑戦

社会課題を解決する製品やサービスで、
化学業界のESGをけん引する。
社内外の技術の融合でイノベーションを創出し、
社会貢献と企業成長の両立を目指す。

（役職名・肩書を含む全ての情報は、「日経ESG」2023年1月号掲載時点のものです）

――ＥＳＧ経営を重要戦略として、「Innovation for the Earth」をステートメントに掲げています。製品や事業を通して、これまでどのように社会課題を解決してきましたか。

加藤　当社には、社会課題を解決する製品を生み出し続けてきた歴史があります。古いところでは、１９６１年に発売したプラスチック製の蓋付きごみ箱「ポリペール」です。当時はコンクリートや木製のごみ箱が道端に設置されているような状態で、街はごみであふれていました。ポリペールによって新しいごみ収集方式が普及し、〝清掃革命〟と呼ばれました。

製品をきっかけに社会のシステムに変革を起こしてきたＤＮＡが根付いており、現在も社会課題を解決する製品を数多く開発しています。

例えば、住宅事業のセキスイハイムが提供する「ネット・ゼロ・エネルギー・ハウス（ＺＥＨ住宅）」は、高気密・高断熱を実現し、太陽光発電と蓄電池、住宅エネルギー管理システム（ＨＥＭＳ）を装備し、エネルギーを自給自足できるようにします。お客様の光熱費削減や再生可能エネルギー利用の促進などの貢献だけでなく、自然災害時のエネルギー確保といったレジリエンスも実現しています。

自動車の合わせガラス用中間膜は、遮熱機能やガラスの薄膜化による軽量化が消費電力を削減し、電気自動車（ＥＶ）の走行距離の延長に貢献します。フロントガラスに必要な情報を映し出すヘッド・アップ・ディスプレー向けの中間膜は、ドライバーの視線移動を減らし、安全性向上に寄与します。

ＥＳＧ経営による社会課題の解決は、積水化学グループの歩みと言っていいでしょう。これは、一朝一夕にできることではありません。

■ 積水化学グループが社会課題解決を通して培ってきた「28の技術プラットフォーム」

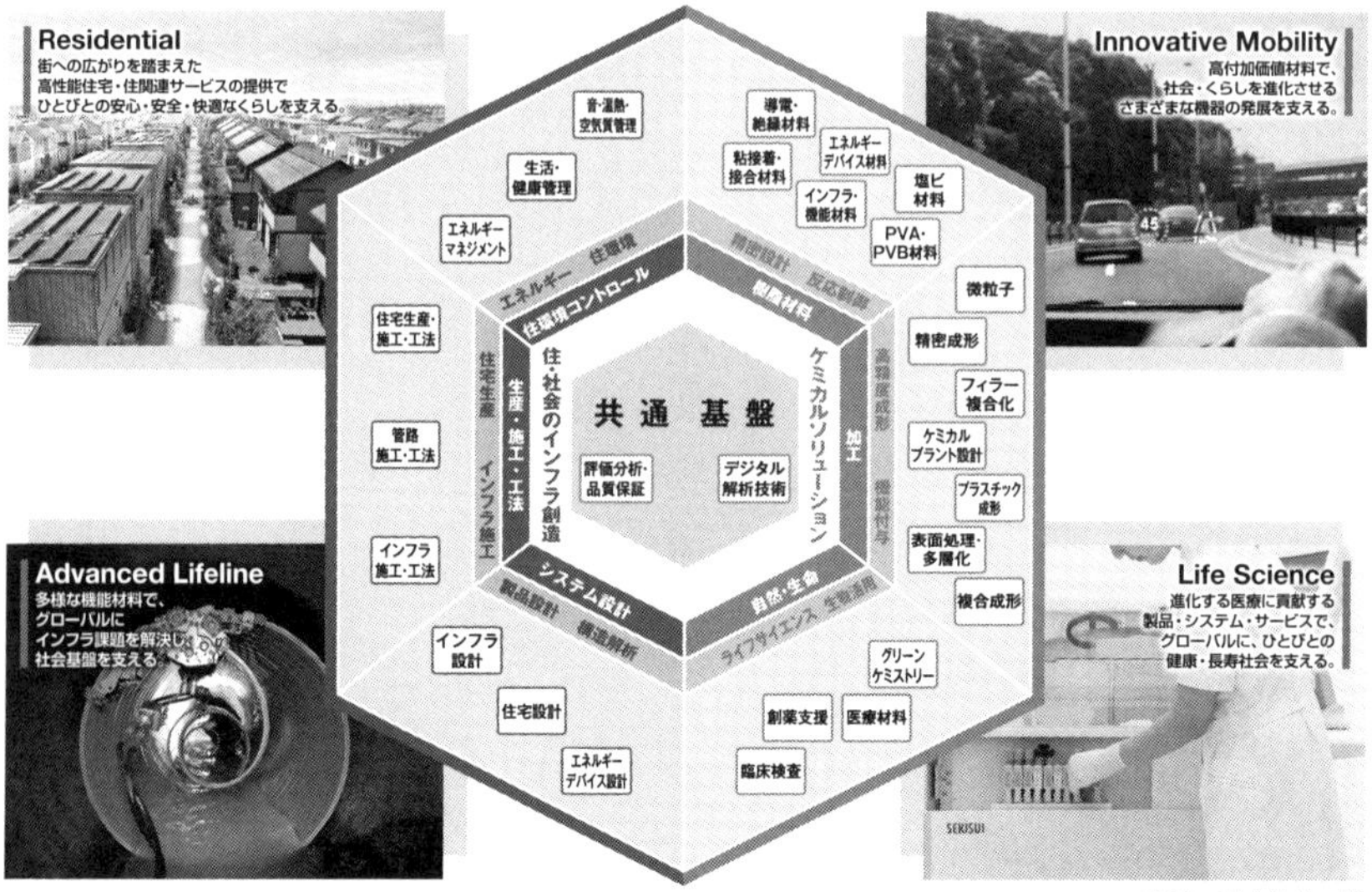

出所：積水化学工業

28の技術で社会課題を解決

――各事業領域におけるイノベーションを支える技術プラットフォームと、実際に生み出されたイノベーションについて教えてください。

加藤　当社では「レジデンシャル（住まい）」「アドバンストライフライン（社会インフラ）」「イノベーティブモビリティ（エレキ／移動体）」「ライフサイエンス（健康・医療）」の4つの事業ドメインがイノベーションの核となっており、全部で28の技術プラットフォームが育っています。これらの技術を掛け合わせ、ソリューションを提供していきます。

プラスチックの表面加工技術とエネルギーマネジメント技術を掛け合わせて生まれたのが、ペロブスカイト太陽電池です。従来の太陽電池のパネルは重く、古い木造住宅や耐荷重のない住宅には載せられないことが課題でした。ペロブスカイト太陽電池は、超軽量でフレキシブルな形状が特長です。建物の壁や荷重に制限のある屋根などにも設置が可能です。２０２５年には大阪で新たに開設される、うめきた（大阪）駅に設置する予定です。

グリーンケミストリーとケミカルプラント設計の掛け合わせでは、米ランザテック社と共同開発を進め、微生物を活用して可燃ごみをエタノールに変換する技術を世界に先駆けて開発しました。22年から岩手県久慈市で実証実験を開始し、25年の事業化を目指しています。

自然の英知をものづくりに生かすため、社外研究者の研究費用を助成する「自然に学ぶものづくり研究助成プログラム」を20年以上続けており、自然の英知から学ぶ考え方が製品開発に生かされています。

その１つが、モルフォチョウの羽の輝きに学んだ透明フレキシブル電波反射フィルムです。電波の直進性が高い５Ｇや６Ｇの通信において、電波の死角となる部分に本フィルムを貼るだけで電波を届けることが可能になります。

――従業員による社会課題への取り組みを促す仕組みとして、「サステナビリティ貢献製品」制度を設けています。

加藤　ＥＳＧの専門部署で目標や結果を取りまとめて数値を発表しても、社内に浸透させることはできません。従業員には、自身が携わる仕事の全てがＥＳＧにつながることを実感してほしいと考えています。

06年に「環境貢献製品」制度として認定制度をスタートさせ、17年に自然環境に加えて、社会環境における課題解決に寄与する製品に対象を拡大し、名称を刷新しました。

20年には評価基準に持続性評価を加えるとともに、社会課題解決に対する高い貢献度と収益性を併せ持つ製品を戦略的な「プレミアム枠」に設定し、経営資源を投じて取り組みを拡大しています。「ＺＥＨ住宅」や「高性能合わせガラス用中間膜」は、このプレミアム枠の対象製品です。

製品の認定に当たっては、産官学の様々なバックグラウンドを持つ社外有識者との対話により、透明性や信頼性を担保しています。

全体の売り上げに占めるサステナビリティ貢献製品の割合は増え続けており、30年度には80％以上を目標にしていま

■ 積水化学工業の長期ビジョン「Vision 2030」

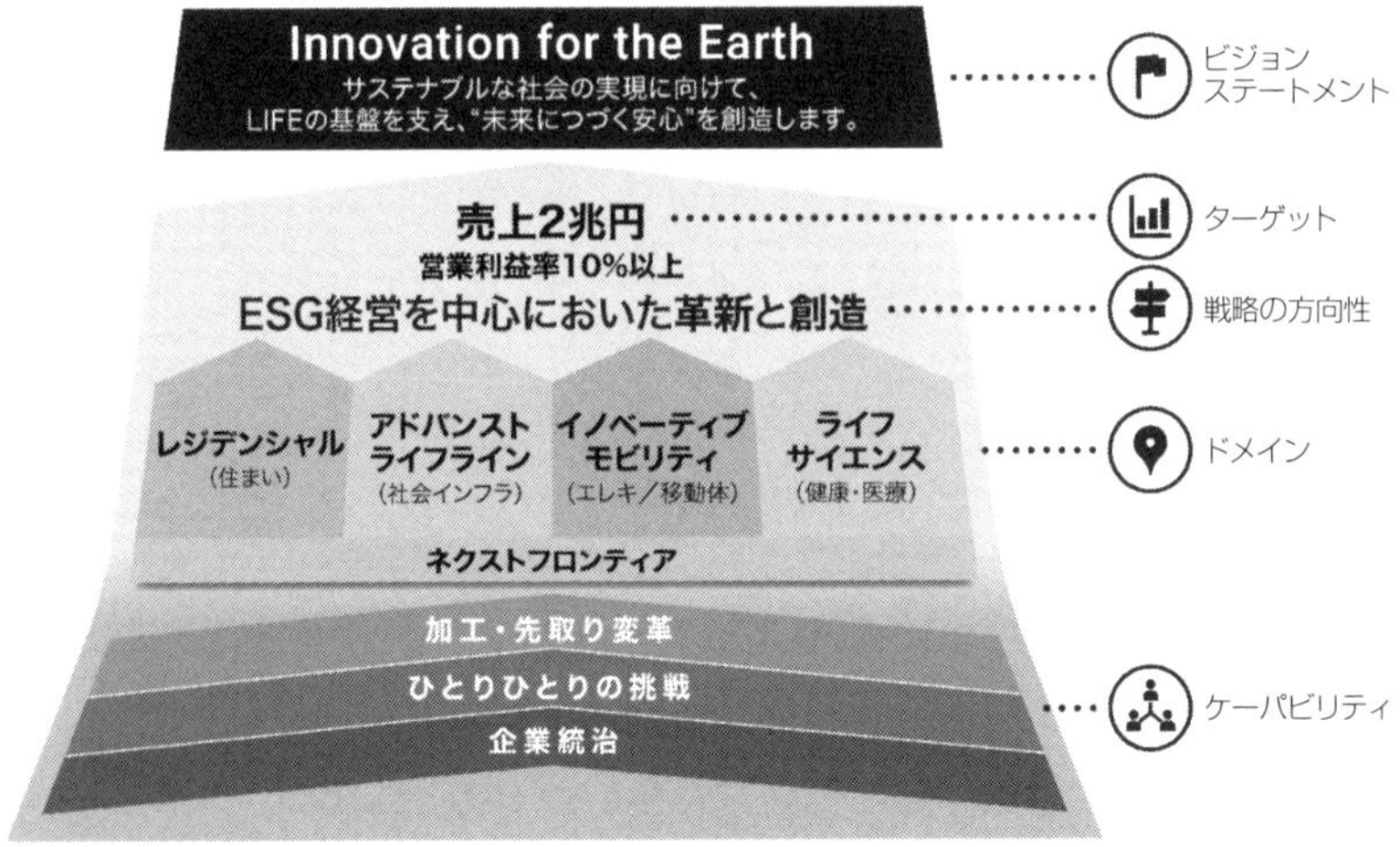

4つのドメイン（レジデンシャル、アドバンストライフライン、イノベーティブモビリティ、ライフサイエンス）を設定。「ESG経営を中心においた革新と創造」を戦略の軸に現有事業の拡大と新領域への挑戦に取り組む

出所：積水化学工業

す。業績とともに環境や社会への貢献度が上がっていることを可視化し、製品開発に課題解決の視点を入れることで、従業員の挑戦マインドも高まっていると感じています。

「ＥＳＧは仕事そのもの」との理解を深め、グループ一体となってＥＳＧ経営を進めることで、持続的な成長を目指していきます。

このような活動の継続、それによる実績なども、世界経済フォーラムの年次総会（ダボス会議）で発表される「世界で最も持続可能な１００社（Global 100）」に5年連続選定されている理由の1つだと考えています。

――オープンイノベーションを積極的に進めています。具体的な仕組みづくりや成果を教えてください。

加藤　社会課題はより複雑化しており、当社が単独で解決できることは限られてきています。オープンイノベーションを推し進め、我々の強みを生かしながら、様々なステークホルダーと共に社会課題に向き合う必要があると感じています。

オープンイノベーションを加速させる場として、20年に高機能プラスチックスカンパニーの開発研究所内に「水無瀬イノベーションセンター」を開設しました。環境・ライフラインカンパニーでは、「栗東開発棟」「千葉ソリューションセンター」を開設しました。

社内では、組織の枠を越えた交流を生み出し、低炭素化技術や資源転換に資する材料や技術を保有するスタートアップ企業との技術交流も積極的に行なっています。

21年にはイノベーションの推進を目指した新組織を立ち上げ、社外との融合を強化しています。当社が強みとする様々な領域の技術の融合を推し進め、この６年間で約９００億円の売り上げを創出できました。

CO_2削減目標を上方修正

――製造業では、カーボンニュートラルの取り組みへの加速が求められています。今後CO_2削減に向けてどのように取り組んでいきますか。

加藤　気候変動は大きな社会課題であると同時に、当社グループにとって大きなリスクと認識し、解決に向けて積極的に取り組んできました。化学セクターでは初めて、18年に科学に基づく温室効果ガス削減目標（ＳＢＴ）認証を取得しています。

30年度にスコープ１、２の温室効果ガス排出量削減率を13年度比で26％とする目標を掲げ、老朽設備の更新などでエネルギー消費量を削減する「エネルギー消費革新」、そして購入電力の再エネ転換や自家消費型太陽光発電設備などを積極的に導入する「エネルギー調達革新」を進めてきました。

その結果、21年度までに購入電力を１００％再エネに切り替えた事業所は国内外で20拠点、自家消費型太陽光発電設備の導入事業所は12拠点となり、グループ全体における購入電力の再エネ比率は20％に達しました。これは当初計画の２倍の比率です。温室効果ガス排出量削減率は13年度比で21％を達成しました。

これらを踏まえて、スコープ1、2の目標を19年度比50％削減に更新し、スコープ3のサプライチェーンによる温室効果ガス排出量の削減目標も、資源循環の取り組みを加えて上方修正しました。

製品機能の強化や新商品の開発で温室効果ガス排出量の削減に寄与して市場をけん引し、当社製品による削減貢献量を伸ばしていきたいと考えています。

——ESG経営を中心に据えた長期ビジョン「Vision 2030」では、業容倍増を掲げています。重点領域と、経営資源投入の方向性を教えてください。

加藤　長期ビジョンの実現に向けて、強化・進出する領域を示す羅針盤となる「戦略領域マップ」を策定しました。新たな領域への挑戦に当たり、現状で保持していない技術に関してはM＆A（合併・買収）も視野に入れて技術開発を強化していきます。20年からの10年間で総額2兆円を超える投資を想定しています。これは大きなチャレンジです。

社会課題の解決にはどんな取り組みが必要か、自社の強みを生かせる領域は何か。この両方の視点が重なり合う部分に取り組むことが重要です。当社の独自性を発揮しにくい領域では、社会課題の解決に貢献できても、競争に打ち勝って生き残ることは困難でしょう。「飛び地には行かない」と決めています。

挑戦した人を評価する

——加藤社長が考えるESGの課題や思いを聞かせてください。

加藤　ESGの取り組みには、会社の成長と社会課題の解決の両立が不可欠です。企業が存続していくために収益を上げることは重要ですが、目先の利益を追求する短期志向に陥ってしまうと、長期目線での持続的なイノベーションを生み出すことはできません。

社員一人ひとりがその重要性を理解し、自分ごととしてイノベーションに挑戦してほしいと考えています。「挑戦した上での失敗は一切責めない」と公言しています。挑戦した人が評価され、抜てきされるように人事制度も改革しました。

変化が激しく、不確実性の高い時代において、課題解決を通じてサステナブルな社会を実現することが当社グループの進むべき道だと確信しています。

ＥＳＧを軸に据えた事業経営こそが、企業の持続的な成長に結びついていくと信じて、これからも社会に必要とされる製品やサービスを生み出していきます。

挑戦し、技術を高め、イノベーションを起こす「攻めのＥＳＧ」と、重大インシデントの防止や事業継続計画（ＢＣＰ）など「守りのＥＳＧ」の双方に全力で取り組んでいきます。

聞き手：藤井　省吾（日経ＢＰ　総合研究所主席研究員）

ポーラ
代表取締役社長

及川 美紀 氏

及川 美紀（おいかわ・みき）氏：1991年東京女子大学文理学部英米文学科卒業後、ポーラ化粧品本舗（現ポーラ）入社。2012年執行役員、14年取締役、20年より現職

写真：吉澤 咲子

人・社会・地球をケアする事業を推進

全社的な施策と、全国の店舗で実践する活動を通じて
サステナビリティに取り組む。
D&Iの実践や女性就労、地域と連携した施策を通じて
持続可能な社会に貢献する。

（役職名・肩書を含む全ての情報は、「日経ESG」2023年4月号掲載時点のものです）

──「美と健康」の可能性を追求し、誰もが「美しく生きる」ことができる社会を目指しています。

及川　企業理念の「Science. Art. Love. 私たちは、美と健康を願う人々および社会の永続的幸福を実現します。」には、当社のサステナビリティの考え方が含まれています。

創業１００周年を迎える２０２９年に向けて「私と社会の可能性を信じられる、つながりであふれる社会へ。」というビジョンを掲げ、事業活動が生み出す社会価値を定量化した非財務目標を定めました。人・社会・地球のケアに注力し、「We Care More. 世界を変える、心づかいを。」を行動スローガンに事業を推進しています。

「人をケアする」では、全ての人の可能性を開くダイバーシティ&インクルージョン（Ｄ&Ｉ）に力を入れています。「社会をケアする」観点からは、女性就労や地域と連携した様々な施策に取り組んでいます。「地球をケアする」では、CO_2排出量の削減などを進めています。

──ＳＤＧｓの目標数値を設定して事業活動を推進しています。

及川　企業としての施策と、全国３０００カ所以上（21年12月末実績）の店舗で個人事業主として活躍する３万人以上（21年12月末実績）のビジネスパートナーの活動の両面から、ポーラとしてのサステナビリティ経営を実現していきます。

ビジネスパートナーの取り組みは「We Care More.」の行動スローガンに基づき、店舗ごとに実践している活動です。20年には、岡山県の店舗が「岡山ももたろうプロジェクト」を立ち上げました。製品の容器や空き箱を回収し、資材を必要とする保育園や施設に寄付したり、日本財団が推進する「海と日本プロジェクト」と協力して「人も地球も美しくするポーラ」を発足させ、海岸の清掃などをしたりしています。

岐阜県の店舗では、エステサロンカーを導入し、高齢者や移動手段がないお客様に店舗と同等のサービスを提供しています。

21年から実施している「ＳＤＧｓ大会」では、各店舗の取り組みから「人をケア賞」「社会をケア賞」「地球をケア賞」

■ ポーラの行動スローガン「We Care More.」の概要

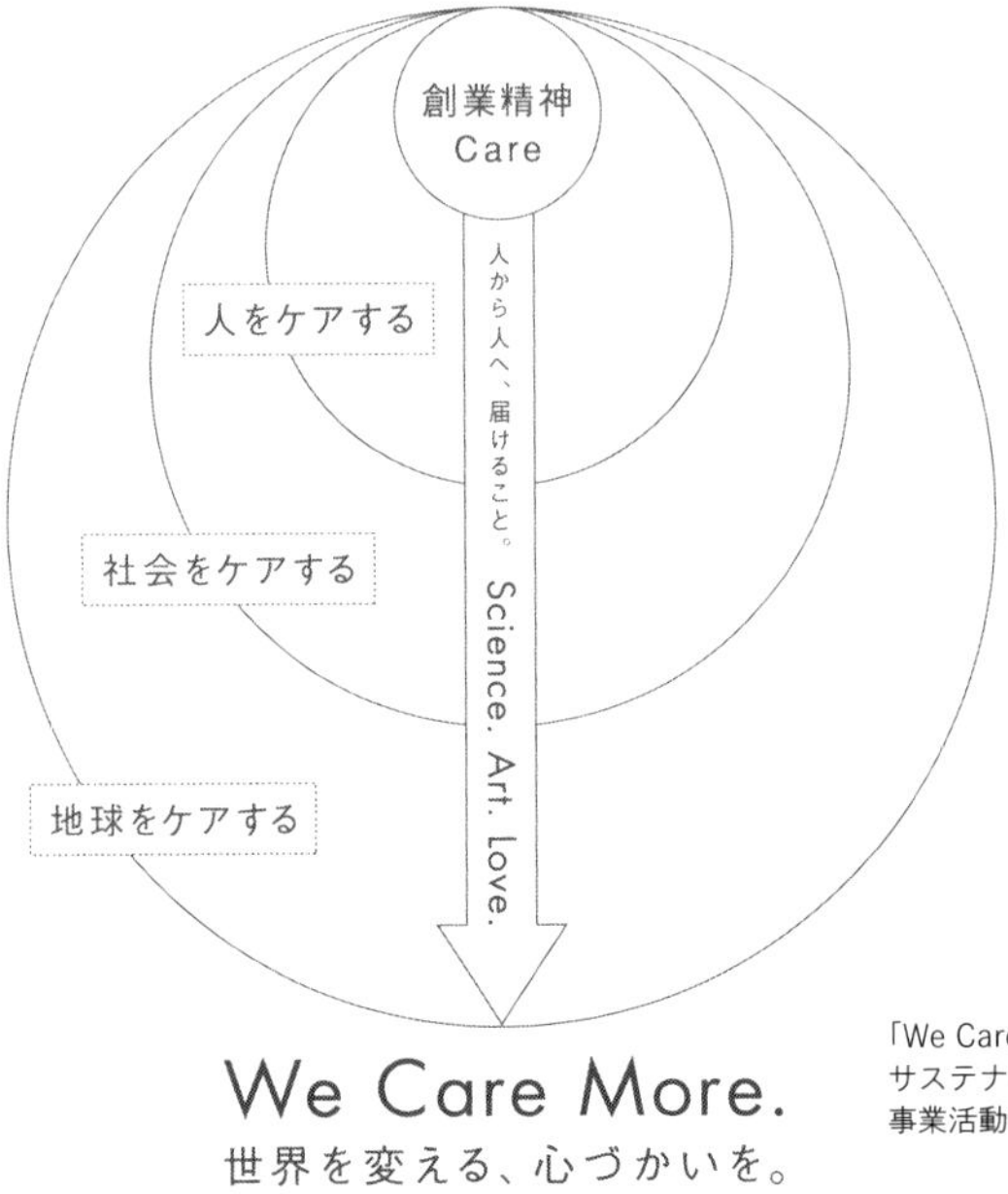

「We Care More.」を行動スローガンとしてサステナビリティの視点でテーマを設定し、事業活動を実践する

出所：ポーラ

を選定して表彰しています。特に地域に根差した活動は、地元を美しく咲かせるという思いを込めて「BLOOM OUR TOWN」という名称で紹介しています。

未利用資源から新商品

——D&Iや地域活性には特に力を入れています。

及川 本社の取り組みとしてD&Iを推進し、多様な社員が健康に生きいきと活躍できる機会の創出に努めています。人事や福利厚生の適用対象に事実婚の相手や同性パートナーを含める制度変更、がん共生プログラムによる健康診断とがん検診の受診勧奨にも取り組んでいます。

地域との連携では、包括連携協定を締結している大分県で高校3年生を対象に働き方をテーマにした授業、岐阜県では小中学生向けに職業体験プロジェクトを実施しています。

製品面では新プロジェクト「FROM LOSS TO

BEAUTY」の第1弾として23年1月20日、未利用資源から生まれた手の美容液「ハンドコンフィチュール」を発売しました。ブドウの栽培過程で廃棄される副梢《ふくしょう》（葉茎）から抽出した美容エキスを活用しています。島根県と島根大学との連携で、地域に眠る資源から新たな価値を生み出した商品です。

——東京都の女性活躍推進大賞に選出されるなど、女性が活躍する企業として評価されています。

及川　16年に放映したポーラのテレビＣＭ「この国は、女性にとって発展途上国だ。」のコピーは、多くの方々の共感を得ました。しかし、世界経済フォーラムが発表するジェンダーギャップ指数で日本は１１６位（22年）と、男女格差は解消されていない状況です。

当社は女性が利用する化粧品を扱っていることに加えて、全国の店舗のオーナーは女性が中心です。産休後に復職しやすい制度など女性が働きやすい環境を整備し、女性管理職比率は30％を超えています。女性が活躍できる働き方を実践することも私たちの役割の１つです。

——ウェルビーイング推進の取り組みについて教えてください。

及川　21年４月に「幸せ研究所」を設立しました。私が所長を務め、役員や社員の有志が参加して、社員やビジネスパートナーの幸福度に関する意識調査や、ポーラ独自の〝幸せを構成する因子〟の特定、幸せ研究に基づくソリューション開発などを実践しています。研究成果を通して、企業理念に掲げる人々と社会の永続的な幸福を追求していきます。

聞き手：大塚　葉（日経ＢＰ 総合研究所上席研究員）

中村 雅行 氏

オカムラ
代表取締役 社長執行役員

中村 雅行（なかむら・まさゆき）氏：1951年東京都生まれ。73年早稲田大学理工学部卒業後、岡村製作所（現オカムラ）入社。96年取締役、2007年専務取締役、12年代表取締役社長、19年より現職

写真：村田 和聡

新しい働き方に合わせオフィスを提案

コロナ禍で急激に変化するオフィス家具の市場に対応するため、事業変革を進める。資源を有効活用して廃棄物を低減し、循環型社会への移行に貢献する製品開発に取り組む。

（役職名・肩書を含む全ての情報は、「日経ESG」2023年3月号掲載時点のものです）

――コロナ禍で働き方が変わり、オフィスに求められるものが変わりつつあります。

中村　感染症対策でテレワークやビデオ会議が一般的になったことで、オフィスへの出社が減り、固定席を持たずに自分の好きな席で働くフリーアドレスを導入する企業が増えています。チームで利用する会議室や、１人で集中して仕事ができるスペースなどが重視され、個人ごとに用意された従来のオフィス家具を打ち合わせ用のソファやベンチに入れ替えるなど、オフィス家具の市場は急激に変わりつつあります。

ビデオ会議に代表されるデジタルトランスフォーメーション（ＤＸ）や労働人口の減少と並んで、環境問題は企業経営にとって重要なテーマです。環境対応を進めても、すぐには売り上げや利益に直結しないかもしれません。しかし、組織全体で前向きに取り組んでいくことが長期的な競争力強化につながります。

オフィスの在り方は、従業員の採用にも大きな影響を及ぼします。働き方の変化や環境問題に対応してオフィスを刷新する流れは、今後も数年は続くと見ています。

――サステナビリティについて、４つの重点課題を特定しています。

中村　「人が活きる環境の創造」「従業員の働きがいの追求」「地球環境への取り組み」「責任ある企業活動」という4分野の重点課題に力を入れています。それぞれを深化させ、世の中がどの方向へどれくらいの速度で変化するかを見極めて対応していかなければ、取り残されてしまいます。

当社では２０２０年、品質管理や環境、ダイバーシティなど全社的な取り組みを推進し、外部への開示などを担当するサステナビリティ推進部を設置しました。推進部が事務局となり、事業本部とコーポレート部門を統括する執行役員で構成するサステナビリティ委員会を設置し、私が委員長を務めています。

20年からフランスの評価機関、エコバディスのサステナビリティ評価調査を受けています。21年にはシルバー評価、22年には対象企業約10万社の上位５％以内となるゴールド評価を獲得しました。

■ 環境負荷を低減する「サーキュラーデザイン」の概念図

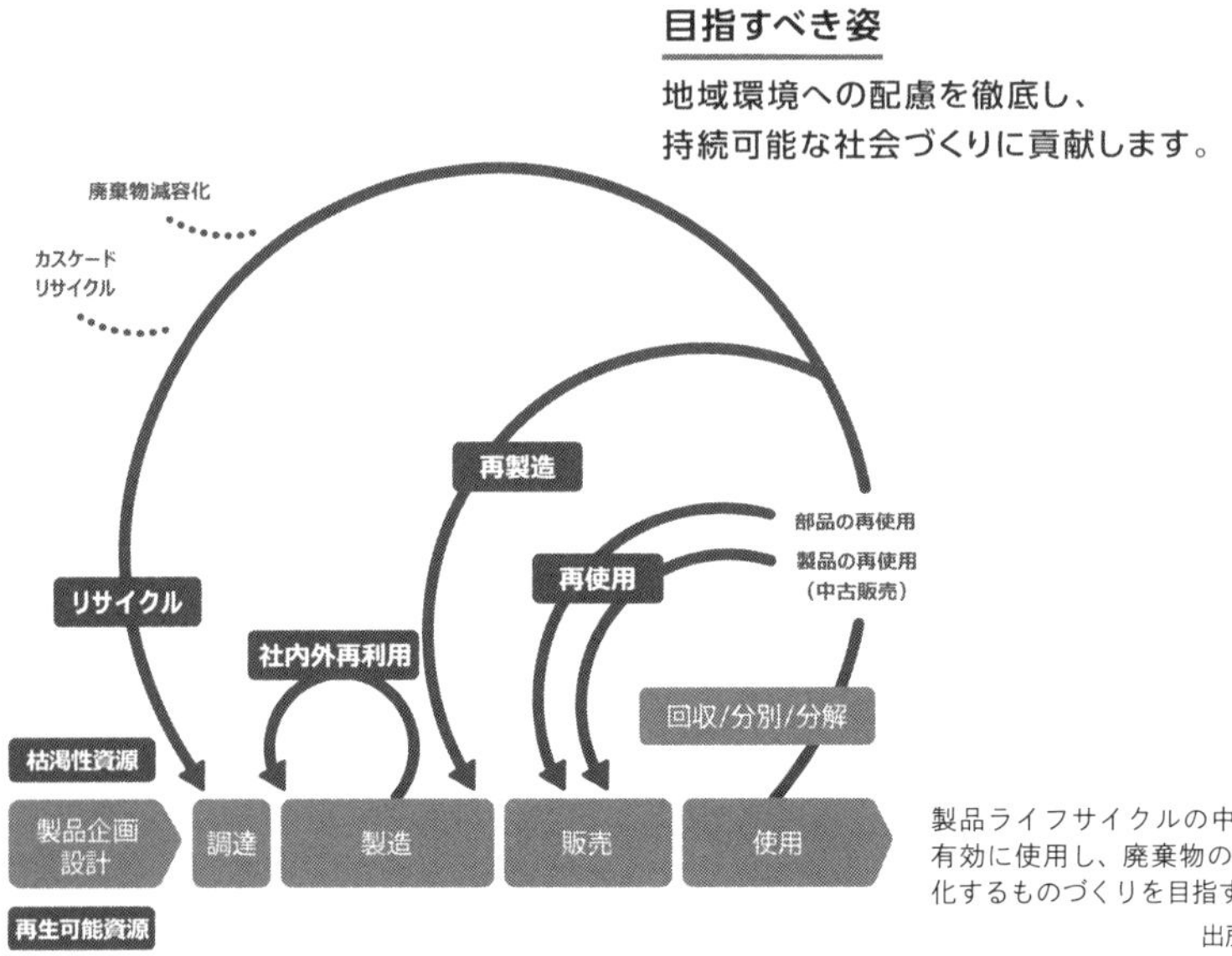

製品ライフサイクルの中で、資源を有効に使用し、廃棄物の発生を最小化するものづくりを目指す

出所：オカムラ

改善活動は高い目標に向かって一歩ずつ進んでいくことが大切です。評価や受賞が目的ではありませんが、担当部門が高いレベルに挑戦して取り組んできた結果と受け止めています。

資源循環型の製品開発を推進

――製品開発でも環境対応を進めています。

中村　製品企画・設計から調達・製造・販売・メンテナンス・再使用・リサイクルに至るまでの製品ライフサイクルで、限りある資源をより長く有効に活用し、廃棄物を最小化することで環境負荷を低減する「サーキュラーデザイン」を推進しています。

発売から20年になるオフィスチェアのフラッグシップ製品「Contessa（コンテッサ）Ⅱ」の背と座の樹脂部分には、使用済み漁網をリサイクルした再生ナイロン「REAMIDE（リアミド）」を使用しています。座面クッションにはポリエチレン製の「E-LOOP（イーループ）」を使用し、100％リサイクルが可能です。

■ 新しい働き方や環境は配慮した製品の例

オフィス内のどこでも働けて、快適に打ち合わせができるスペースを提案する（上の左と右）。オフィスチェア「Potam」の樹脂脚は、リサイクルして新たな製品に再利用する（下）

出所：オカムラ

リサイクルインフラを確立し、使用済み製品を回収・分別して新たな材料の一部に使用する循環型製品を開発する「Re:birth（リバース）」プロジェクトも開始しました。オフィスチェアの「Potam（ポータム）」は樹脂脚をリサイクルして、新たな製品の脚として再利用しています。

――持続可能な成長に向けて、どのような事業戦略に取り組みますか。

中村　現在は事業環境の変化が激しく、ＤＸを推進して仕事のやり方を大きく変え、部門単位ではなくプロジェクトベースで仕事をすることが必要になっています。そうした用途に向く製品や、どこでも仕事ができるような環境を提供していきます。

過去のやり方を踏襲して改善活動を進めれば成長できた時代は終わりました。今、企業は以前と同じことをやっていては生き残れません。新しい働き方に合わせたオフィスの在り方やオフィス家具を提案して市場をけん引していけば、新たな需要をつくり出せると考えています。

聞き手：小林　暢子（日経ＢＰ 総合研究所主席研究員）

内藤 宏治 氏

ウシオ電機

代表取締役社長

内藤 宏治（ないとう・こうじ）氏：1963年生まれ。上智大学外国語学部英語学科卒業後、86年ウシオ電機入社。2014年執行役員、光源事業部副事業部長兼光源事業部営業部門長、15年上級執行役員兼光源事業部長、16年4月常務執行役員を経て、19年6月より現職

写真：村田 和聡

光技術を主軸に社会課題を解決

「光のソリューションカンパニーへ」として、
産業機器から生活関連製品まで扱う。
事業創出に向けて、人材、研究、投資などの
社内制度を整え、社会課題解決を目指す。

（役職名・肩書を含む全ての情報は、「日経ESG」2022年11月号掲載時点のものです）

――２０３０年に目指したい姿として、長期ビジョンで「光のソリューションカンパニーへ」を掲げています。

内藤　創業者の牛尾治朗は１９６４年の創業当時、社会的責任を果たすための企業理念を掲げていました。当時に立ち戻り、ビジネスの目的を改めて考えました。これまで尽力してきたように製品の品質と性能を高めるだけではなく、これからは「社会課題を解決するために光技術をいかす」という、価値の創出に起点を置いて事業を展開していきます。

――長期ビジョンとともに技術、人材、組織など「5つの経営のフォーカス」を設定しています。

内藤　社会課題を解決するというビジョンを達成するためには、どのような方法で技術を活用できるのか、培ってきた技術をどのように磨くのか、関連する技術をいかにして発見するかなどの視点が大切です。企業の価値も、設備や固定資産の総和より、「人の価値」に重点が置かれると考えます。

「５つの経営のフォーカス」では、「ビジョンに近付くための人材の質向上」と「成果を上げやすい職場環境作り」を設定しました。社員一人ひとりが成長したいという思いを持ち、世界中のグループ会社を含めたダイバーシティ&インクルージョン（D&I）の環境で、国境を越えて活躍できるように働き方改革を進めています。

――「人の価値」を高めるためには、何を重視しますか。

内藤　業績や生産性など既存の概念だけではなく、一人ひとりが生み出すアイデアも指標にします。短い時間でいかに多くのアウトプットを出したか、世界のどこで働けるのかなども重要視したいと考えます。

――個人の成長を促すとともに、新規事業創出のために社内連携のTeamG（Gはジェネレーション＝創出）を設立しています。どのような取り組みをしていますか。

内藤　TeamGは社会課題を解決するために、研究開発など３つの異なる部署がバーチャルに集まり、事業の創出を手がけてきており、今期から事業創出本部として活動しています。これまでは個々のグループ会社を尊重する意味で独自性を尊重してきましたが、全体として統一目標を作り、グループ会社も同じ方向性で動いていくという考え方に変わっ

■ ウシオグループの2030年に向けた企業理念と長期ビジョン

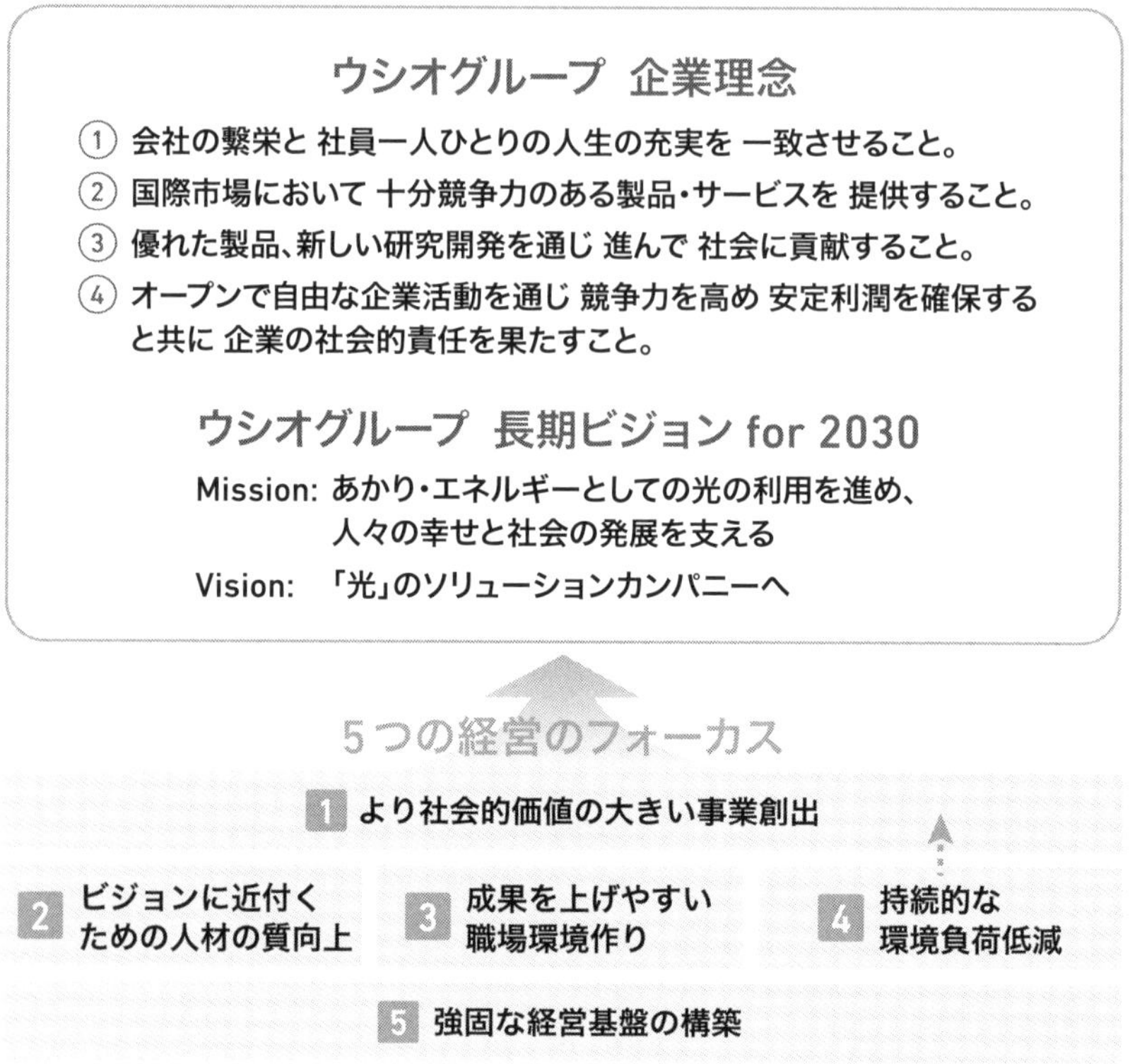
ウシオグループ　企業理念
① 会社の繁栄と 社員一人ひとりの人生の充実を 一致させること。
② 国際市場において 十分競争力のある製品・サービスを 提供すること。
③ 優れた製品、新しい研究開発を通じ 進んで 社会に貢献すること。
④ オープンで自由な企業活動を通じ 競争力を高め 安定利潤を確保すると共に 企業の社会的責任を果たすこと。
ウシオグループ　長期ビジョン for 2030
Mission: あかり・エネルギーとしての光の利用を進め、人々の幸せと社会の発展を支える
Vision: 「光」のソリューションカンパニーへ
5つの経営のフォーカス
1 より社会的価値の大きい事業創出
2 ビジョンに近付くための人材の質向上
3 成果を上げやすい職場環境作り
4 持続的な環境負荷低減
5 強固な経営基盤の構築

企業理念が示すESG経営の考えを追求し、2030年の在りたい姿を定めた。社会的価値向上が経済的成長にもつながる考えから、5つの経営のフォーカスを設定した

出所：ウシオ電機

てきています。

紫外線除菌技術が好評

――紫外線除菌技術Care222（ケア・ツーツーツー）が注目を集めています。成長性についてはどう考えますか。

内藤　従来の半導体やフラットパネルディスプレーといったインダストリアルプロセス（製造工程）や、映画館やプロジェクションマッピングなどのビジュアルイメージング（映像装置）に加えて、Care222のように、人々の安心、安全、健康につながるライフサイエンス事業にも力を入れていきたいと考えています。

Care222は米国のコロンビア大

学と提携し開発した、人体に悪影響を及ぼさない紫外線による抗ウイルス・除菌技術です。昨今のウイルス対策へのニーズが高まり、好評を得ています。これまでのようにお客様の要望に応えて開発するというプロセスではなく、用途やニーズについて自らシナリオを決めて取り組みました。

ライフサイエンスの分野は日々勉強を要します。試行錯誤もありますが、中長期的に潜在的な成長力があります。Care222は将来の成長を見込んでいます。

ライフサイエンス分野では、脱炭素実現の切り札の技術として注目されている、直接空気回収（ＤＡＣ）技術で取り込んだ温室効果ガスを光で分解するシステムや、太陽電池と蓄電システムを組み合わせた循環システム（太陽光シェアリング）などの開発を進めています。

――ＥＳＧ経営に注力する上で、どのような課題がありますか。

内藤　経営陣の思いを社員にどう伝えていくかが課題です。ＥＳＧ推進本部を立ち上げて経営陣と社員をつなぎ、メッセージを共有しています。ＥＳＧ経営の考え方を仕組みとして取り入れ、例えば役員報酬につなげていくといったことも同時に取り組んでいきたいと考えています。

聞き手：酒井 耕一（日経ＥＳＧ発行人）

佐々木 一郎 氏

ブラザー工業

代表取締役社長

佐々木 一郎（ささき・いちろう）氏：1957年愛知県生まれ。83年名古屋大学大学院工学研究科修了後、ブラザー工業入社。2005年ブラザーU.K.取締役社長、09年ブラザー工業執行役員、13年常務執行役員、14年取締役常務執行役員、16年代表取締役常務執行役員、17年代表取締役専務執行役員、18年6月より現職

写真：上野 英和

顧客に寄り添って課題解決

顧客の立場を重んじる創業の精神で経営改革を進める。
産業用ビジネス強化と高付加価値製品への移行が軸となる。

（役職名・肩書を含む全ての情報は、「日経ESG」2022年12月号掲載時点のものです）

――グループビジョン「At your side 2030」を推進しています。概要を教えてください。

佐々木　２０３０年の在りたい姿を、「世界中の〝あなた〟の生産性と創造性をすぐそばで支え、社会の発展と地球の未来に貢献する」と定義しました。30年に会社を担う40代のメンバーが中心となり、俯瞰《ふかん》的に会社の将来を検討しました。「At your side」は、常にお客様の立場で行動するという創業以来の精神で、持続的に優れた価値を創造するという考え方です。

中期戦略「ＣＳ Ｂ２０２４」では、24年度までの３カ年を対象に４つの戦略テーマを掲げました。産業用とプリンティング領域の変容を進め、未来の事業ポートフォリオにつながる新規事業の創出と、これらを支える経営基盤の変革を目標にしています。

――事業ポートフォリオの変革で重視する点は何でしょうか。

佐々木　低価格のＢtoＣ向け製品ではなく、産業用機器やオフィス向けといった高付加価値の製品に軸足を移します。24年度には産業用ビジネスで全体の売り上げ目標８０００億円のうち３０００億円を、30年度には売り上げ目標１兆円の半分に当たる５０００億円達成を目指します。

事業ポートフォリオの変革や環境対応、事業継続計画への対応やＭ＆Ａ（合併・買収）などに向けて、自己資金や借り入れを含めて１５００億円を長期的な視点で投資します。

当社の工作機械はミシンの製造装置を外販したことから始まりました。小型・低消費電力が特徴で、自動車部品、医療機器などの加工に強みがあります。導入先の工場の消費電力削減、温室効果ガスの排出削減にもつながります。お客様の環境課題の解決に貢献していくためにも、認知度の向上に努めて拡販していきます。

■ 2030年に向けてブラザーグループのビジョンを策定

ブラザーグループビジョン “At your side 2030”

あり続けたい姿

世界中の “あなた” の生産性と創造性をすぐそばで支え、社会の発展と地球の未来に貢献する

価値の提供方法

多様な独自技術とグローバルネットワークを強みに、お客様の成功へのボトルネックを見つけ解消する

注力領域

- **産業用領域のかけがえのないパートナーになる**
- **プリンティングのオンリーワンを極め、次を切り拓く**

出所：ブラザー工業

顧客の要望をすぐに反映

——研究開発の現場はどのように変わりましたか。

佐々木　これまで以上にお客様とのつながりを重視するようになりました。プリンティング&ソリューションズ事業では、従来からお客様の声を製品開発に生かす風土がありました。こうした取り組みを強化して、開発者を販売現場に派遣する機会を増やすことで、さらにお客様の要望を反映した製品開発をしています。

最近では、A4サイズの用紙を自動でA5にカットできるカッティングプリンターを開発しました。

一部の工作機械においては開発段階でお客様に導入してもらい、改善しながら製品化を進めていくことで、開発スピードと顧客満足度も上がっています。

産業用のBtoB製品と、販売量が大きいBtoC製品の両方の事業があることも当社の強みです。例えば、深刻な半導体不足の状況でも、BtoC向けの半導体をBtoBに転用することで必要な量を賄えます。また、産業機器は景気変動の影響を受けやすいのですが、BtoC製品があることでリスクヘッジが可能となります。

――サステナビリティにはどのように取り組んでいますか。

佐々木　社内にサステナビリティ委員会を立ち上げ、部門横断で議論しながらスピード感を持って進めています。環境課題は気候変動対応戦略部を司令塔に、中長期目標と年次目標を管理しています。

世界各地の工場や拠点で、太陽光パネルの設置やグリーン電力の購入など、省エネ活動を推進しています。資源循環については、リサイクル率の向上に向けて事業ごとに目標を設定しています。

グローバルで事業を行なうためには、環境負荷が低いことが前提です。その上でコスト削減をしていくというように、ビジネスの前提が大きく変わりました。

欧州ではリサイクルに取り組んでいない企業は、政府の入札に参加できません。取引先からは責任あるサプライチェーンの認証取得を求められるなど、環境対応への要求やレベルは上がっています。

――人材投資や従業員のエンゲージメントの重要性をどのように考えていますか。

佐々木　事務系や理系という区別なく、１人でも多くの社員がデジタル人材となっていくよう育成していきます。論理的に物事を考える力を身に付けることは、社員が長く働き続けていくためにも大切です。

業務をデジタル化するために作業を見える化して、仕事を属人化しないようにしました。お客様に真に価値のある製品を提供するため、作業の効率化を進めています。デジタルトランスフォーメーション（ＤＸ）に取り組むことで、顧客満足度を高め、従業員の働きがいと幸せにつながるようにしていきたいと考えています。

聞き手：酒井　耕一（日経ＥＳＧ発行人）

貝沼 由久 氏
ミネベアミツミ
代表取締役会長 兼 社長執行役員
(CEO&COO)

貝沼 由久（かいぬま・よしひさ）氏：1956年生まれ。78年慶応義塾大学法学部卒業、87年米ハーバード大学ロースクール法学修士課程修了。日本とニューヨークで弁護士として活動した後、88年ミネベア（現ミネベアミツミ）に取締役法務担当として入社。2009年から同社代表取締役社長を務める。ミツミ電機との経営統合により、17年より現職

写真：吉澤 咲子

新時代の道路灯で社会課題に挑む

無線ネットワークでつながり、一元管理できる
道路灯「スマートライティング」を各地で展開している。
脱炭素や省資源化への鍵になるとともに、
「スマートシティ」の実現に貢献する。

（役職名・肩書を含む全ての情報は、「日経ESG」2022年12月号掲載時点のものです）

――最近、「スマートライティング」に多くの自治体から引き合いが来ているようです。

貝沼　「スマートライティング」は無線機能付きのＬＥＤ道路灯です。無線通信を利用して、時間帯や周辺環境に合わせて点灯・消灯はもちろん、明るさを自在にコントロールできます。点灯状況や消費電力量はクラウド上で一元管理できるので、遠隔操作やモニタリングが可能になり、運用管理の省力化が図れます。道路灯自体が高効率な上に、道路の利用状況や周辺の明るさに応じて調光できるため、無駄な電力を省き、CO_2排出量削減につながります。

スマートライティングを開発したのは２０１３年頃です。昨今、脱炭素実現への動きに加え、世界的な電力不足により省エネルギー化が求められていることを背景に注目度が高まり、国内外の自治体から問い合わせが相次いでいます。

――スマートライティングをベースとした「スマートシティ」への取り組みについて教えてください。

貝沼　スマートライティングの特徴である拡張性を生かして、「スマートシティソリューション」を提供しています。スマートライティングに温度、湿度、気圧、風速などが計測できる環境センサーや雨量計、冠水計、電力計、監視カメラなどを組み合わせ、データを収集・管理できるシステムです。各種センサーのデータは、自治体が住民に注意や避難を促す判断材料になります。防災・防犯対策として役立ち、利便性や安全性の高い街づくりに貢献します。

今はあくまで基本的な取り組みの段階です。道路灯の支柱は設置された位置を正確に認識できるため、将来的に車の自動運転などが開始される際に、この位置情報が大きな価値を生むと考えています。

多様性でシナジーを生む

――精密部品メーカーが、なぜスマートシティソリューションを手がけているのですか。

貝沼　ミニチュアベアリングメーカーとして出発した当社は、企業内部の経営資源を生かしたオーガニックな成長とＭ

■「スマートシティソリューション」システム概要

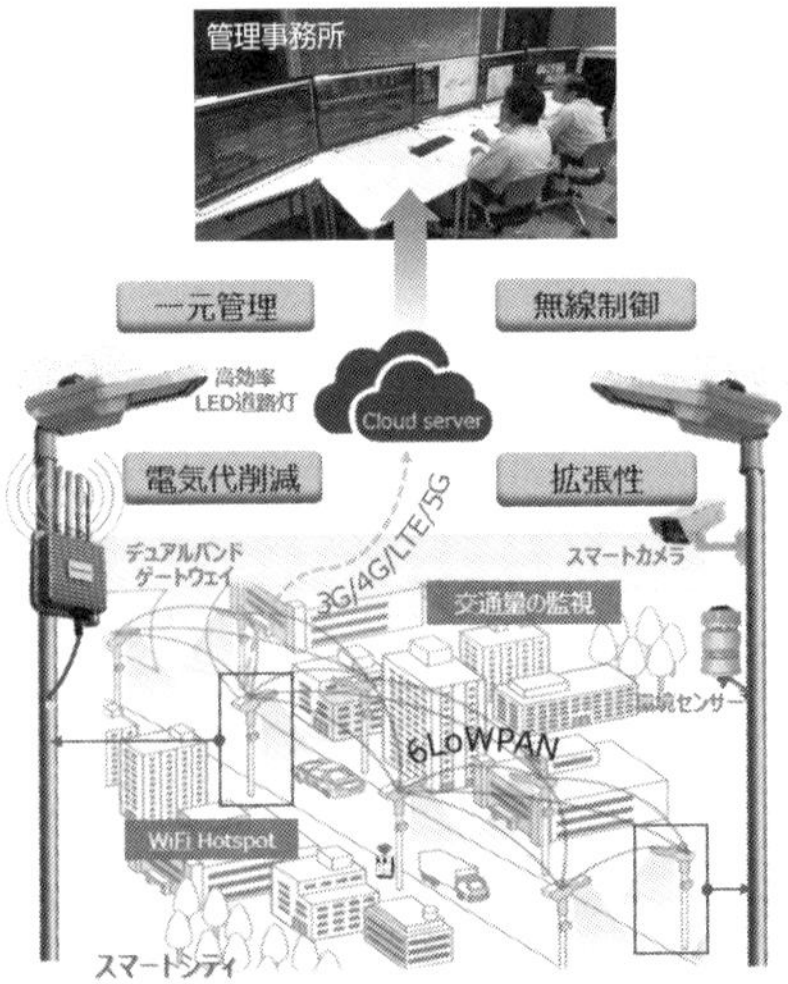

「スマートライティング」を導入している那須塩原市では、2022年3月、政府の節電要請に応じて迅速に調光箇所を選んだ。交通量の多い交差点の調光はせず、遊歩道など特定道路のみ50%の調光を実施して節電に対応した

■「スマートライティング」設置実績

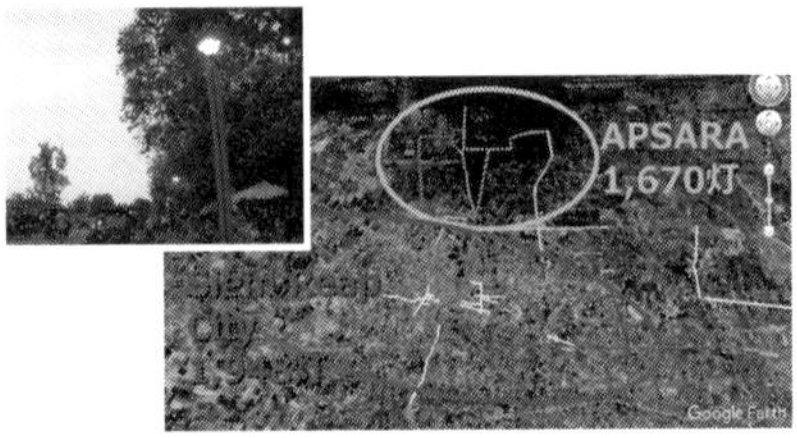

JCMプロジェクトによってカンボジア全州に「スマートライティング」を展開し、経済発展に欠かせない道路整備に貢献している。既に構築された無線ネットワークに各種センサーを搭載し、スマートシティ化を進めていく

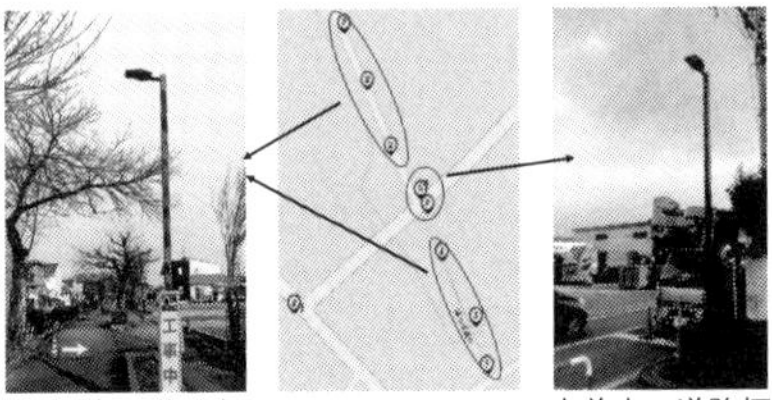

遊歩道の道路灯（50％調光）

交差点の道路灯（調光なし）

出所：ミネベアミツミ

＆Ａ（合併・買収）によって、モーターやセンサー、半導体などを製造する総合精密部品メーカーに成長しました。加えて「経営の本質はサステナビリティ」との考えから、リスク分散と社会課題への貢献を重視してきました。様々なインダストリーへの参入に当たり、インフラ分野を強化したいと考え、当社の多様なテクノロジーを埋め込むことができて社会課題を解決できるスマートシティソリューションも、サステナビリティ戦略の柱の１つとして開発を進めてきました。

――代表的な事例を教えてください。

貝沼　当社は、環境省の「二国間クレジット制度（ＪＣＭ）を利用したプロジェクト設備補助事業」に採択され、カンボジアでスマートライティングを展開しています。同プロジェクトを含めて同国内に１万灯以上を設置し、21年度実績で電気代を65％削減しました。

国内では22年から栃木県那須塩原市がスマートライティングを導入しています。同年３月に福島県沖で震度６強の地震が発生して大規模な停電が起きた際は、道路灯の光量を落として政府の節電要請に対応しました。また、当社と日本気象協会が連携し、環境センサーのデータを用いて太陽光発電の出力予測の実証実験に取り組むなど、様々な用途での活用を進めています。

――今後の展望を聞かせてください。

貝沼　社会課題解決に向けた製品づくりは、一事業部では担えません。そこで、今年10月にクロステック事業本部を立ち上げました。各事業部のエンジニアが集結し、社内の知見を生かして先進的な製品開発を行なっていきます。最近経営統合した本多通信工業の子会社であるソフトウエア会社からは、２６０人もの技術者が当社に異動しました。

こうした多様なテクノロジーのスキルを融合することでシナジーを生み出し、社会に貢献しながら持続的に成長していく考えです。

聞き手：安達 功（日経ＢＰ 総合研究所フェロー）

代表取締役社長 グループCEO
三井倉庫ホールディングス
古賀 博文 氏

古賀 博文（こが・ひろぶみ）氏：1981年慶応義塾大学商学部卒業後、三井銀行（現三井住友銀行）入社。2013年常務執行役員、14年三井倉庫ホールディングス入社、同年取締役上級執行役員、16年常務取締役、17年より現職

写真：吉澤 咲子

物流の総合力で持続可能性を提供

物流を通じてサプライチェーンが直面する課題を解決し、
顧客の価値創造の支援を目指す。
環境・労働力・災害の3つのリスクに備え、
サステナビリティを支援する「SustainaLink」の提供を始めた。

（役職名・肩書を含む全ての情報は、「日経ESG」2023年2月号掲載時点のものです）

――２０２２年５月にグループ理念を見直しました。

古賀　コロナ禍やロシアのウクライナ侵攻の影響でサプライチェーンを維持する必要性が高まり、経営者の物流への意識が変わりました。こうした社会環境の変化に伴い、組織全体で確固たる価値観を築くためにグループ理念「パーパス」「ビジョン」「バリュー」を刷新しました。物流企業は今、二極化しています。お客様にソリューションを提供できる企業と、できない企業です。前者になるために今、当社グループは深化による攻勢の時を迎えています。

――グループ理念の具体的な内容を教えてください。

古賀　パーパスは「社会を止めない。進化をつなぐ。」です。医薬品の物流を担う中で、コロナ禍でサプライチェーンが止まることは人の命に関わると再認識しました。暮らしと経済の最前線を支え、お客様と社会をつなぐ存在でありたいとの思いを込めました。ビジョンは「いつも、いざも、これからも。共創する物流ソリューションパートナー」です。ステークホルダーと共創しお客様の課題を解決したいという思いです。

パーパスとビジョン実現のための行動指針が４つのバリューです。責任と誇りを持つ「PRIDE」、提案力と実行力を備える「CHALLENGE」、進化の起点である現場を重視する「GEMBA」、多様な人材を受け入れて新たな価値を見いだす「RESPECT」です。

３つのリスクに備える

――新グループ理念で目指す成長戦略とはどのようなものですか。

古賀　グループの総合力結集によるトップライン成長の１つとして掲げたのが、サステナビリティ対応ビジネスです。このビジネスを具現化するサービス「SustainaLink（サステナリンク）」の提供を始めました。物流業界が直面する「環

■ 三井倉庫グループのSustainaLinkサービスの概要

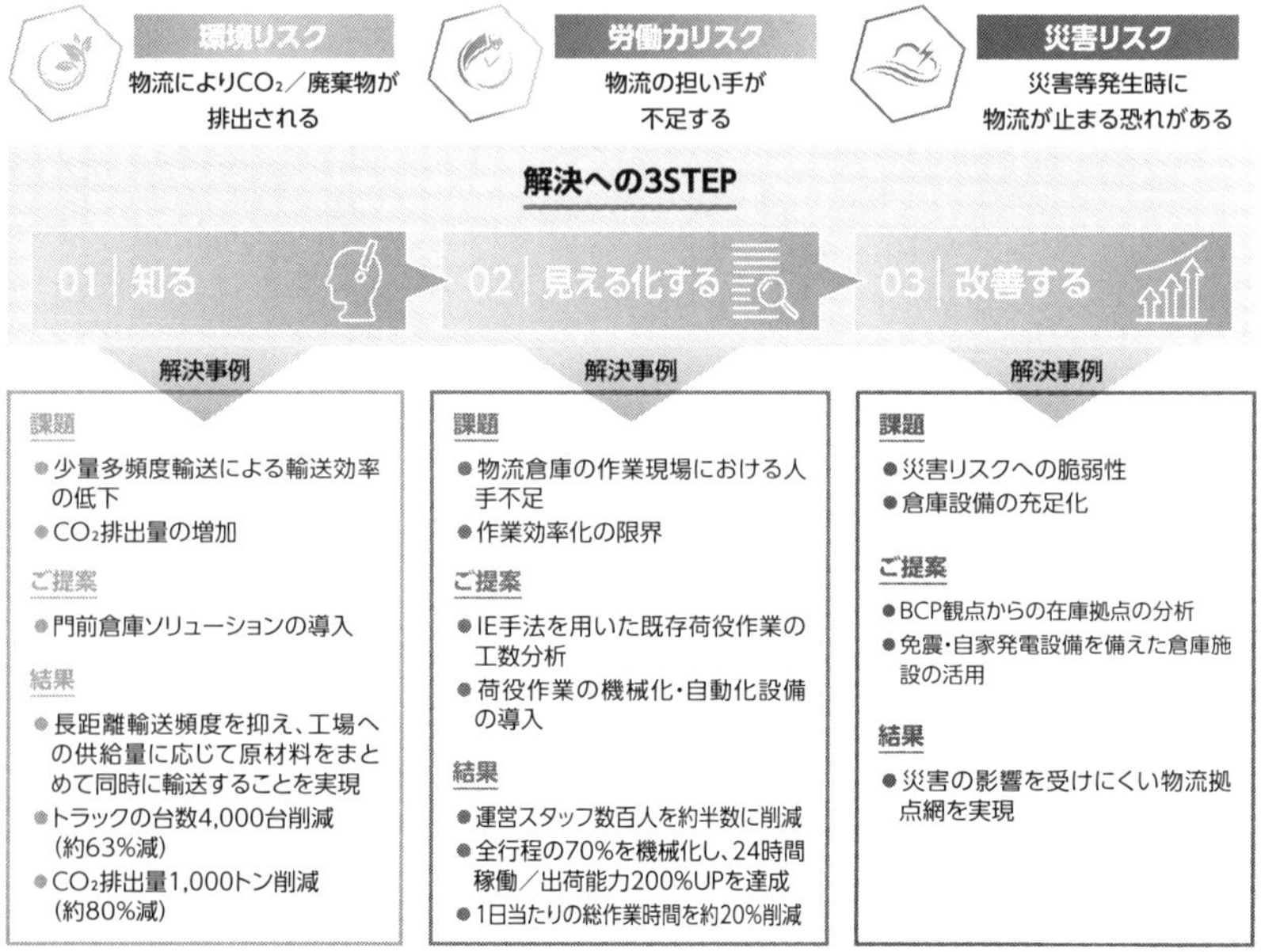

環境リスク
物流によりCO_2／廃棄物が排出される
労働力リスク
物流の担い手が不足する
災害リスク
災害等発生時に物流が止まる恐れがある
解決への3STEP
01 知る
02 見える化する
03 改善する
解決事例
課題
●少量多頻度輸送による輸送効率の低下
●CO_2排出量の増加
ご提案
●門前倉庫ソリューションの導入
結果
●長距離輸送頻度を抑え、工場への供給量に応じて原材料をまとめて同時に輸送することを実現
●トラックの台数4,000台削減（約63%減）
●CO_2排出量1,000トン削減（約80%減）
解決事例
課題
●物流倉庫の作業現場における人手不足
●作業効率化の限界
ご提案
●IE手法を用いた既存荷役作業の工数分析
●荷役作業の機械化・自動化設備の導入
結果
●運営スタッフ数百人を約半数に削減
●全行程の70%を機械化し、24時間稼働／出荷能力200%UPを達成
●1日当たりの総作業時間を約20%削減
解決事例
課題
●災害リスクへの脆弱性
●倉庫設備の充足化
ご提案
●BCP観点からの在庫拠点の分析
●免震・自家発電設備を備えた倉庫施設の活用
結果
●災害の影響を受けにくい物流拠点網を実現

［環境リスク対応の優位性］　精緻なCO_2算定から、物流専門知見による分析・実物流による削減まで一気通貫で課題解決
可視化：国際基準の算定方法でグローバル全域・全輸送モードに対応（第三者機関による妥当性評価を取得）
削減：QCDも考慮した輸送モード・経由拠点などの豊富な選択肢を組み合わせたCO_2排出量削減プランを策定

出所：三井倉庫ホールディングス

境」「労働力」「災害」の3つのリスクの解決を支援します。

環境リスクでは、気候変動対策として重要視されているCO_2削減に向けて、可視化と物流知見を通して物流オペレーションの変革を提案します。労働力リスクは、ドライバーの高齢化問題や時間外労働の上限規制による物流業界の「2024年問題」などに対応します。災害リスクは事業継続計画（BCP）対策に直結します。倉庫や工場でのリスクを可視化し、分散配置などを提案します。

お客様の課題解決を支援する中で見えてくるのは、3つのリスクへの対策が関連付いていることです。

——トータルソリューションが不可欠ということですね。

古賀　サステナリンクでは特に環境リスクにおける物流特化のCO_2算定システム開発などの「可視化」と、可視化したデータを分析しサプライチェーンを網羅したCO_2削減を実行する「削減」のソリューションにお客様から反響をいただいています。

サステナリンクのトータルソリューションは、倉庫だけでは提案できません。当社では陸送以外に航空貨物や海上貨物、国際物流も提供しています。特にグローバル企業にとって、海外も含めてCO_2削減などの可視化や数値の算出は不可欠です。海外も含めたCO_2算出を精緻に行ない、それを実物流の削減までつなげられるのは当社の大きな強みです。

CO_2排出を簡易算定できる算定ツール「MS CO_2 Navigator」を無償で公開し、取り組みの裾野の広がりにも貢献しています。

――環境負荷低減の貨物輸送に転換する、モーダルシフトの事例で表彰されました。

古賀　日本物流団体連合会の「令和４年度モーダルシフト最優良事業者賞（大賞）」に、当社の「建設機械の海上輸送へのモーダルシフト」が選ばれました。九州から北海道まで大型建設機械を運搬する際に、一部のルートを従来のトラック輸送から船舶による海上輸送に切り替え、90％のモーダルシフトに成功しました。

――トップラインの成長に向けた取り組みを教えてください。

古賀　22年10月に、危険物物流に対して優れたノウハウを持つ物流会社と戦略的パートナーシップを結びました。顧客のカーボンニュートラルに向け、提携も含めて総合力を高めます。

物流には多くの企業が関わるので、お客様のサステナビリティを当社が支援できれば社会貢献につながります。自社の企業価値向上と社会貢献を両輪として、サステナビリティ経営に取り組んでいきます。

聞き手：藤井 省吾（日経ＢＰ 総合研究所主席研究員）

杉浦 克典 氏

スギホールディングス
代表取締役社長

杉浦 克典（すぎうら・かつのり）氏：岐阜薬科大学卒業後、2003年ジョンソン・エンド・ジョンソン入社。06年スギ薬局入社、常務取締役営業本部長、同事業本部長を経て17年スギ薬局社長、18年スギホールディングス副社長、21年より現職

写真：上野 英和

トータルヘルスケアで地域社会に貢献

セルフケアから医療・服薬、介護・生活支援まで、
人生の各ステージで健康をトータルに支援する。
人材活用とDXを両輪として、
お客様の健康で豊かな生活と地域医療を支える。

（役職名・肩書を含む全ての情報は、「日経ESG」2023年1月号掲載時点のものです）

――２０２１年に設定したマテリアリティ（重要課題）について聞かせてください。

杉浦　まず事業面で将来にわたって提供していくべき課題を洗い出し、その上で地球環境への貢献など世界的な課題を明らかにしました。これらを付き合わせて、５つのテーマと16の重要課題に整理しました。

私たちが展開するスギ薬局は「地域社会への貢献」と、「社員一人ひとりの幸福（しあわせ）を前提としたお客様の幸福（しあわせ）」を経営理念に掲げています。それを基に健康やヘルスケア、医療をキーワードに、全てのお客様とつながりたいという「トータルヘルスケア戦略」を打ち出しています。

人の一生をセルフケア領域、医療・服薬領域、介護・生活支援領域の３つのステージに分け、お客様との接点を持つことにより、各ステージでデジタルとリアルを融合させた最適な商品・サービスを提供します。

――デジタルトランスフォーメーション（ＤＸ）にも力を入れています。

杉浦　スギ薬局の優位性は、薬剤師や管理栄養士、ビューティアドバイザー、医薬品登録販売者、店舗で働く一般社員やパートナーといった「人」にあります。デジタルをうまく活用することで提供価値が大きく向上し、優位性を強化できます。

例えばオンラインを使うと、ある店舗の専門家がその枠を超えて多くのお客様に情報を伝えてお役に立つことができます。このようにＤＸでリソースを有効に生かせるのです。

――価値創造のプロセスで、顧客生涯価値（Life Time Value）の最大化を掲げています。

杉浦　当社の事業は、医薬品を含む物品販売と処方箋調剤に分けられます。これまでは販売促進による売り上げ増、処方箋の獲得枚数、サービスの拡大で成長してきました。今後はお客様の健康ステージに合わせて生涯に寄り添い、信頼関係を築いていくことを目指します。

ポイント会員制度は、カード会員に加えてスマートフォンのアプリ会員の加入にも力を入れています。どんな商品を

■ スギホールディングスのトータルヘルスケア戦略の概要

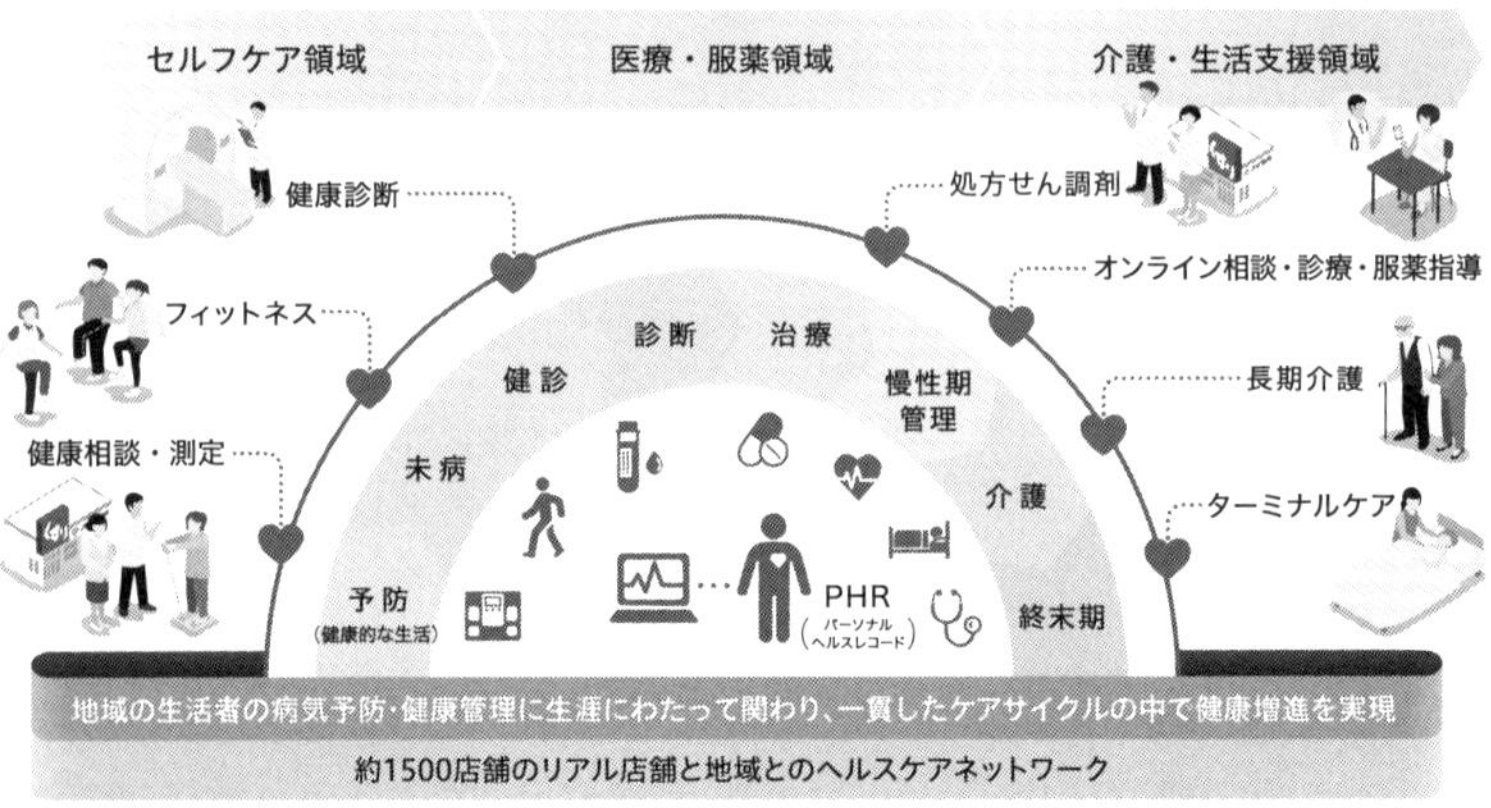

人の一生をセルフケア領域、医療・服薬領域、介護・生活支援領域に分け、リアルとデジタルを融合させて商品・サービスを提供し、顧客生涯価値の最大化を図る

出所：スギホールディングス

購入し、何の病気の薬を処方されているかなどの情報をデータベース化して、お客様との接点履歴を全店で統合・活用します。ポイントカード会員は既に1100万人を超えており、そこから製品やサービスを提案して価値を高めています。

データ解析で健診を促す

――健康診断受診率向上の取り組みも進めています。

杉浦　自治体は積極的に市民健診を行なっていますが、検診結果に対する地域の皆様の対応は様々です。健診を健康維持と病気の早期発見に役立てるためには、検診結果を医師の診断を受ける動機にすることが重要です。

そこで一人ひとりの検診結果をビッグデータと予測モデルで分析し、脳卒中・心筋梗塞・糖尿病を発症する統計確率や、同性同年齢の中での各健診値について、100人中の順位などを算出しました。これらの情報は医師の診断を受ける動機になります。

健診受診率の向上は行政にとっても大きな課題なので、レポートは自治体向けにも展開しています。取り組み自体が社会的な課題の解決に寄与し、地域社会への貢献になると自負しています。

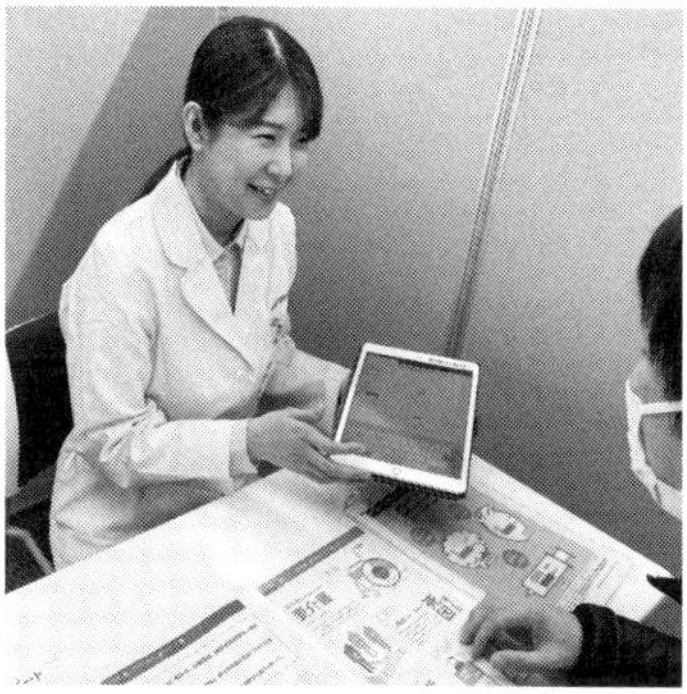

管理栄養士による生活習慣病リスクレポートを用いたカウンセリング

出所：スギホールディングス

――脱炭素社会に向けて、CO_2削減をどのように進めていきますか。

杉浦　企業活動と技術の進歩とのバランスを取りながら、削減目標の達成に向けて取り組んでいます。節電については、運営面でのコントロールに加えて、省エネ設備の入れ替えを進めます。年間約110店ある新規出店店舗での省エネ、使用電力平準化のためのエネルギーマネジメントシステム（EMS）の実証実験も行なっています。

再生可能エネルギーの利用では、自社所有型、オンサイト型コーポレートPPA（第三者所有型）、オフサイトPPAの活用を進めていきます。

CO_2削減の取り組みで精緻な見積もりが難しいのがスコープ3です。当社は商品の調達が最も大きな比率を占めるため、サプライチェーン全体で考える必要があります。同じ志を持つ卸業者やメーカーと連携して、取り組みを進めていきます。

聞き手：酒井　耕一（日経ESG発行人）

三津原 庸介 氏

日本調剤

代表取締役社長

三津原 庸介（みつはら・ようすけ）氏：1999年日本調剤入社後、経営企画部長、営業推進部長を歴任。東京証券取引所市場第一部上場の責任者として管理体制を整備・構築した。その後、事業全般、M&A（合併・買収）、広報、薬剤師採用、電子お薬手帳、新規事業の責任者として従事、2014年同社取締役に就任。常務取締役・専務取締役を経て、19年より現職

写真：吉澤 咲子

医療の最前線で社会課題に向き合う

2022年からサステナビリティ経営を本格化し、着実に取り組みを進めている。医療を主軸とした事業アプローチにより、社会の持続可能性を追求する。

（役職名・肩書を含む全ての情報は、「日経ESG」2023年4月号掲載時点のものです）

――２０２１年12月に、特定した21のマテリアリティ（重要課題）とそのプロセスを公表し、本格的にサステナビリティ経営を進めてきました。

三津原　当社は全国に展開する調剤薬局事業を中心に、ジェネリックを主とした医薬品製造販売、在宅医療に関する取り組み、医療従事者派遣紹介、医薬コンサルティングなど、ヘルスケアをテーマに事業を広げてきました。当社のミッションを徹底的に考え、様々な社会課題に挑戦してきた結果だと考えています。

時代と共に薬局や薬剤師の果たすべき社会的な役割も拡大しています。そうした中、日本調剤グループが一体となり、より持続可能な社会への貢献と企業価値を高める取り組みを加速するため、マテリアリティを特定しました。それ以来、マテリアリティに沿って考え、行動することで、サステナビリティ経営を浸透・実践することに努めています。その一環として実行したのが、社内外への情報開示です。

――実際に開示した事項について教えてください。

三津原　当社の存在意義をあらためて定義し、22年４月に「すべての人の『生きる』に向き合う」をグループ理念（私たちの使命）として掲げました。この使命をまっとうするため、サステナビリティを巡る課題への対応が経営の重要事項と考え、「倫理行動指針」「人権方針」「環境方針」「調達基本方針・サプライヤー行動規範」の４つの方針を策定し、発表しました。これらの方針に基づき、企業活動を進めていくことで、強固な経営基盤の構築とサステナブルな社会の実現を目指します。

ステークホルダーに対し、当社のＥＳＧにおけるサステナビリティ情報を一元的に開示することを目的に、「Sustainability Data Book」を公開しました。この中で、マテリアリティごとのＫＰＩ（重要業績評価指標）も明示しています。

サステナビリティ経営では気候変動への対応も重視し、22年６月に気候関連財務情報開示タスクフォース（ＴＣＦＤ）

■ 日本調剤グループの持続可能な生産体制への取り組みの例

日本ジェネリックのつくば第二工場（茨城県つくば市）では、22年4月より自家消費型太陽光発電を運用している。年間約90万kWhの発電量と、年間340tのCO_2排出量の削減を見込む
出所：日本ジェネリック

による提言に賛同しました。TCFD提言が推奨する4つの項目「ガバナンス」「戦略」「リスク管理」「指標と目標」について内容を決定し、CO_2排出量削減目標も含めて情報を開示しています。

地域の持続可能性を高める

――サステナビリティ経営を進める中で、手応えを感じていることはありますか。

三津原　大きく2つの気付きを得ました。1つは、サステナビリティ経営が生み出す成果は、地域の生活基盤の持続可能性を高めることに直結するということです。その一例が、脱炭素社会への貢献です。当社では50年のカーボンニュートラル達成を見据え、30年までに調剤薬局事業では1店舗当たりのCO_2排出量を20年度比で30％減、医薬品製造販売事業においては、生産錠数1億錠当たりのCO_2排出量を20年度比で30％減という目標を掲げています。

その実現に向けて、700店舗を超える当社の調剤薬局では、照明器具をLEDに替えるなど環境に配慮した店舗造りをはじめ、エコバッグの推奨、残薬の削減などを通じて環境負荷の低減に取り組んでいます。

医薬品製造販売事業では、22年2月にグループ会社である日本ジェネリックのつくば工場、つくば研究所において、東京ガスのカーボンニュートラル都市ガスを導入するとともに、日本ジェネリックがカーボンニュートラルＬＮＧバイヤーズアライアンスに加盟しました。これにより、３事業所では合計で年間約４０００ｔのCO_2削減を見込んでいます。加えて、つくば第二工場では自家消費型太陽光発電も導入しています。

自社での脱炭素に向けた取り組みを行なう一方、今後は地域単位で使用電力をクリーンにすることも検討していきます。当社店舗はテナントとして入居するケースが大半を占め、他のテナントと同居する割合が高くなっています。オーナーや他のテナントと一緒に問題解決に当たり、ビル一体で電力をクリーンにするモデルを構築できれば、再現性のある事例として地域に還元できると考えています。

――地域の医療インフラとしての機能も拡大しています。

三津原　当社では継続するコロナ禍において各都道府県に協力した調剤薬局での無料ＰＣＲ・抗原検査の実施や、医療用ないし一般用抗原検査キット、インフルエンザの同時検査キットなどを提供してきました。まだ罹患していない方に薬局をご利用いただくシーンが確実に増えました。

当社はオンライン薬局サービスにも注力しています。患者様は家にいながらオンライン服薬指導を受けられ、薬も配送受け取りを選べるため、医療過疎地域での医療インフラの維持が可能となります。

第８波ともいわれる新型コロナの流行の中では、各自治体の臨時発熱外来対応の処方箋応需、処方薬配送にも、当社のオンライン薬局サービスを活用して協力してきました。こうした取り組みにより、地域医療の持続可能性に寄与しています。

■ 内航船上でのオンライン診療・オンライン服薬指導実施の流れ

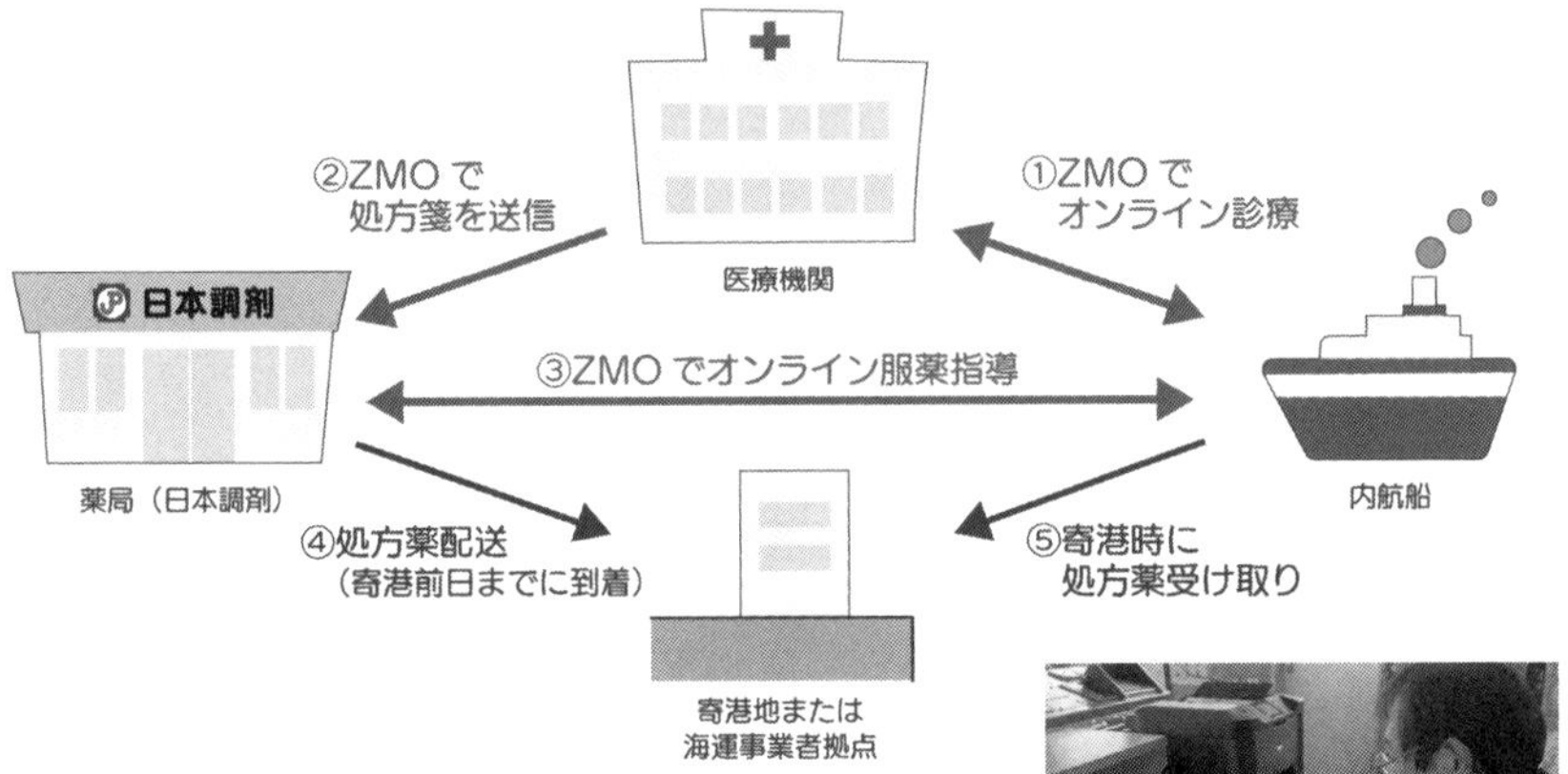

※ZMO：ゼクトが開発したオンライン
診療システム
「ゼクト・メディカル・オンライン」
出所：日本調剤

船上でのオンライン服薬指導実施により、日本の物流を支える内航船員の健康確保をサポートする

現場起点で新たな動き

——もう1つの気付きについて聞かせてください。

三津原　当社が向き合うステークホルダーが、より鮮明に浮かび上がったということです。既に現場起点で新たなステークホルダーへのアプローチが始まっています。

　その1つが、内航船員への船上でのオンライン服薬指導です。日常生活に必要な物資の流通を支える内航船員は、エッセンシャルワーカーとしての重要性が再認識されています。しかしながら、就業環境は良好とはいえず、3カ月間乗船を続け、その後1カ月間休むといった不規則な勤務により、陸上労働者と比べて疾病率が約2倍も高くなっています。

　こうした状況の中、当社および病院などで情報セキュリティコンサルティングを手掛けるゼクト（東京都千代田区）、三楽病院（東京都千代田区）が協働し、慢性疾患を抱える内航船員の治療や服薬をサポートする体制を整備しました。船上でのオンラインによる診療や服薬指導、寄港時の処方薬受け取りにより、長期間の乗船でも陸上と同等の医療サービス

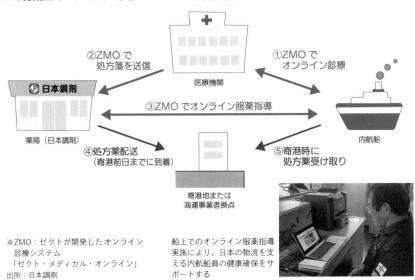

を提供することができます。

――店舗では盲ろうの方々への支援にも取り組んでいます。

三津原　当社では「難病や障がいなどの医療福祉領域への支援」をマテリアリティに掲げています。実際の課題を探る中で、筑波大学附属視覚特別支援学校との接点を持ちました。同校と連携し、当社店舗で、「盲ろう児への支援を啓蒙・啓発するリーフレット」を配布しています。盲ろうの子供を持つ家庭には、本来受けられる支援に関する情報が十分に行き届いていないなどの課題があります。盲ろうの子供たちに教育などの支援が届く一助となるよう、活動を進めています。

こうした取り組みを通じて、難病や障害のある患者様を取り巻くコミュニティーとの関係も生まれています。現場レベルでも、全ての人の「生きる」に向き合うためには何をすべきか、どんなステークホルダーがいるか、ということに想像力を働かせていることを感じています。

――23年1月から電子処方箋が始まりました。医療デジタルトランスフォーメーション（DX）は、ヘルスケアのサステナビリティにどう貢献しますか。

三津原　紙の処方箋が電子化されることで、医療機関や調剤薬局において患者様の医療情報や薬歴情報などを瞬時に共有できるようになります。これにより医療事故を防止し、医療の質の向上につながっていくでしょう。

電子処方箋の開始により、医療ＤＸは今後さらに拡大していくことが期待されます。当社では、以前から調剤システムを中心とした様々な医療におけるＩＣＴ（情報通信技術）ツールを自社で開発・運用し、ＤＸに力を入れてきました。そして、今や同業他社に先行したＤＸへの取り組みは、大きな競争優位性となりつつあります。

例えば、20年のオンライン服薬指導解禁に合わせて、いち早く自社開発のオンライン薬局サービス「Ｎ・ｉＣＯＭＳ（ニコムス）」を全国の薬局で展開し始めました。先ほど述べた自治体の臨時発熱外来への協力などは、このオンラインのシステムがあったからこそといえます。

23年1月には、ツクイ（横浜市）のデイサービスご利用者へのオンライン服薬指導サービスの提供や、「J：COMオンライン診療」、オンライン診療「LINEドクター」に対応するオンライン服薬指導サービスの提供など、次々とDX関連の取り組みを発表しました。医療DXはヘルスケアのサステナビリティの根幹を成すものであり、新たな取り組みの可能性を広げるものと考え、手を緩めることなく加速していきます。

多様性と専門性を重視

――マテリアリティの中で「多様な人材の育成と活躍」を掲げ、人的資本経営にも取り組んでいます。


三津原　厚生労働省が15年に策定した「患者のための薬局ビジョン」が示すように、薬局・薬剤師の役割は対物業務から対人業務へとシフトしています。改正薬機法に基づき、21年8月からは特定機能を有する薬局を都道府県知事が認定する制度も開始し、地域の医療機関や他の薬局と適切に連携する「地域連携薬局」、高度な薬学管理や高い専門性が必要な特殊調剤に対応できる「専門医療機関連携薬局」の認定取得が可能になりました。

当社では社会の要請に応え、医療面を深化させるため、こうした薬局店舗の拡大を積極的に進めた結果、「地域連携薬局」と「専門医療機関連携薬局」の認定数が業界No.1となりました。

特に、がん治療に対する高い専門性を持った薬局が認定を受ける「専門医療機関連携薬局」では、専門資格を持つ薬剤師の配置が必要です。そこで、当社ではがん治療に関する専門性の指標となる「外来がん治療専門薬剤師」などの認定取得を目指す社内強化チームを設け、取得をサポートしています。

医療DXのさらなる推進のため、IT（情報技術）人材育成にも取り組み始めました。基礎レベルから始めて裾野を広げていく計画ですが、社内で希望者を募ったところ５００人近くが手を挙げてくれました。こうした人的価値を高める施策は、離職防止や採用にもつながると考えています。実際に、毎年実施している学生向けの社長講演に１３００人以上が参加してくれました。今後も人材の専門性や多様性を重視し、人的資本に積極的な投資を行なっていきます。

――サステナビリティ経営の今後の方針を聞かせてください。

三津原　まず、取り組みの方向性を社内外に見える化した４つの方針を社内に浸透させていきます。マテリアリティのＫＰＩについては、ＰＤＣＡサイクルを回して、見直し・改善を行ない、サステナビリティ経営の実践に結び付けていきます。

高齢化が進み、医療介護の問題が大きくなる中、当社が価値を提供できるステークホルダーが広がり、治療だけでなく未病や介護といったケアサイクルの中での役割も広がっていくでしょう。今後も主体性を持って、医療のサステナビリティや企業価値向上に取り組んでいきます。

聞き手：藤井 省吾（日経ＢＰ 総合研究所主席研究員）

奥村 景二 氏
日本出版販売
代表取締役社長

奥村 景二（おくむら・けいじ）氏：1987年日本出版販売入社。大阪支店長、関西・岡山支社長などを経て、2015年日販グループ会社のMPD代表取締役社長就任。18年日本出版販売常務取締役営業本部副本部長、20年より現職

写真：吉澤 咲子

流通改革で持続可能な出版界へ

出版点数の減少、電子書籍の拡大などにより、
書店を取り巻く状況は厳しくなっている。
改革の推進で、書店が身近にある社会と環境に優しい出版流通の両立を目指す。

(役職名・肩書を含む全ての情報は、「日経ESG」2022年12月号掲載時点のものです)

――出版流通改革を進めています。そこに至った背景は何ですか。

奥村　出版販売会社は「取次」と呼ばれ、主に出版社と書店、コンビニエンスストアなどの販売店をつなぐ流通の役割を担っています。書店の販売額は１９９６年をピークに減少が続き、紙の書籍や雑誌などの市場も縮小しています。毎年３００店以上の書店が閉店に追い込まれ「書店のない街」も増えています。

書店は単に本を販売するだけの場ではありません。お子さんから年輩の方まで誰もが、本に触れ、必要な情報を得て、知的好奇心を刺激されるといった文化的な生活をする上で欠かせない存在です。「街に書店と本があり続ける心豊かな世界」をつくることが、取次の、そして出版業界の役割だと信じています。

紙の書籍や雑誌の出版点数が減少していく中で、物流上の無駄がこれまで以上に生じる問題も起きています。倉庫や配送網の縮小だけではカバーしきれないのが現状です。物流の仕組みを変えることで出版流通を健全化し、書店のある街の風景を維持することが大切です。

――「取引構造改革」と「サプライチェーン改革」という2つの側面から変革を進めています。それぞれの概要を教えてください。

奥村　取引構造改革では、書店の粗利を改善し、経営が継続できるようにサポートしています。これに近い取り組みは約20年前からありましたが、改善を重ねて２０１９年から「ＰＰＩプレミアム」という低返品・高利幅のスキームを実施しています。

書籍については、このスキームに参画する出版社の商品の販売に注力すると同時に返品削減に取り組み、そこで得た利益を書店にマージンとして還元します。22年９月で参画出版社は26社、書店は20社になり、23年度末までに書店のマージン30％超えを目標としています。22年９月末には、日本出版販売グループ内の書店マージンが28・３％となり、順調に進んでいます。

■ 日本出版販売が進める出版流通改革の全体像

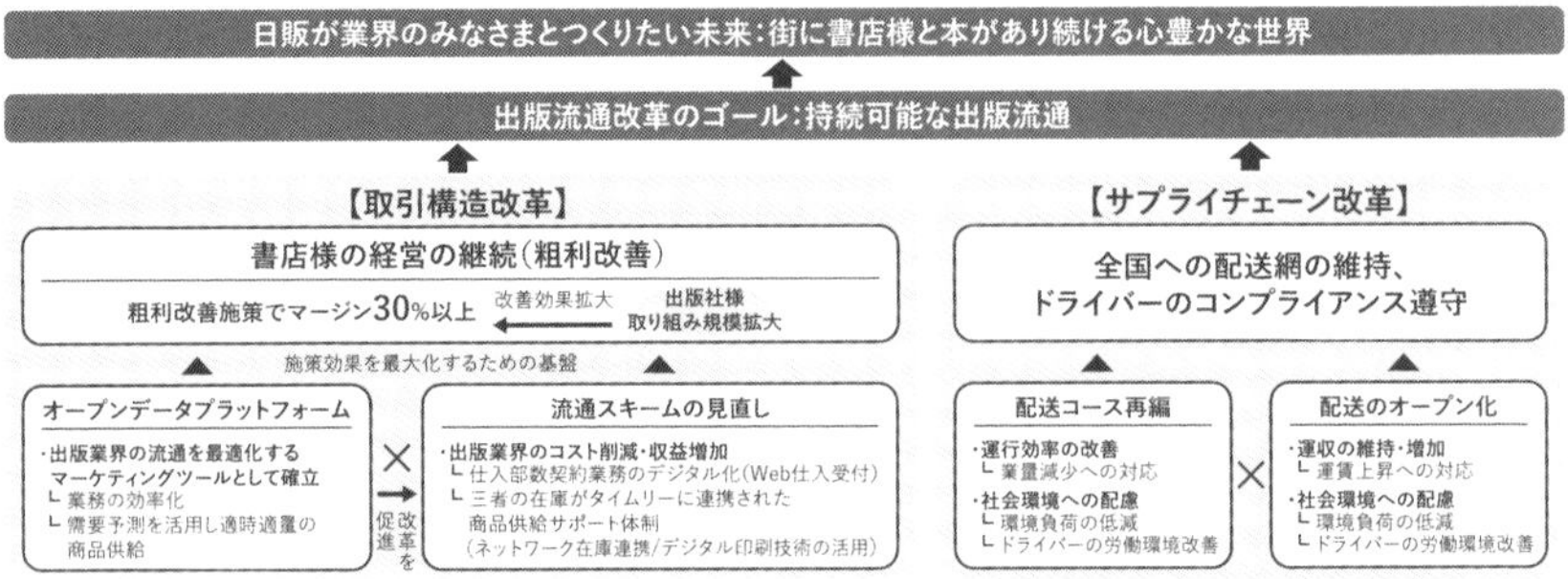

出所：日本出版販売

同時にオープンデータプラットフォームの活用で、需要を予測して返品率を削減します。出版社・当社・書店が在庫をタイムリーに連携・管理するなど、商品供給サポート体制を整えています。デジタルトランスフォーメーション（ＤＸ）により、書店が十分な利益を上げられる仕組みをつくるのが狙いです。

物流網見直しでCO_2削減

――サプライチェーン改革には、どのように取り組んでいますか。

奥村　出版業界の物流網は、地域によって違っており、首都圏や名古屋の一部などは、取次会社ごとに配送する「自家配送エリア」となっています。ただ、書店数や出版点数が減少し続けたために、最大積載量の20～40％しか荷物を積んでいないトラックがあります。そこで、自家配送コースの再編を進めています。

22年４月に実施した神奈川県内のコース再編では、従来の33コースから25コースへとコース数を削減し、トラックの走行距離を毎日２０４ｋｍ減らし、積載率は41％から52％まで高めました。７月には横浜市や川崎市、東京都港区などでもコースを削減し、首都圏全２３５コースのうち17コースを減らすことができました。

――コース再編によってサプライチェーンの健全化だけでなく、環境や効率の

面でも成果が出ています。

奥村　４月と７月に行なったコース再編によってCO_2を年間で２１６ｔ削減できそうです。23年３月までに首都圏エリア全体のコース再編を完了させ、年間５４１ｔを削減する目標です。他にも配送予約システムの導入で物流センターでのトラックの待機時間を減らしました。ドライバーの配達業務の効率化と、労働環境の改善につながっています。

書籍や雑誌は文化であり、人類にとって大切な資産です。書店に足を運んでもらうために、グループ企業が経営する滞在型書店「文喫《ぶんきつ》」に、「イチゴ畑」を設置しました。イチゴを連続栽培できる植物工場パッケージです。その結果、「文喫 六本木」では22年８月９日からの約１カ月で入場料の売り上げは１・４倍に、スイーツの売り上げは４倍になり、書店の活性化に効果がありました。

今後も環境面に配慮しながら、持続可能な出版流通の在り方を追求していきます。

聞き手：飯村 かおり（日経ＥＳＧ経営フォーラム事業部次長）

代表取締役社長
白銅
角田 浩司 氏

角田 浩司（つのだ・こうじ）氏：1962年埼玉県生まれ。86年白銅入社、2001年中央支社長、02年上海白銅精密材料有限公司董事総経理、04年執行役員海外営業部長、10年取締役開発営業本部長、11年取締役常務、12年より現職

写真：吉澤 咲子

分科会を中心にSDGs活動を進める

産業用金属素材の総合商社として、環境に配慮した商品の販売を増やすなどの対応を打ち出す。新設のESG／SDGs経営委員会の下、マテリアリティにひも付けたミッションに取り組む分科会を設置した。

（役職名・肩書を含む全ての情報は、「日経ESG」2022年９月号掲載時点のものです）

――２０２２年３月期は増収増益を継続し、売上高５５４億円、営業利益42億円と過去最高の業績でした。

角田　産業用金属素材の総合商社として、１９３２年の創業以来、非鉄金属を中心に多様な材料を幅広い産業分野にお届けしてきました。２０２１年度は半導体不足の影響で半導体製造装置関連の受注が非常に好調で、過去最高の売上高と利益を達成しました。

半導体装置業界向けの売り上げが全体に占める比率は通常40％程度ですが、21年度は45％まで伸びました。アルミニウムや伸銅、ステンレスの地金価格が高値圏で推移したことも売り上げ増に貢献しています。利益面では地金の高騰で棚卸資産の差益が増益要因となりました。

こうした外部環境以外に、メーカーや全国の同業社から様々な製品を２万７０００点以上取り寄せることができるオンライン販売の「白銅ネットサービス」がお客様から評価され、売り上げ増に貢献しました。

――22年５月に中期経営計画を発表しました。

角田　創業１００周年を迎える31年度に「ダントツの品質、ダントツのスピード、ダントツのサービス、納得の価格」を通じて、製造業のプラットフォーマーとして、売上高１０００億円、経常利益１００億円、海外売上高比率20％を目指すという目標を設定しました。

24年度までの中期経営計画では、31年度に向けて国内外の拠点の展開・拡大を進めます。現在９％程度の海外売上高比率を20％程度まで増やし、取り扱い製品・サービスの種類・規模の拡大を目指しています。半導体製造装置の好況に依存し過ぎないよう、航空・宇宙と自動車領域の事業を拡大していきます。

■ 白銅のサステナビリティ経営の推進内容

マテリアリティ(重要課題)		具体的な取り組み
1. 環境負荷軽減・気候変動対応	事業上の環境負荷を軽減するとともに、環境に配慮した製品を通じて社会に貢献します	● CO_2排出の削減 ● 資源の節約・枯渇抑制
2. 責任あるサプライチェーンの構築	サステナブルなサプライチェーンの構築に責任をもって取り組みます	● 環境配慮製品の強化 ● グリーン調達の促進 ● サプライヤーとの関係強化 ● 人権の尊重
3. 社会への取り組み	パートナーシップの取り組みを推進し、新しい価値の創造や地域社会への貢献を目指します	● 地域社会への貢献 ● 産学協働
4. 人材への投資	多様な人材が働きやすい組織を目指し、高い従業員満足度を実現します	● 従業員満足度の向上 ● ダイバーシティの促進 ● 健康で働きやすい環境の整備 ● 社員教育の拡充
5. コーポレート・ガバナンス	コンプライアンスやリスク管理を徹底し、円滑な事業運営に寄与します	● コンプライアンスの強化 ● 情報セキュリティの強化 ● リスク・危機管理の徹底

出所：白銅

社内と取引先にSDGsを浸透

――中期経営計画ではサステナビリティ経営の推進を打ち出しました。

角田　当社の企業理念には、「私たちは、関係する全ての人に信頼されるとともに、モノづくりに関わる人々へ商品・便利・安心の提供を通じて、社会に貢献します」とサステナビリティの考え方が組み込まれています。

当社は東京証券取引所プライム市場に上場しているため、コーポレートガバナンス・コードへの一層の対応が求められ、ESGの取り組みを機関投資家に対して分かりやすく情報開示していく必要があります。

そこで、サステナビリティの活動の軸となるサステナビリティ基本方針を新たに策定しました。

さらに私が委員長を務めているESG／SDGs経営委員会を中心に、「環境負荷軽減・気候変動対応」「責任あるサプライチェーンの構築」「社会への取り組み」「人材への投資」「コーポレート・ガバナンス」というマテリアリティ（重要課題）ごとにミッションを担う5つの分科会と、ＳＤＧｓの社内浸透を進める分科会を設置しました。

――分科会ではどのような活動を進めているのですか。

角田　社内浸透を進める分科会では、若手社員や中堅社員12人が参加し、様々なアイデアを出し合って活動に取り組んでいます。

環境負荷軽減・気候変動対応の分科会では、30年度までに自社のCO_2排出量を20年度比で42％削減し、50年度までにカーボンニュートラルを実現することを目指しています。

欧州連合（ＥＵ）の有害物質使用制限（ＲｏＨＳ）指令などには対応してきましたが、環境に配慮した各メーカーの代替品を当社が「ＥＣＯシリーズ」と命名して提供しています。15品目３６４アイテムあり、常に２００ｔほど在庫しています。毎月数十ｔ程度に販売量が増えていけば、環境保全にも寄与できます。

サプライチェーン向けの取り組みとして「新・白銅通信」という配布物を年４回発行していて、ＥＣＯシリーズや当社の取り組みを紹介しています。取引先などに2万部程度を配布しています。取引先の多くを占める中小企業に、ＥＳＧ／ＳＤＧｓへの理解を深めてもらうきっかけにしていきたいと考えています。年内をめどに、サプライチェーンにおける人権の基本方針の策定も進めているところです。産学協働の取り組みも進めていて、環境に配慮した大学の研究などに資金提供していく予定です。

――これまでのESGに関する取り組みをどのように評価していますか。

角田　ＥＳＧ／ＳＤＧｓ経営委員会をつくって、経営会議や取締役会に情報を上げる仕組みはできました。若手社員が中心になってＳＤＧｓを社内に浸透させ、取引先などサプライチェーンにまで広げ、当社だけでなく業界全体で目標を目指していきたいと思っています。

聞き手：斎藤　正一（日経ＥＳＧ経営フォーラム事務局長）

ビザ・ワールドワイド・ジャパン
代表取締役社長

スティーブン・カーピン氏

スティーブン・カーピン（Stephen Karpin）氏：オーストラリア出身。豪ウェストパック銀行、豪コモンウェルス銀行を経て2014年にVisa入社。オーストラリア・ニュージーランド・南太平洋地域、東南アジア地域のグループカントリーマネージャーを経て、19年より現職

写真：村田 和聡

世界にデジタル決済を提供

世界で電子決済を展開、
安全で使いやすいデジタル商取引を提案する。
小規模ビジネスとの連携を強め、
2023年に世界5000万社への持続可能な事業の提供を目指す。

（役職名・肩書を含む全ての情報は、「日経ESG」2023年2月号掲載時点のものです）

――ビザ（以下Ｖｉｓａ）は世界中の誰もが知るブランドです。ＥＳＧ経営ではどんな取り組みを進めていますか。

カーピン　Ｖｉｓａのビジネスはサステナビリティとインクルージョン（包括性）が基点です。Ｖｉｓａ加盟店とカードを持つ消費者とをつなぐネットワークを提供しており、ビジネスモデル自体がインクルーシブで、経済の効率性を高めて持続可能な社会に貢献しています。

世界最大級の決済ネットワークとして、大企業だけでなく中小企業やスタートアップ、地域の商店街にある店舗をも金融ネットワークに包含しています。そこにデジタル化されたプラットフォームを提供することで、８０００万を超える加盟店と約1万５０００の金融機関が消費者とつながり、最高の支払い方法と受け取り方法を実現しています。当社のネットワークが広がって地球上の多くの人を巻きこむほど、より良いインパクトを社会や地域経済に与えられるのです。

私たちはデジタル化が進む世界で小規模事業者が成功できるよう支援したいと考え、２０２３年までに全世界で５０００万社の小規模企業をデジタルエコノミーに移行させる目標を掲げています。21年末時点で３０００万社に到達しています。

――デジタル技術を活用した決済ネットワークの提供は、Ｖｉｓａにどのような価値をもたらしますか。

カーピン　決済の正しい履行にはセキュリティーの高度化が不可欠です。日本を含む世界中の膨大な取引データから悪質な取引や不正の可能性を警戒し検出すると共に、加盟店やカード発行会社が正しい取引を判別できるようサポートしています。

このセキュリティー対策にはこれまで総額90億ドル（約1兆２６００億円）を投じ、21年には２６０億ドル（約３兆６４００億円）相当の不正を防止できたことが明らかになりました。こうした安全性を提供することで、世界中で小規模事業者でも安心してマイクロペイメント（少額決済）を利用できるようになりました。

■ Visaが進めるESG経営の概要

人材への投資
目指す世界の実現は、決済テクノロジーのイノベーションを支える社員一人ひとりの能力や多様性、情熱、そして貢献の上に成り立つものと考えています

人々、コミュニティー、経済に貢献
世界中どこでもいつでも誰からも選ばれ受け入れられる決済手段の提供により、安心・安全な決済サービスが利用できるような、包摂的な経済の構築を目指します。

商取引のセキュリティーを確保し、利用者を保護
多層的なセキュリティーへのアプローチにより、日々のイノベーションを推進すると共に、セキュリティーを通じて、デジタル決済システムとその利用者をつなぎ、保護することに取り組みます。

地球環境の保護
世界をつなぐ決済ネットワークの力を活用し、持続可能性の変革と経済回復を加速させ、環境負荷の軽減と気候変動対策の重要性を理解し、持続可能な商取引を牽引していきます。

責任ある経営
誠実さこそが、常にビジネスのパートナーとして選ばれ、また社員も情熱をもって最高の力を発揮できるような、信頼と尊敬を得られる企業の要であると考えています。

出所：ビザ・ワールドワイド・ジャパン

評価はウェルビーイング重視

――地球規模のビジネスを通じて、地球環境にどんな貢献ができますか。

カーピン　ＶｉｓａはＥＳＧへの貢献を「人材への投資」「人々、コミュニティー、経済に貢献」「商取引のセキュリティーを確保し、利用者を保護」「地球環境の保護」「責任ある経営」の5つのカテゴリーに分類し、それぞれ世界各地でコミットしています。

環境面では、直接的には再生可能エネルギーの利用で自社の温室効果ガス排出を抑制しています。スコープ1、2では21年に前年比71％の削減を実現し、40年までに純排出量ゼロ化を目指しています。カードについてプラスチックからデジタルへの移行を提案しているのも、地球環境に好影響を与えるでしょう。

――ＥＳＧを評価に反映していますか。

カーピン　財務的な水準だけで判断せず、社員が実際にどう行動したかで評価する仕組みを導入しています。半分はタスクでどんな成果が出せたかを評価しますが、残り半分は「いかに協力できたか」「パートナーシップを築けたか」「いかに周りをやる気にさ

パーパスに「世界中で選ばれる決済手段の提供による豊かな生活の実現」を掲げ、ESG経営の強化に向けて5つのカテゴリーを定めている（写真はイメージ）
出所：ビザ・ワールドワイド・ジャパン

せたか」など6つの基準で評価します。人の価値観や行動は様々なので最終的な業績評価は個別に異なりますが、これらが高いマインドセットを生み、社員の誠実さを判断できます。

私自身も日本チーム全体の目標を掲げています。ジェンダーでは現在42％の女性社員や、約30％の女性管理職の比率をさらに高めることが使命です。私たちは「目標設定（スコアカード）」に定めた目標を見ながら、各社員がどんな貢献をしてきたかを共有します。仲間がフィードバックできるような仕組みも導入しています。

重要なのは社員のウェルビーイングや柔軟性、包括性に関する項目です。チームのメンバーと定期的に話し合いながら、社員が自分らしくいられる組織を目指しています。障害者やＬＧＢＴＱのサポートも強化しています。私も日本法人のトップとして、社員の誰もが「歓迎されている」と感じてチームに参加する職場環境づくりに力を入れています。

聞き手：酒井 耕一（日経ＥＳＧ発行人）

内ケ崎 茂 氏
HRガバナンス・リーダーズ
代表取締役社長 CEO

内ヶ崎茂（うちがさき・しげる）氏：早稲田大学大学院法学研究科修士課程および商学研究科修士課程修了（MBA）。2008年三菱UFJ信託銀行入社。20年4月に同社出資の新会社、HRガバナンス・リーダーズを設立。同年より現職

写真：吉澤 咲子

信頼される“かかりつけ医”になる

2020年、HRガバナンス関連のコンサルティングを行なう新会社として設立された。サステナブルな事業を推進する日本企業を増やす支援事業だけではなく、そのリード役も目指す。

（役職名・肩書を含む全ての情報は、「日経ESG」2022年11月号掲載時点のものです）

――『「ヒト」が輝く社会の〝未来設計図〟を創造する』をビジョンに掲げるとともに、「企業の成長ストーリーを描くコーポレートガバナンスの〝かかりつけ医〟」をパーパスに掲げています。

内ヶ﨑　青い地球、美しい環境を未来の社会に残していくためには、環境や社会に大きなインパクトを与えるグローバルな大企業による、健全でサステナブルな経営が欠かせません。コーポレートガバナンスは企業の進路を決めるかじ取りの役割を担うもので、地球視点で考えるべきものなのです。私たちは「サステナビリティガバナンス」という言葉を提唱し、そのエコシステムを構築したいと考えました。

サステナブルな経営を実現するためには、取締役会のセクレタリー機能を担う黒子が必要です。私たちは、経営者から信頼され、何でも相談できるコーポレートガバナンスの〝かかりつけ医〟となり、専門医的な立場からも経営者を支えることをパーパスとして定めました。

――社名にある「リーダーズ」に込められた思いを教えてください。

内ヶ﨑　社会課題解決と経済発展を両立するサステナブルな社会の実現に向けて、リーダーシップを取っていきたいという思いを表しています。経営者と投資家を１つにし、格差や分断といった社会のひずみを解消していくために、国連の責任投資原則（ＰＲＩ）への署名や、国際コーポレート・ガバナンス・ネットワーク（ＩＣＧＮ）など数多くのイニシアチブにも参加しています。オピニオンリーダーとしての活動も重視しているため、「リーダーズ」という言葉が一番しっくりくると考えました。

――企業を支援する中で、ＥＳＧ経営を取り巻く現状をどう捉えていますか。

内ヶ﨑　目先の大きな課題として、気候変動対応と人的資本経営があります。特に人的資本経営については、人材のポートフォリオを変えたり、人材に投資してマネジメントや現場を強化したりして、人材の力を最大化する経営を後押ししています。

■ HRガバナンス・リーダーズの「目指すべき姿」

ビジョン	「ヒト」が輝く社会の“未来設計図”を創造する
ミッション	企業の「サステナビリティガバナンス」のエコシステムを構築する
バリュー	強靭な取締役会を実現するための“コーポレートセクレタリー機能”を担う
パーパス	企業の成長ストーリーを描くコーポレートガバナンスの“かかりつけ医”

地球環境や社会、企業の持続的な成長を通じて人類が豊かに、幸せに暮らせる、持続可能な社会の創造を目指す

■「サステナビリティガバナンス・サーベイ」の概要

設問1	サステナビリティ経営の推進体制
設問2	報酬、指名領域におけるサステナビリティへの取り組み
設問3	CEOのサステナビリティ感度
設問4	サステナビリティ経営の実践のための取り組み
設問5	ステークホルダーとのエンゲージメント

5つの設問項目について、選択式・記述式の設問に答える仕組み

出所：HRガバナンス・リーダーズ

――企業の課題解決のために、具体的にどのような支援をしていますか。

内ヶ崎　最終的には、企業内にサステナビリティ委員会を設置し、その運営のサポートまで行なうことを見据えて支援しています。サステナビリティ委員会の設置までには、水面下での議論の積み重ねが重要です。私たちは伴走者としてそうした議論のファシリテートも行ないます。

ESG経営に不可欠な3つの力

――ESGを推進する上で経営者や取締役会に求められる資質は何ですか。

内ヶ崎　自社のビジネスシナリオをしっかりと描き、様々な社会課題に立ち向かうには3つの力が求められます。まずは「聞く力」です。グローバルなイニシアチブやNGO、国連や行政など世界でどんな動きがあり、社会課題があるのかについての声を真摯に聞く力が必要です。

次に「考える力」です。自社のビジネスを通じて社会にどう貢献し、自社を成長させていくかを考え抜く力が重要です。

最後は「話す力」です。自社の考える成長ストーリーを、株主や投資家、社会に向けて語ることで、「この会社を応援したい」「この会社の製品・サービスは社会を豊かにしてくれるのではないか」とワクワクさせなければなりません。優秀な人材を引きつけることにもなり、企業とし

ての競争力を一段と高める効果も期待できます。

――調査も積極的に行なっています。そのうち「サステナビリティガバナンス・サーベイ」は、今年で2回目となりますが、調査に参加する企業にとってどんなメリットがありますか。

内ヶ﨑　当社のサーベイは高崎経済大学の水口剛学長に監修をお願いし、記述式の設問も多く設定しているのが特徴です。１つひとつの設問に回答するために社内で議論を重ねることになりますが、そのこと自体がサステナビリティガバナンス体制を強化し、自社の価値創造ストーリーを作り上げることにつながるような内容になっています。

報告書の作成の他、結果の報告会なども開催し、他社の現況やグローバルの動向なども認識できます。取締役会で改めて真剣に議論するきっかけになる情報提供につながる調査だと自負しています。

クライアント企業と深く、長く、濃い信頼関係を築き、成長ストーリーを一緒に描いていくパートナーでありたいと考えます。

聞き手：飯村　かおり（日経ＥＳＧ経営フォーラム事業部次長）

國井 修 氏

グローバルヘルス技術振興基金（GHIT Fund）
CEO兼専務理事

國井 修（くにい・おさむ）氏：医師。自治医科大学、ハーバード公衆衛生大学院卒。東京大学、外務省、長崎大学、ユニセフ、世界エイズ・結核・マラリア対策基金（グローバルファンド）戦略・投資・効果局長を経て、2022年より現職

写真：吉澤 咲子

感染症の新薬開発に積極投資

感染症の治療薬やワクチン、診断薬の開発に284億円を投資し、
累積114件の計画を支援してきた。
新5カ年計画「GHIT3.0」が始まる2023年は、
新薬開発の効率化、加速化を目指す。

（役職名・肩書を含む全ての情報は、「日経ESG」2023年4月号掲載時点のものです）

――設立10年となります。グローバルヘルス技術振興基金（ＧＨＩＴ Ｆｕｎｄ、以下ＧＨＩＴ）の設立の意義と実績を教えてください。

國井　人類の歴史は感染症との戦いで、感染症の原因となる病原体は現在１４００種類以上知られています。２０２０年に新型コロナウイルス感染症が世界的なパンデミックとなり、約８カ月間で1兆円以上の研究費が使われました。21年だけでも２０００近くのプロジェクトが動いています。

一方で、結核の死者数は新型コロナの死者数より多い国があり、マラリアの感染者数は年間２億人以上います。「顧みられない熱帯病（ＮＴＤｓ）」も20種類以上あり、住血吸虫症だけでも年間２億人以上が感染しているとされます。

市場に委ねるだけでは開発が進みにくい感染症の医薬品の課題解決をするため、日本政府（外務省、厚生労働省）、日本の製薬企業、ビル＆メリンダ・ゲイツ財団などが資金を拠出してＧＨＩＴを設立し、国際的な官民パートナーシップとして13年４月に活動を始めました。

過去10年間の累積投資額は２８４億円、累積投資件数は１１４です。12のプロジェクトが臨床試験段階にあり、その意味では新薬開発への投資は効率よく行なわれてきました。

13年から支援している小児用プラジカンテル・コンソーシアムによる住血吸虫症の小児治療薬は、欧州医薬品庁（ＥＭＡ）からの承認を待っているところです。この薬が承認されれば、サハラ以南のアフリカで約５０００万人の子供たちの治療に使えます。尿を検体として結核を迅速に診断する技術も開発の最終段階にあります。

――ＧＨＩＴでは新薬開発に対して「助成」ではなく、「投資」と表現します。

國井　投資（インベストメント）した資本に対して、どれだけの利益（リターン）が得られるかが重要です。リターンはお金ではなく、健康と命です。感染症を予防して人の命を救えれば、経済的な生産性の向上に結びつきます。ＧＨＩＴでは、積極的にプロジェクトの進捗管理に関与し、成果が見込めないものは直ちに中止するなど、厳格なポートフォ

■ GHIT Fundの投資の仕組み

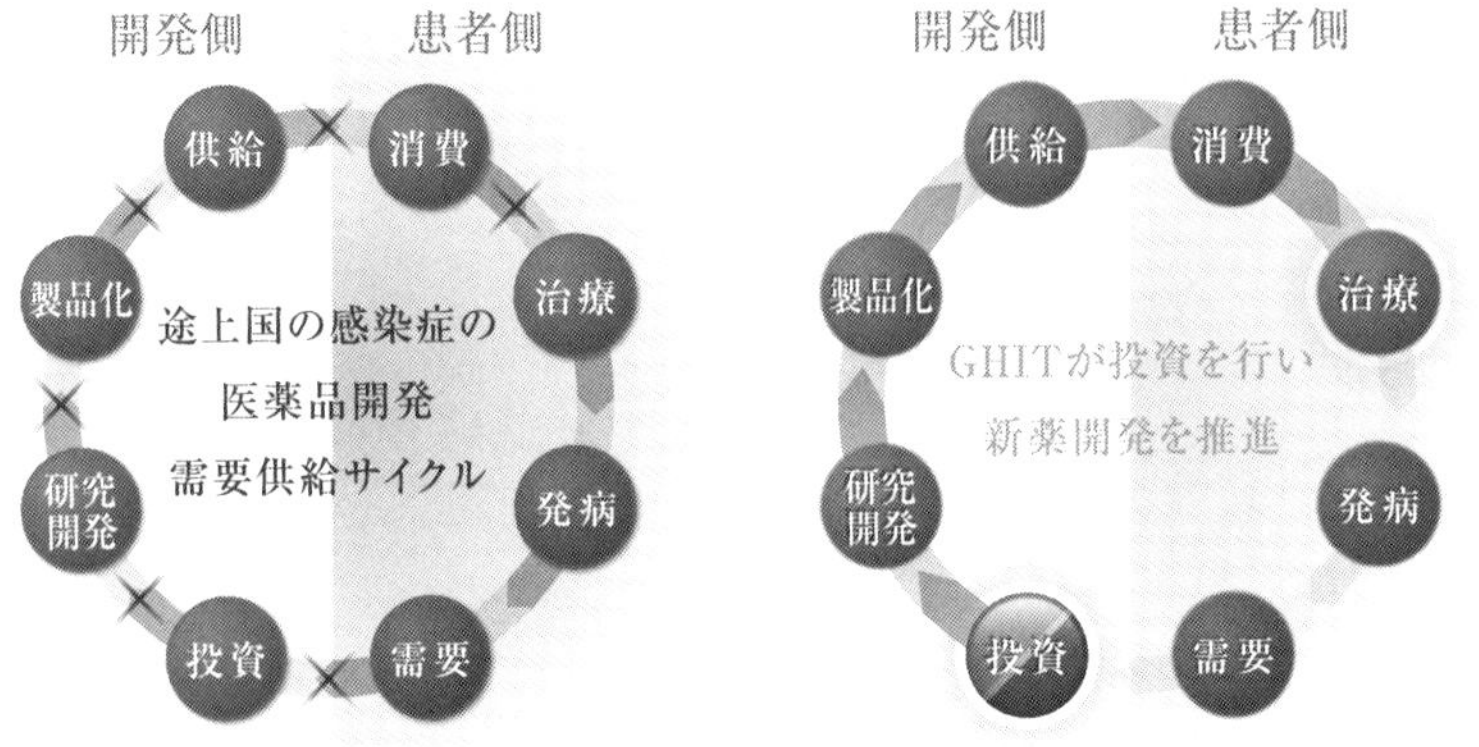

需要があっても投資対効果が低いために民間企業だけでは作れない途上国向けの感染症の医薬品（左）を、GHIT Fundが投資して開発を推進する（右）
出所：GHIT Fund

リオ・マネジメントも行なっています。

新薬開発は、多くの案件が失敗するハイリスクなビジネスで、効率とスピードが重要です。新型コロナのワクチンは、製薬企業と大学などが一緒になり、様々な国の研究者たちが力を合わせて早期に開発しました。日本も旧来のMade in Japanの発想はやめて、Made with Japanで世界の研究者と一緒に開発することを考えるべきです。

ＧＨＩＴは日本と外国の機関をつなぎ、国際連携や国際協力を積極的に進めています。国内の限られた資金で解決しようとせずに、海外の資金を使って海外で共同開発を進めることです。海外の方が臨床試験の規制も少ないし、開発に取り組むスピードもまったく違います。

こうしたパートナーシップもＧＨＩＴの強みです。現在、海外110、国内58のパートナーが開発に参画しています。

今まで以上に資金が必要

――國井さんが以前所属していた世界エイズ・結核・マラリア対策基金（グローバルファンド）と現在のＧＨＩＴの役割の違いを

教えてください。

國井　現場での対策に支援を行なうグローバルファンドに対して、GHITは研究開発を行なうという違いがあります。グローバルファンドでは、現場でより迅速に検査できる診断薬、増加する薬剤耐性に対処するための新薬などの必要性を感じていました。GHITではこれらの現場の要求に応えて、感染症の終息に貢献できます。

――23年4月に第3期の5カ年計画「GHIT3・0」が始まります。

國井　第3期で重要なのは、これまでのコアのビジネスをもっと加速させることです。10年かかるといわれた新型コロナのワクチンを1年以内で開発したのは画期的なことで、このモメンタム（勢い）をマラリア、結核、NTDsの新薬開発に生かしたいと考えています。

開発してきた技術を将来のパンデミックに転用（リパーパス）することも大切です。そのためには、今まで以上に資金が必要です。より多くの企業がファンドに参画することを期待しています

――23年5月に広島で開催される主要7カ国首脳会議（G7サミット）では、日本は議長国を務めます。國井さんもワーキンググループの座長をされます。

國井　G7では議長国としてグローバルヘルス分野での資金的なリーダーシップ、技術的・知的なリーダーシップを示す必要があります。国際協力の推進も重要です。長崎でもG7保健大臣会合があり、「平和」が重要になります。国際社会の平和を築くために、感染症の脅威と戦っていかなくてはなりません。

感染症の診断薬、治療薬、ワクチンを開発するGHITの役割は、ますます重要になると考えています。

聞き手：藤井 省吾（日経BP 総合研究所主席研究員）

菱木 貞夫 氏

染めQテクノロジィ
代表取締役

菱木 貞夫（ひしき・さだお）氏：1968年慶應義塾大学卒業。72年自動車用塗料メーカー起業。以降、不動産業、レストラン業、輸出入業に進出。85年米国などでデベロッパー事業を展開、92年事業を売却・閉鎖。2002年ナノテクノロジー「染めＱ」の開発に成功し、現在の染めＱテクノロジィを設立

写真：高田 浩行

再生・延命技術で人とモノを守る

独自のナノ密着技術をベースにした塗料で
抗菌、防錆《ぼうせい》、遮熱を実現する。
社員は100人までと決めて家族のような会社をつくり、
社会に役立つ事業を目指す。

（役職名・肩書を含む全ての情報は、「日経ESG」2022年8月号掲載時点のものです）

――２０２２年４月、６つの重点目標を定めたＳＤＧｓ宣言を出しました。

菱木　当社はＳＤＧｓという表現が生まれる前から、「ヒトの生命を守り－あらゆるモノの再生・延命化も」をコーポレートスローガンに掲げ、この理念を追求してきました。

独自のナノ密着技術をベースに、菌やウイルスの増殖を抑える抗菌剤を噴霧して感染対策をする。あるいは吸熱・放熱物質を含んだ冷感スプレーをアンダーシャツに吹き付け、熱中症対策とする。老朽化が深刻な問題になっている橋やトンネルなどの社会インフラ、建物、設備の防錆を行ない、経年劣化を抑える。

全てにおいて大切にしているのは人の命です。「人の役に立ちたい、世の中の役に立ちたい」という思いから、人の困っていることを解決しようと考えて事業を展開してきました。

――コロナ禍で、十数年前に開発した抗菌剤がヒットしたそうですね。

菱木　鳥インフルエンザや豚インフルエンザが流行するのを見て、いずれは人間に影響が及ぶだろうと考えて抗菌剤を開発しました。しかし、当時は思うように売れず、倉庫で在庫の山になっていました。その製品を覚えていたある商社の担当者が連絡をくださったのです。それがきっかけで売れ始めました。

昨年には東京ヤクルトスワローズのクラブハウスなどに、抗菌剤を噴霧する「抗菌Ｑゲート」が設置されました。施工も含めて提供する抗菌ソリューションの一例です。

「防錆・補強ソリューション」の代表としては、独自の塗料による海辺の橋脚の防錆、製鉄所の老朽化設備の補強があります。床のひび割れを平滑にして補強・滑り止めを行なう防滑仕上げもできます。

「遮熱ソリューション」としては、茨城県五霞町の道の駅の屋根に遮熱塗料を施したのが一例です。当社の本社ビルも、屋根と窓ガラスを遮熱の塗膜で保護しています。窓の外の景色がゆがんで見えないのが、当社の遮熱塗膜施工の特徴です。

■ 染めQテクノロジィの3つのソリューション

[防錆・補強]

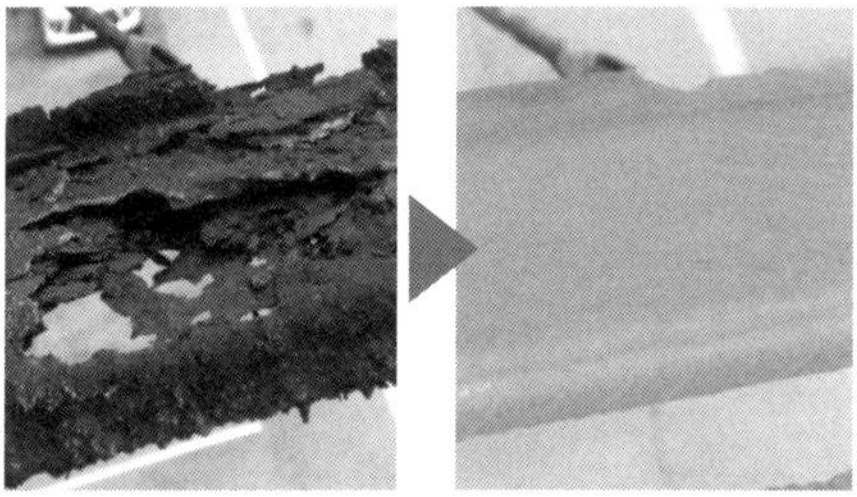

製鉄所の鉄骨階段の防錆施工前と施工後。独自の工法により、劣化・欠損した部分を補修・補強する

[抗菌]

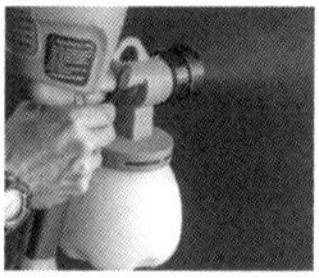

上／専用噴霧器による抗菌施工は、抗菌効果が長期間持続する
左／「抗菌Qゲート」は、室内に菌やウイルスを持ち込むリスクを軽減する

[遮熱]

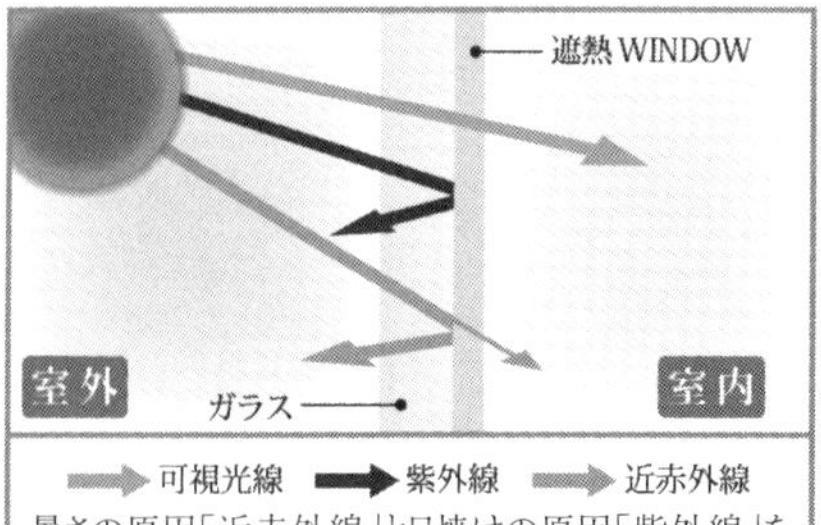

暑さの原因「近赤外線」と日焼けの原因「紫外線」を遮断。可視光線は通すため室内は暗くならない

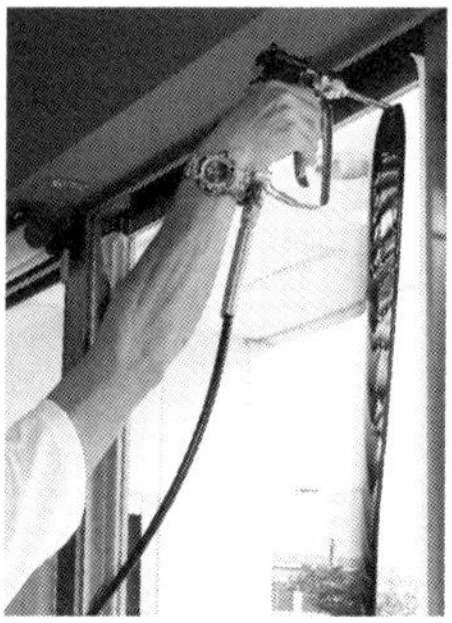

遮熱塗膜の施工サービスである「遮熱WINDOW」では、窓ガラス上部から塗料を流す独自の施工技術を使う。遮熱の塗膜が均一に密着するために、外の景色がゆがんで見えない

出所：染めQテクノロジィ

60歳で創業、社員は100人まで

――茨城県結城市役所の抗菌施工や地元五霞町とのSDGs協業など、地域貢献に取り組んでいます。

菱木　私は地域に愛着があり、少しでも役に立ちたいと思っているだけです。家族がいて、その喜ぶ顔を見たいと誰もが思う。それと同じです。

会社の方針に「RESPECT & LOVE」があります。人の良い所を見て尊敬し、広い意味での愛を抱いて、自分たちの身近な社会をつくっていこうという働きかけをしています。

――60歳で創業しました。

菱木　最初に起業した会社が立ち行かなくなり、整理することになりました。多額の借り入れがあり、10年かかっても完済できない。しかし、このままでは自分の人生は締めくくれないと思い、02年、60歳の時に創業しました。

以前の事業では人に裏切られたこともあり、恨むような気持ちもありましたが、いろいろ振り返るうちに、自分に何かが足りなかったのではないかと思うようになりました。

そこで考えたのが、次は家族のような会社をつくりたいということでした。売り上げがいくら伸びても社員は１００人までと決め、社員を家族同様に大事にしようと考えたのです。

借金の返済に追われて厳しい生活を強いられた時でも、私は「人生って面白いものだ」とずっと思ってきました。面白いと思えることが大切です。社員全員がそう思える環境をつくり、仕事は楽しいものだと感じてもらうことが一番です。社員には、「好きなようにやりなさい」と言っています。

――女性の働きやすさも大事にしています。

菱木　特に女性だけを大事にしているわけではありません。男性も女性も同じように接し、特別扱いはしないということです。

現在の従業員数は１００人で、そのうち女性は45人です。全管理職40人中、女性管理職は18人、その比率は45％です。

当社には女性の働き方について特別な制度はありません。産休や育休を取る場合、周囲の人たちが協力してチームでカバーします。会社に明文化されたルールはありませんが、状況に応じて社員全員で柔軟に働き方を考えています。

仕事の可能性にどれだけエキサイトできるかが大切で、そうすればおのずと知恵と工夫が生まれてくるのではないでしょうか。

聞き手：飯村　かおり（日経ＥＳＧ経営フォーラム事業部次長）

B&DX
代表取締役社長
安部 慶喜 氏

安部 慶喜（あべ・よしのぶ）氏：大学院卒業後、アビームコンサルティングで経営コンサルティングに従事。2021年1月B&DX設立より現職

写真：村田 和聡

「人的資本経営」への変革を支援

**非財務情報を重視する流れが強まる中、
企業の「人的資本経営」への変革を“心技体”で支援する。
非財務の柱となる人的資本に注力することにより、
日本企業に大きな成長のチャンスが生まれると考える。**

(役職名・肩書を含む全ての情報は、「日経ESG」2023年1月号掲載時点のものです)

――ＥＳＧ経営の最近のトレンドをどう分析していますか。

安部　今、企業の間ではＳ（社会）の取り組みの一環として、人材を重視し、その価値を最大限に引き出そうとする動きが広がっています。「人的資本経営」という言葉も使われるようになりました。

こうした潮流は、欧米の投資家たちが、企業の健全性や将来性を判断するためには非財務情報が重要として、その開示を求め始めたのを機に生まれました。背景には、本来は将来のための投資であるにもかかわらず、費用としてしか表すことができない会計制度の限界があります。

非財務情報の中でも、とりわけ注目されているのが人的資本です。人的資本を価値創出の源泉と捉え、企業が中長期的な企業価値向上に人的資本をどう結びつけようとしているかを見極めたいという、投資家の意向が強まっているのです。

欧米より１、２年遅れで、日本でも人的資本の情報開示の機運が高まっています。２０２２年５月には経済産業省の「人的資本経営の実現に向けた検討会」座長の伊藤邦雄氏が、「人材版伊藤レポート２・０」を取りまとめました。８月には政府が人的資本可視化の指針を公表しています。

企業がデジタル人材育成強化

――デジタルトランスフォーメーション（ＤＸ）の必要性が叫ばれる中、企業がデジタル人材育成に注力するというニュースも目立ちます。

安部　大手企業を中心に、「全社員にデータ分析教育を実施」「デジタル教育によるリスキリング推進」といった発表が相次いでいます。

■ B&DXが定める「人財トランスフォーメーション」（意識の改革）の概念図

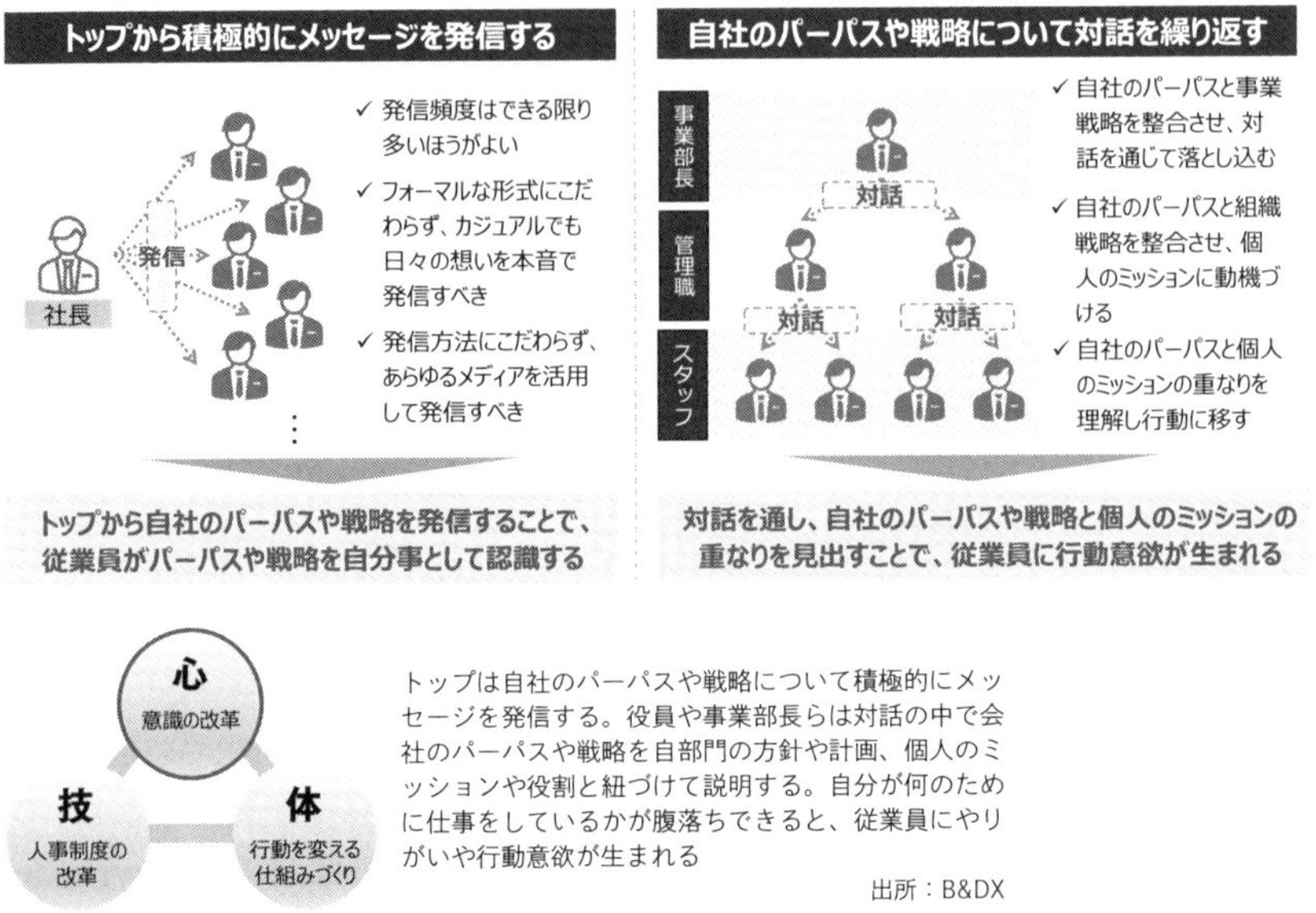

✓ 発信頻度はできる限り多いほうがよい
✓ フォーマルな形式にこだわらず、カジュアルでも日々の想いを本音で発信すべき
✓ 発信方法にこだわらず、あらゆるメディアを活用して発信すべき

✓ 自社のパーパスと事業戦略を整合させ、対話を通じて落とし込む

トップは自社のパーパスや戦略について積極的にメッセージを発信する。役員や事業部長らは対話の中で会社のパーパスや戦略を自部門の方針や計画、個人のミッションや役割と紐づけて説明する。自分が何のために仕事をしているかが腹落ちできると、従業員にやりがいや行動意欲が生まれる

出所：B&DX

DXという言葉が企業に浸透する中、各社ともデジタル推進室を設置したり、最高デジタル責任者（CDO）のポストを設けたりと取り組みを加速させています。そこに人的資本重視の流れが重なり、デジタル人材の育成を強化するという判断につながったのだろうと思います。

――こうした状況をどう見ていますか。

安部　日本は従来、新卒採用には大きな力を注ぐ一方で、採用後の人材にはあまり投資をしてきませんでした。「終身雇用だから辞めないだろう」という経営の甘えがあったのだと思います。それを考えれば、人材育成のために投資をするという今の取り組みは大きな意味があります。

デジタル人材の育成については、現在、全体を底上げする取り組みが中心となっています。次の段階では、将来を見据えた経営戦略に基づいて戦略実現に必要な人材像と人材ポートフォリオを定義し、人材育成を実行していく必要があります。

人的資本に関しては、もう1つ大きな話題があります。終身雇用、年功序列、メンバーシップ型の人事制度から転換して、ジョブ型雇用を導入する動きが広がったことです。

ジョブ型の人事制度では、当然全員一律ではなく、役割と市場価値に応じた報酬の設定が必要になります。世界では標準の雇用スタイルですが、日本企業にとっては大きなチャレンジです。

日本企業は高度成長期からバブル期にかけて、単一事業・量的拡大モデルで成功してきました。指示を遂行できる同質的な人材確保を続けてきましたが、それでは世界企業と肩を並べていけません。競争力向上に向けて高度な人材を確保するためには、従来のメンバーシップ型雇用からジョブ型に転じなくてはならないと経営者たちが考え始めたのだと思います。

――人的資本の向上、ＤＸ、ジョブ型人事制度の導入は、一見無関係に見えるテーマですが、実は連動しているということでしょうか。

安部　その通りです。22年は日本企業にとって「人財トランスフォーメーション」の元年と言えます。こうした動きには、新型コロナウイルス感染症の流行も影響しています。働き方を変えざるを得なくなり、デジタル化が一気に進みました。今やリモートワークやリモート会議は当たり前です。

人とのつながりも変化しました。帰属意識が薄れがちな中で、仕事に意義を見いだしてもらう必要が生じました。ＥＳＧやＳＤＧｓを踏まえたパーパス（存在意義）を明確にしようと、１、２年前にはパーパス経営が注目を集めています。

その次に目が向いたのが、最も重要な資本である人的資本の向上です。一人ひとりが自らのキャリアを考えて働けるような仕組み作りが求められるようになりました。

■ B&DXが定める「人財トランスフォーメーション」（人事制度の改革）の概念図

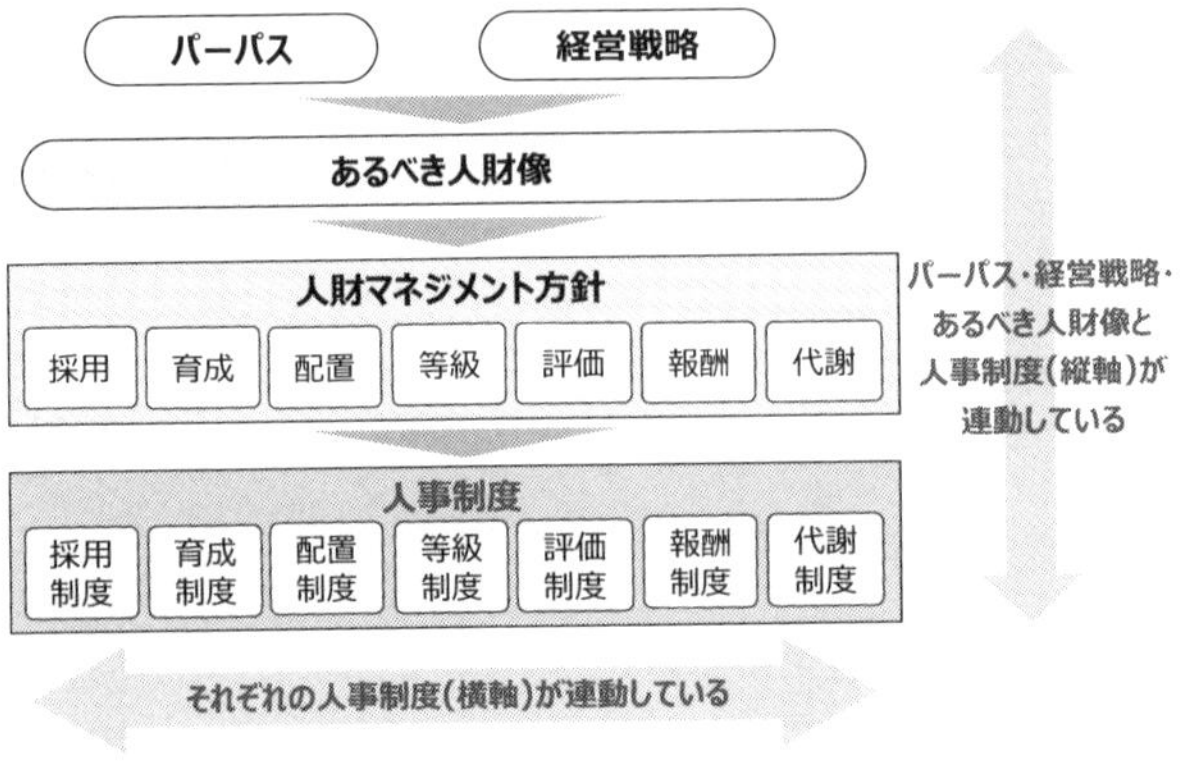

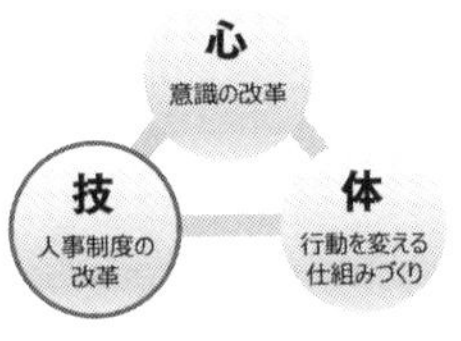

企業のパーパスや戦略に基づいて、それを実現するための在るべき人材像を描き、その実現を図る制度とする。パーパス・経営戦略・在るべき人材像と人事制度が連動していることが重要となる

出所：B&DX

日本が成長する大きな転換点

――岸田内閣は22年10月、リスキリング支援に5年間で1兆円を投じる計画を示しました。日本企業にとって人的資本向上はチャンスと言えますか。

安部　前後100年程を通して最大のチャンスになると思います。ある調査によれば、日本企業における社員エンゲージメントは世界で最も低いレベルにあります。現在の勤務先での勤続意向も、転職・独立意向も、自己啓発状況も世界最低の水準です。日々の仕事を漫然とやり過ごし、挑戦や変革への意欲にも乏しいというのが今の日本の実態です。

これまで世界で最も人を生かせていない国だった日本が、人財という資本に初めて目を向けて、可能性を伸ばし、生かすことを考え始めたのは、とても重要なことです。今まで何もしてこなかったのですから、少しの取り組みでも高い成果を期待できます。今こそ、成長への転換点になり得る「人財トランスフォーメーション」に着手すべきです。

人的資本の情報開示が進む中では懸念もあります。本来は、企業価値向上のための経営戦略に基づいて必要な人財像を描き、その育成方針を示すというのが正しい情報開示の在り方です。しかし、いざ横並びで比較されるようになると、企業価値向上や経営戦略とは関係なく、少しでも数字を良く見せたくなる可能性があります。例えば、女性管理職比率が20％か

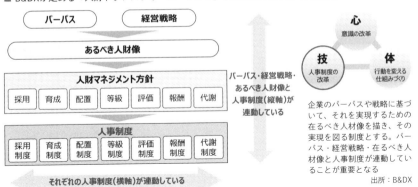

21％かを競うことに意味はないと認識すべきです。

――B＆DXは、こうした人的資本強化の潮流にどう対応しますか。

安部　当社のパーパスは「Journey to Transformation（変革への旅）」です。あらゆる企業の変革を支援します。社名に付くDXはもちろん、事業変革、組織改革、人財改革なども企業変革の手段として支援します。特に「人財トランスフォーメーション」には力を注いでいきます。

――「人財トランスフォーメーション」の成功には何が必要でしょうか。

安部　「意識の改革」「人事制度の改革」「行動を変える仕組みづくり」の３つを同時に行なう必要があります。私はこれを「心技体」と呼んでいます。心技体のサイクルを回し、以前とは異なる行動が定着するようになって初めて、新しい文化が根付いたと言えます。

私はコンサルタントとして企業変革に関わり、成功例も失敗例も数多く見てきました。その集大成として、「人財トランスフォーメーション」にはこのサイクルが必須と結論づけました。この３つは人事部に任せるだけではうまくいきません。経営層が動くことが重要です。

制度だけ変えても成功しない

――トップが危機感を持ち変革しようとしても、社内に浸透しないケースがあります。どうすれば変わりますか。

安部　「人財トランスフォーメーション」というと人事制度の改革に目が向きがちですが、「技」だけに力を入れてもうまくいきません。そこに「心」を込めることが重要です。

意識改革のため、まずはトップがパーパスや戦略についてのメッセージを積極的に発信し、従業員に自分ごととして

■ B&DXが定める「人財トランスフォーメーション」（行動を変える仕組みづくり）の概念図

従業員の行動を変える仕組み		仕組みの例
行動を"促す"仕組み	➢ 自発的な行動を待つだけでなく、実際に行動させる働きかけを行なう	・企業の問題点を発散する ・今を客観的に振り返る時間を設ける ・未来を考える時間を設ける
行動を"モニタリング"する仕組み	➢ 意識の変化や制度への理解度を確認し、適宜フォローアップする	・定期的に目標設定や評価面談の場を設ける ・制度の変更点について勉強会を行なう
行動を"当たり前"にする仕組み	➢ 取り組みを日常化し、企業文化へ	・個々人の行動について、上位者が率先して褒め合う

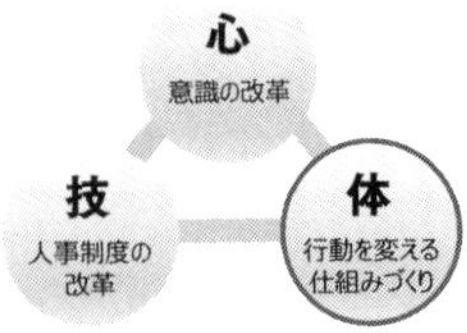

過去の習慣が根付いた従業員の日々の行動を変えるためには仕組みづくりが必要となる。行動を促し、モニタリングし、それを当たり前にする仕組みをつくる

出所：B&DX

認識してもらうことが必要です。と言っても、ただビジョンを示すだけでは従業員はついてきません。重要なのは役員や事業部長が会社のパーパスや戦略を自部門の方針や計画、さらには個人のミッションや役割と紐づけて説明することです。会社のパーパスや戦略と個人の役割やミッションが重なり、自分が何のために仕事をしているかが腹落ちして初めて、従業員にやりがいや行動意欲が生まれます。

　これらのメッセージは対話を通して伝えるべきものです。「1on1（ワンオンワン）」の対話スキルを向上させるために、トレーニングを行なう企業もあります。

――人事制度の改革では何がポイントになりますか。

安部　重要なのは、企業のパーパスや戦略に基づいて、それを実現するための在るべき人財像を描き、そのための育成を図る制度とすることです。人事制度が戦略やパーパスと連動していなければ成果は出ません。

――「体」と称する仕組みづくりについても教えてください。

安部　パーパスや戦略を発信し、人事制度を変えても、過去の習慣が根付いた従業員の行動はなかなか変わらないものです。そこで行動を変える仕組みづくりが重要になります。

まずは、実際に行動を促す仕組みをつくります。例えば、ある企業は1カ月のうち2時間を、未来を考えるための時間に設定しています。目の前の業務にばかり忙殺されると近視眼的になりがちです。未来を考えることで、新しい技術や市場の動向に興味を持つなど自主性が生まれます。

続いて、その行動をモニタリングする仕組みをつくります。意識の変化や制度の理解度を確認し、定期的に目標設定や評価面談をします。最後に、その行動を当たり前にする仕組みを構築します。例えば、個人の行動を褒め合う場をつくることで、取り組みを日常化させます。

心技体はどれも同等に重要で、1つでも欠ければ「人財トランスフォーメーション」は成功しません。中でも、日本企業が弱いのが「体」です。既存の組織の中に、その機能を担う部署がないからです。

仕組みづくりについては、多くの企業がプロジェクトチームを立ち上げて取り組みます。一度仕組みができるとチームは解散しますが、本当に大変なのはその後です。戦後80年近く同じ経営の仕方をしてきた日本企業の場合、どんどん元に戻ろうとしてしまうのです。

心技体のサイクルを回し、変革を定着させ、企業文化に根付かせれば、仕組み自体が不要になります。B&DXは全力を注ぎ、企業の「人財トランスフォーメーション」を愚直に支援していきます。

聞き手：桔梗原 富夫（日経BP 総合研究所フェロー）

加藤 恵子 氏

ミダックホールディングス
代表取締役社長

加藤 恵子（かとう・けいこ）氏：2006年税理士法人トーマツ（現デロイトトーマツ税理士法人）にて顧問税理士として携わっていたミダックホールディングスに取締役経理統括部長として入社、19年より現職

写真：廣瀬 貴礼

事業と社員活動の両輪でSDGsを推進

産業廃棄物の一貫処理で成長を図り、
さらなる事業拡大を目指す。
社員が環境や社会への意識を高めるための制度を具体化し、
持続成長への原動力にする。

（役職名・肩書を含む全ての情報は、「日経ESG」2023年3月号掲載時点のものです）

――事業の概要と、同業他社と比べた強みを教えてください。

加藤　産業廃棄物の収集運搬から最終処分までを手掛けています。排出事業者から廃棄物を収集し、焼却や破砕などの中間処理で量を減らしてから、最終処分で埋め立てをします。自社施設で一貫処理ができることが強みです。

排出事業者にとっては一連の工程が把握でき、廃棄物が不適正に処理される心配がありません。中間処理過程でのコスト削減ができるため、競争力を高めることもできます。本社を置く静岡県浜松市は北関東から関西までの広い地域を網羅できるので、地理的にも優位性があります。

コロナ禍では取引先工場の操業停止により廃棄物が減少しました。しかし、医療関連や食品業界の廃棄物に加え、在宅時間が長くなり家の片付けをする人が増えたため家庭ごみの排出量が増えました。幅広い廃棄物を扱っているため、状況に応じて柔軟に対応できます。

――創業70周年を迎えた2022年に「10年ビジョン」を公表しました。背景と目標を教えてください。

加藤　22年に大型の管理型最終処分場が完成したことや東京証券取引所プライム市場に上場したことが契機となり、売り上げや経常利益の目標を公表しました。成長の原動力は、利益率が高い最終処分場を含め多様な処理施設があることです。

廃棄物処理施設は事業の許認可に時間がかかることもあり、これまで長期的な経営計画を積極的に公表していませんでした。しかし、M&A（買収・合併）や新規事業も含めた目標や開発過程を、株主や投資家に向けて提示する必要があると考えました。

――廃棄物処理業の社会的意義について、どのように考えますか。

加藤　製品を生産する「動脈産業」に対して、廃棄物処理業は「静脈産業」といわれ、その多くを中小企業が占めます。循環型社会の実現には、廃棄物処理業界の底上げを図っていくことが重要と捉えています。

■ ミダックグループのSDGs推進体制の概要

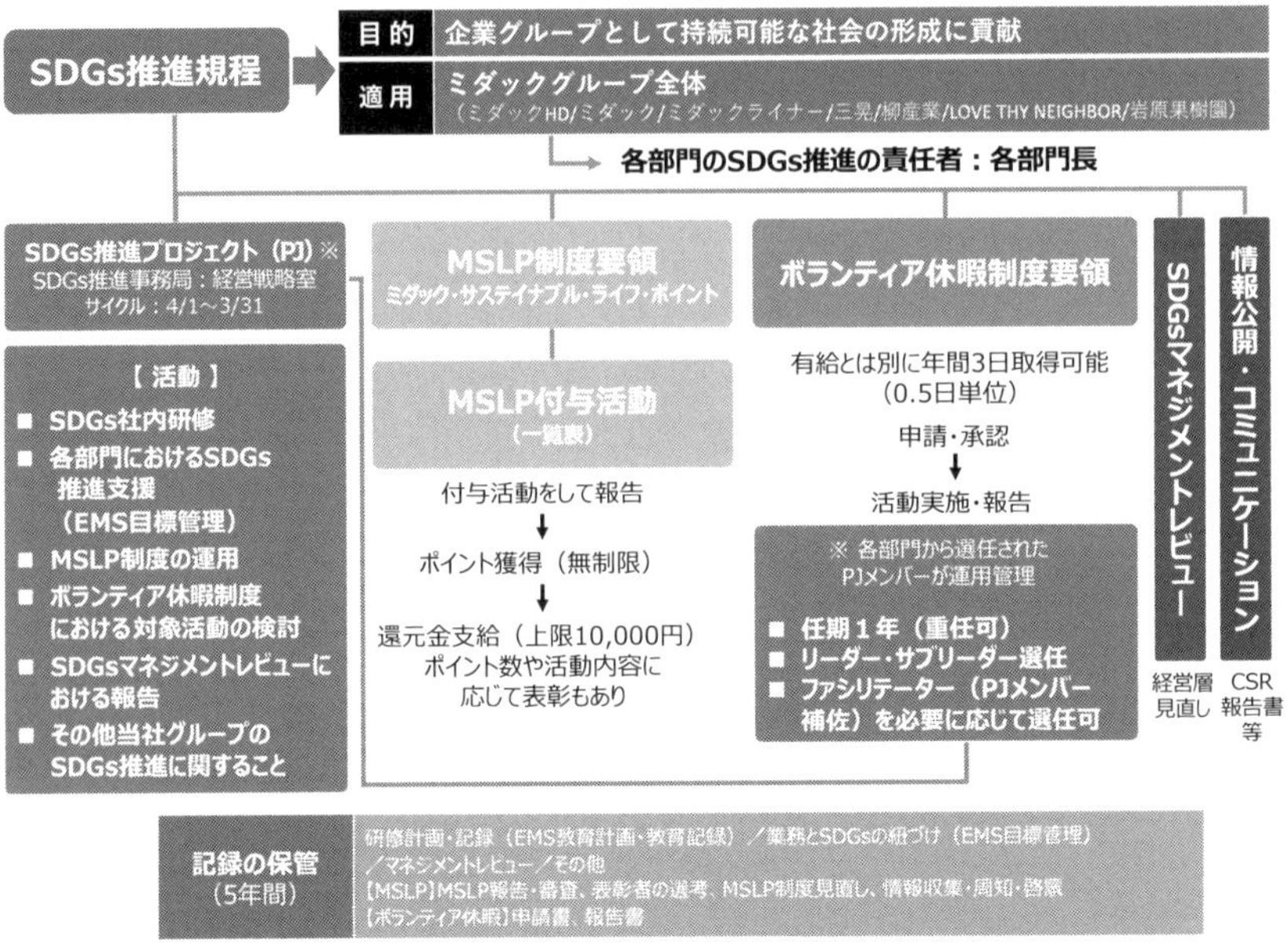

社員一人ひとりにSDGsマインドを浸透させるため、個人の活動に着目した制度の具体化を2021年から進めている。各部門長を推進責任者として、各部門から選ばれたメンバーでプロジェクトチームを作り、全社横断的に活動を推進する
出所：ミダックホールディングス

循環型経済において、廃棄物の容量を減らす焼却処理施設は社会インフラを担っていますが、大量のCO_2を排出するという側面もあります。脱炭素への転換の取り組みとしては、早稲田大学と共同で、廃棄物を焼却する際に放出されるCO_2を焼却副産物に固定することで最終処分場に貯留できる技術の開発に取り組んでいます。

SDGs活動でポイント付与

――SDGsの推進について、どのような活動をしていますか。

加藤　本拠地の浜松市では、海岸の清掃活動やこども食堂への食品寄贈などを行なっています。21年には売木村（長野県）と包括連携協定を結び、自然保護活動や環境教育を支援しています。豊かな自然を生かして移住や定住を促進している売木村で、当社の役員がボランティア活動でお手伝いをしていたのがきっかけで交流が始まりました。

地元の小学生には、移動式循環リサイクルカーを活用して出前授業も行なっています。生ごみを堆肥にして再利用することでごみを減らし、野菜の栽培などに役立てる仕組みを説明し、食品ロスや環境問題について学ぶ機会を提供しています。

――ＥＳＧやＳＤＧｓは、社員の皆さんの意識にどの程度定着していると考えていますか。

加藤　社員がＳＤＧｓを「自分ごと」と捉えることが大切だと考えています。社員の意識の向上を図るため、「ＳＤＧｓ」を推進するためのポイント制度や、ボランティア休暇制度などを設けています。

ポイント制度は、ＳＤＧｓの目標を生活の中に取り入れやすくするため、ミダック・サステイナブル・ライフ・ポイントを設定しました。「スーパー閉店前の割引食品を購入する」「保護犬の里親になる」など、環境や社会に貢献する様々な活動に応じてポイントが付与されます。21年度は、社員の獲得ポイントに応じて還元金を支給しました。

ボランティア休暇制度は、就業時間内にボランティア活動を希望する際に、年に３日間の特別休暇を取得できる制度です。

当社の社員は入社動機に環境問題への関心を挙げるなど、全体としてＥＳＧやＳＤＧｓへの意識が高いのが特徴です。推進活動も自らアイデアを出して積極的に取り組む姿勢が目立ちます。これからも業務とＳＤＧｓを融合させていく取り組みに、一層力を入れていきたいと考えています。

聞き手：斎藤　正一（日経ＥＳＧ経営フォーラム事務局長）

第 4 章

資源循環

酒井 幹夫 氏

不二製油グループ本社

代表取締役社長

酒井 幹夫（さかい・みきお）氏：1959年生まれ。慶応義塾大学商学部卒。83年不二製油入社、ソヤファーム販売部長、食品機能剤販売部長、不二富吉（北京）科技有限公司董事長/総経理、不二製油（張家港）有限公司董事長/総経理、FUJI VEGETABLE OIL INC.社長を経て、2013年執行役員、15年取締役、16年取締役常務執行役員最高経営戦略責任者（CSO）、19年Blommer Chocolate Company会長、20年FUJI SPECIALTIES, INC.社長。21年より現職

写真：山田 哲也

植物性素材で サステナビリティを追求

新中期経営計画で、高付加価値の挑戦領域を
事業の柱の1つにすると宣言した。
高い技術力を駆使して、おいしくて健康的な植物性食品で
食のサステナビリティを目指す。

(役職名・肩書を含む全ての情報は、「日経ESG」2022年10月号掲載時点のものです)

――2022年5月に発表した新中期経営計画「Reborn 2024」の策定に当たって、社長はどのような思いを込められたのでしょうか。

酒井　当社では、「人まねをしない」「植物性にこだわる」の2点を創業以来のＤＮＡとしています。30年のビジョン達成に向けたフェーズ１である「Reborn 2024」でも、そこを大事にしています。

19年度には過去最高の２１５億円という営業利益を記録しました。しかし、20年からコロナ禍、ウクライナ危機によって燃料価格や原料代などが高騰して、これまでに経験したことがない逆風を受けました。そこで、売り上げや物量を追求する従来のやり方を見直し、創業以来のＤＮＡを経営方針に生かして、サステナビリティと高付加価値を差別化のポイントとするのが不二製油の進む道だと結論づけました。

経営の指標については、資本効率を重視するＲＯＩＣ（投下資本利益率）をベースにした独自の「ＦＵＪＩ　ＲＯＩＣ」を事業別に定めました。この実践によって、営業利益率の改善や資本効率の向上を目指しています。

――ビジョン達成に向けた新たな挑戦の１つが、植物性素材でおいしさと健康を追求するフラッグシップ「ＧＯＯＤＮＯＯＮ」です。

酒井　地球人口の増加によって動物性たんぱくの不足が懸念される中、植物性素材で食のサステナブルを目指します。今回発表した製品は、当社の高い技術力によって驚きのおいしさを実現しただけでなく、だしやスープも全て植物性にこだわりました。大豆ミートも、新製法で肉の組織感を出すための工夫を凝らしています。一流ホテルのビュッフェのメニューに採用されるなど、大きな反響を呼んでいます。

プラントベースフード（植物性食）は付加価値の高い挑戦領域として、植物性油脂、業務用チョコレートに次ぐ第３の事業と位置づけています。同時に、中食や外食産業、消費者の方々へフィールドを広げるきっかけにしたいと考えています。そのためＳＮＳを使った情報発信やｅコマースを通じた販売などの取り組みも積極的に行なっています。

■ 不二製油グループ本社の2030年ビジョンと、植物性食品の例

植物性素材でおいしさと健康を追求し、サステナブルな食の未来を共創

人と地球の健康を考えた植物性食品群を、幅広いジャンルやメニューで提供

だしやスープもすべて植物性素材を使用　　乳不使用（ミルク風味）チョコレート　　食感と口どけにもこだわった大豆ミート

▼

世界の食文化や、様々な食のバリアを抱える人に寄り添い、食の選択肢を広げ、食のよろこびを世界に届ける

出所：不二製油グループ本社

――技術の不二製油として、研究開発はどう強化しますか。

酒井　「Reborn 2024」では、グローバルネットワークを生かし、事業戦略と一体となって研究開発や製品開発を進める方向に大きくかじを切っています。中長期のテーマを設定する未来創造研究所では、例えば3年後、5年後に、どういう製品がどういう事業に結びついてどう利益が出るのかを、ロードマップまで含めて事業計画と連結した研究テーマを設定する方針をとっています。

生産部門と一体となって直近の要望に応える製品開発部門では、研究所員も、それぞれの事業軸でＲＯＩＣをいかに大きくするかという観点でテーマを考えるようになりました。

世界の人材活用、社内公募も

――サステナビリティ経営に関する最近の動きを教えてください。

酒井　19年に最高ＥＳＧ経営責任者（C“ESG”O）を置き、トップダウンでＥＳＧとは何かを周知することに注力してきました。しかし、サステナビリティの発想を会社の本当の力にするには、ボトムアップで意識を高めることが重要です。そこで、全部門においてＥＳＧ目標を定めています。

リスク管理については、22年にサステナビリティ委員会の下部組織とし

て、現場の長が参加する全社重要リスク分科会を設置しました。何らかのクライシスが発生したときに、現場として何ができるのか、全社の事業軸として何をすべきか、多様な視点からリスクの低減を目指します。

――M＆A（合併＆買収）によって海外の人材も増えました。人材をどのように活用していきますか。

酒井　D＆I（ダイバーシティ＆インクルージョン）に、機会均等や公平を意味する「エクイティ」を加えたDE＆Iが基本です。例えば、米国の企業ではあるポジションが空いたとき、経営陣だけで人事を決めずに、必ず社内公募をかけます。これがエクイティの一例です。

日本でも、女性管理職比率を高めようという動きがありますが、比率を高めること自体が目的になっては本末転倒です。そうではなく、エクイティを促進することで、結果的にダイバーシティもインクルージョンも進むと私は考えています。加えて、中期経営計画と共に掲げた30年ビジョン「植物性素材でおいしさと健康を追求し、サステナブルな食の未来の共創」の実現に向けて、世界の従業員と共にまい進してまいります。

聞き手：酒井 耕一（日経ESG発行人）

取締役 執行役員社長

竹中工務店

佐々木 正人 氏

佐々木 正人（ささき・まさと）氏：1953年生まれ。77年竹中工務店入社、94年開発計画本部課長、2002年関西プロジェクト推進本部長、07年役員補佐、12年執行役員、15年常務執行役員、17年専務執行役員、18年取締役専務執行役員、19年より現職

写真：髙田 浩行

木造建築の推進で林業・地域を活性化

農林水産省と協定を結び、中高層木造建築物の推進による木材利用の拡大を目指す。歴史的建造物の保存再生を通じて、レガシー活用と地域への社会貢献を行なう。

(役職名・肩書を含む全ての情報は、「日経ESG」2023年１月号掲載時点のものです)

――中高層木造建築物の推進による木材利用の拡大を目指し、２０２２年６月に農林水産省と協定を結びました。

佐々木　当社は伝統的に木造建築に対する思いが強く、今回の提携には３つの趣旨があります。

１つ目はカーボンニュートラルへの貢献で、CO_2を吸収した木を活用して環境に貢献します。２つ目は木造建築が人に対して優しいことです。木質仕上げの病院は患者さんの気持ちを安らげ、木造校舎は子供たちが活発になり、インフルエンザにかかる割合が減るというデータもあります。３つ目は国内の林業と地域経済の活性化に協力していきたいということです。

私たちは中高層建築物の木造・木質化において、先ほどの３つ目の趣旨に沿って、国内の事業者と連携して国産木材を活用していきます。

――以前から「森林グランドサイクル」の取り組みを進めています。

佐々木　苗を植えて、育てて、収穫するのが森林サイクルです。都市部で多くの建物を木造・木質化して木材需要を高めれば、森林や地域を活性化できます。森林資源と地域社会の持続可能な好循環を森林グランドサイクルと名付けています。

愛媛県内子町では地域連携型のバイオマス発電所を建設し、未利用の間伐材を活用した発電事業を22年10月から開始しました。

中高層木造建築では耐火性能を備えた部材を作り、様々な構造材に使います。森林グランドサイクルでは林業の機械化による近代化のほか、部材の技術開発も必要になります。

――新しい技術として、「燃エンウッド」「T-FoRest」「KiPLUS」の3シリーズがあります。

佐々木　耐火集成木材「燃エンウッド」は中心に木の荷重支持部、その周りに石こう系の燃え止まり層、表面に木の燃え代層があります。耐火木造建築は、接合部の耐火性能をどう確保するかなどの難しさがあります。22年11月に３時間

■ 竹中工務店の木造・木質建築と歴史的建造物の保存再生

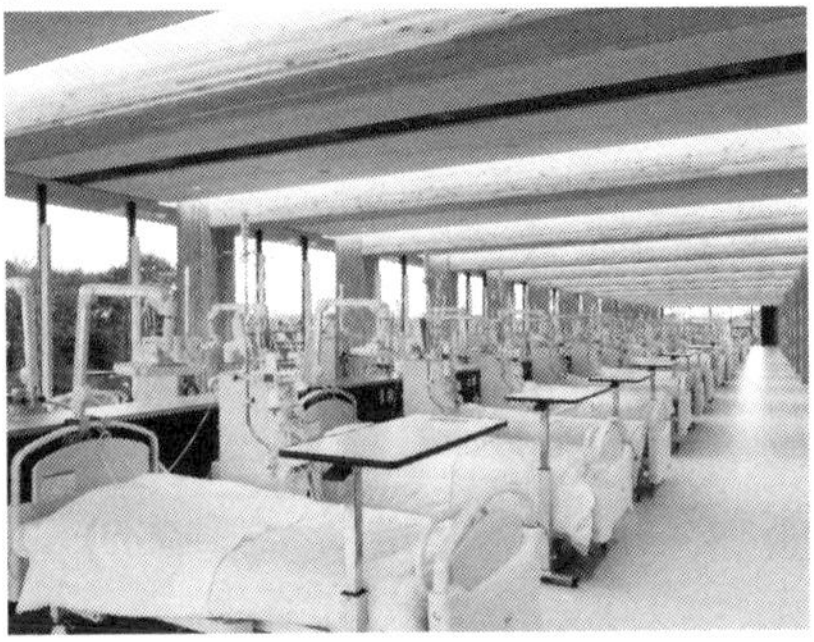

「燃エンウッド」などの木造技術を採用した共同住宅「FLATS WOODS 木場」（東京都江東区）（上）。木造＋木質仕上げの内装を施した新柏クリニック（千葉県柏市）（右上）。京都東山の料亭「山荘 京大和」とホテル「パークハイアット京都」（右）

出所：竹中工務店

耐火の構造部材として認定されました。3時間耐火になると階数の制限なく建物に使うことができます。「T-FoRest」は鋼木質材料を用いた耐震補強技術、「KiPLUS」は鉄筋コンクリート造に木材を加えて遮音・耐震性能を補完する技術です。

これら3シリーズにより、中高層木造ハイブリッド建築の普及、国産木材の活用に取り組んでいきます。オフィスビル、商業ビル、病院や学校、賃貸・分譲住宅など、ほとんどの用途に展開できます。

社内公募でレガシー事業

——歴史的建造物の保存・再生にも取り組んでいます。

佐々木　当社の経営理念は「最良の作品を世に遺《のこ》し、社会に貢献する」です。その意味でも、古い建物をきちんと評価して遺していきたいという思いが底流にあります。

19年10月に京都市東山区に創業140年を超える

料亭「山荘 京大和」とホテル「パークハイアット京都」が、当社の開発事業として、設計施工で完成しました。古い建物を遺したいという京大和の思いを受け、耐震性能を上げて保存・復元しました。

レガシー活用事業では、登録有形文化財である「旧山口萬吉邸」（東京都千代田区）、「堀ビル」（東京都港区）を改修し、「旧山口萬吉邸」は、ビジネスイノベーション拠点、「堀ビル」はシェアオフィスとして活用しています。

地域連携協定の取り組みでは、埼玉県小川町にある築約１００年の石蔵を改修したサテライトオフィス「コワーキングロビー NESTo」、長野県塩尻市奈良井の伝統的建造物を宿泊など小規模複合施設に改修したプロジェクトがあります。

レガシー活用事業は新規事業の社内公募から生まれたものです。地域連携の取り組みは、地方都市の社会課題に対して当社のノウハウを生かしていこうということで17年10月に設置した「まちづくり戦略室」が始めた事業です。

歴史的建造物の保存再生は社会貢献的な意味合いもあります。会社としてできる範囲で協力していこうと思います。

――これらの事業を若手社員がプロデュースしていると聞きました。

佐々木　プロジェクトをプロデュースする開発計画本部のメンバーが担当しています。都市の大型開発を担う一方で、地域の小さなプロジェクトを手掛ける。その両方に取り組むのはとても健全なことです。日本の課題を感じ取り、意見交換を活発に行ない、創造性を発揮できるようになってほしいと考えています。

聞き手：安達 功（日経ＢＰ 総合研究所フェロー）

永井 淳 氏

新東工業

代表取締役 社長執行役員

永井 淳（ながい・あつし）氏：1960年生まれ。84年慶応義塾大学商学部卒業後、新東工業入社。86年米ノートルダム大学院経営修士修了。96年取締役、2000年常務、02年専務、04年副社長、06年6月より現職

写真：森田 直希

ものづくりを通じて循環型社会を作る

鋳造設備メーカーとして技術力を活用し、環境配慮に取り組んできた。循環型社会の実現に向けて、事業領域を広げ、人々の暮らしの向上に貢献する。

（役職名・肩書を含む全ての情報は、「日経ESG」2022年11月号掲載時点のものです）

――鋳造設備メーカーの枠を越えて事業を多角化しています。どのように事業領域を広げていますか。

永井　自動車エンジン用の鉄を鋳造する砂型造型機を、日本で初めて造ったのが当社の事業の始まりです。１９３４年の創業以来、表面処理や鋳造事業、集じん機など環境事業を中心に、鋳造設備に関連したお客様サポートに取り組んできました。

鋳造で培った技術に新しい技術を組み合わせ、素材加工、電子部品、自動化などに注力していく中で、自動運転、医療・介護、宇宙開発など様々な分野に事業領域を広げています。

――経営理念「ＨＥＡＲＴ」に込めた思いを聞かせてください。

永井　「ＨＥＡＲＴ」は、「信頼される技術を通じて人間としての豊かさと成果を」という理念を示しています。商品（モノを売る）からソリューション（コトを作る）へ、新しい未来を創り出す企業へと変革していく挑戦を表す言葉でもあります。

――２０２１年４月に、３カ年の中期経営計画「Ｐｌｕｓ」を策定しました。重点目標とＥＳＧ経営の取り組みについて教えてください。

永井　売り上げは多様な要素によって変動があるため、中期経営計画ではあえて明確に目標を定めていません。海外の売り上げは全体の４割を占めますが、今後ウクライナ情勢が影響を及ぼす可能性もあるでしょう。

こうした中、お客様へのサポート業務に力を入れています。鋳造機械を販売した後も修理や相談に応じる中で信頼関係を築きながら、満足度を高めることができます。結果として、新商品のお客様の獲得にもつながります。

ＥＳＧのうちＥ（環境）については、事業そのものが循環型社会の実現に貢献していると捉えています。集じん機など環境事業には、１９７０年代から取り組んでいます。サポート業務には機械部品の修繕や再利用などが含まれており、廃棄物を減らすことができます。お客様の工場で機械設備の使用電力量を見える化するなど、省エネルギー化のための技術開発や提携も進めてきました。

気候関連財務情報開示タスクフォース（ＴＣＦＤ）提言への対応により、これまで地道に手がけてきた環境対応をスコープ1、2、3の枠組みで捉え直しています。今後の課題として、お客様の工業炉で発生する温室効果ガスの低減にも力を入れたいと考えています。

——Ｓ（社会）とＧ（ガバナンス）にはどのように取り組んでいますか。

永井　社会については、ダイバーシティに力を入れています。なかでも女性活躍の推進は重点課題です。能力や適性に応じた、障がい者や高齢者の雇用も進めています。海外拠点は外国人のマネジメント比率が高いので、本社でも外国人の登用を積極的に進める考えです。

ガバナンスについては、取締役会の3分の1以上を社外取締役が占め、経営の透明性を高めています。同時に、海外拠点を含めたグループ全体でリスクマネジメントの強化やサステナビリティ活動の推進に取り組み、企業価値の向上を図っています。

■ 新東工業の人事制度の考え方

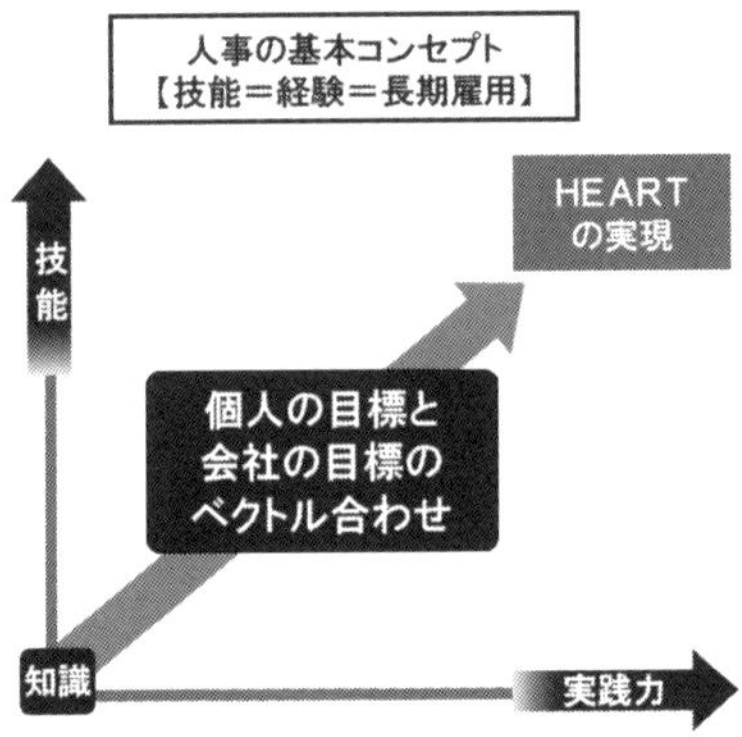

個人の成長や活躍を企業の発展につなげることを目指す

出所：新東工業

企業理念に基づく手当を支給

——理念を実現するために大切にしている「活人主義」とは、どのような考え方ですか。

永井　活人主義は、「社員に生きがいを持って活き活きと働いてほしい」という願いを込めて、個人の能力やスキルの向上を奨励するものです。年功序列でも成果主義でもない、チャレンジ精神を持って能力向上を目指す社員を評価する

■ 創立85周年に世界最大のペットボトルキャップアートを制作

約10万個のペットボトルのキャップを並べたアートは、世界記録を達成した（上）。海外グループ会社の社員も参加し、グループ全体で環境への意識を高めるきっかけとなった（左）

出所：新東工業

独自の人事制度を敷いています。自己啓発研修など、「個」を磨くための能力開発への取り組みなどをポイントとして加点し、「活人手当」として給与に加算しています。

――ＥＳＧの取り組みは社内に浸透していますか。

永井　２０１９年、当社の創立85周年を記念したイベントで、ペットボトルのキャップを約10万個集めて並べ、世界記録となる１０８・５６８㎡の大きなアートを制作しました。これは環境を意識する社員たちのアイデアからスタートしたものです。絵のパーツごとの色のキャップを集める時点から苦労しましたが、国内２４００人、海外１６００人の社員が１つになって環境への取り組みを改めて考えるきっかけにもなりました。

ＥＳＧを「自分ごと」として考えられる社員が増えれば、企業として、社会課題解決のための大きな目標を達成できると考えています。

聞き手：斎藤 正一（日経ＥＳＧ経営フォーラム事務局長）

柳 均 氏

三和油化工業

代表取締役社長

柳 均（やなぎ・ひとし）氏:1999年東海大学工学部卒業後、三和油化工業入社。2005年取締役経営企画室長、同年北陸先端科学技術大学院大学修士課程修了、08年常務取締役、10年専務取締役、12年より現職。20年北陸先端科学技術大学院大学客員教授

写真：上野 英和

ものづくりの力で 産廃に価値を付加

産業廃棄物を扱いながら、製造業としての側面も持つ
独自のポジションで事業を展開する。
環境負荷の低減や限りある資源の有効利用に注力するとともに、
女性活躍を推進する。

(役職名・肩書を含む全ての情報は、「日経ESG」2023年2月号掲載時点のものです)

――事業内容を聞かせてください。

柳　一般的な産業廃棄物処理業者は「産廃を処分する」ことで収益を得ていますが、自動車産業が盛んな愛知県で機械に使う油剤製品の製造・販売から始まった当社は、「産廃を価値あるものへ再資源化」することを追求しています。創業時からのものづくりの精神が、現在のコア事業であるリユース、リサイクル、化学品事業の基盤になっています。

リユース事業は、回収した廃棄物を新品に近い品質の再生製品にして販売します。リサイクル事業は、廃油や廃溶剤などを再生燃料などに再資源化しています。石油や石炭を燃料とするセメントや鉄鋼、石灰メーカーなど脱炭素が求められている業界からの需要が高まっています。化学品事業は、電子材料の製造技術を生かし、国内では調達が容易ではない半導体やリチウムイオン電池向けの電子材料を供給しています。

――産廃のリサイクル会社であり、メーカーでもある立ち位置は、事業を展開する上でどんな利点がありますか。

柳　メーカーの側面を生かし、産廃の再資源化から有効利用までを物流や品質保証を含めて一気通貫で行なうため、サーキュラーエコノミー（循環経済）を実現できます。

顧客は東京証券取引所プライム市場に上場している環境意識が高い大手企業が多く、サステナブルな材料でのものづくりをしています。顧客にとっては高価な輸入原料より、当社の再生材を使用する方が低コストの上、環境負荷の低減にも貢献できます。当社としても安定的な収益基盤を構築できますし、資源の国内循環を促進できます。

――取引先にはどんなメリットがあるのでしょうか。

柳　山陰地方の大手電子部品メーカーでは、電子材料の製造工程で発生する大量の洗浄廃液が問題となっていました。そこで同地域の当社協力会社に技術提供し、再資源化する取り組みを進めています。地産地消型のため、顧客の運送コストや運送時のCO_2排出抑制に寄与しています。

再資源化工程で発生するCO_2の可視化にも取り組んでいます。新品材料に比べて当社の再生材がどれだけCO_2削減

■ 三和油化工業の女性活躍推進の施策の例

女性社員の代表者により、社内の改善点をまとめるレディース定例会を実施（上）、会社側はこの会から出た意見を基に制度を改正した。農業生産者と協働し、農業プロジェクトを始めた（左上下）。産後に復職する女性社員らの受け入れ先や食の課題解決に向き合う

出所：三和油化工業

に貢献できるのかを数値化し、その優位性を明確にできるように、外部のコンサルティングを受けながら準備を急いでいます。

――今後、事業エリアをどう拡大していきますか。

柳　現在は中日本の本社エリアと東日本、西日本の国内3拠点体制で、本社エリアの顧客が約7割を占めています。当社は幅広い地域で廃棄物の収集運搬許可を保有しており、全国での収集運搬が可能なので、顧客開拓や業務提携を拡充し、本社エリアとそれ以外の比率を1対1にして収益力の強化を図ります。

女性活躍の施策を実施

――2021年に国内3例目の「SDGs-IPO」となり、現在東証スタンダード市場に上場しています。

柳　SDGs-IPOとは、SDGsへの貢献が期待される新規上場銘柄のことです。当社の事業内容およびIPOでの調達資金の使途などがSDGsに準拠していることを第三者機関の日本総合研究所から評価していただき、セカンド・パ

ーティ・オピニオンを取得しました。これにより機関投資家などからの期待が高まっていると感じています。

――上場を機にＥＳＧ分野で力を入れている取り組みを教えてください。

柳　企業の最大の資産は「人」であると考え、「社員が生き生きと働ける職場づくり」に注力しています。当社の女性社員比率は約３割と産廃業界では多いこともあり、女性活躍を推進しています。

その一環として、女性社員の代表者が会社への要望を話し合うレディース定例会を開いています。会社側はその意見を吸い上げ、改善につなげます。最近では、６歳までの子供を持つ全社員に対して、規定の有給休暇に５日間プラスする制度を作りました。育児などで有給を消化してしまうため、自分の休みがないという悩みを解決するためです。

こうした制度により、女性社員は出産後、ほぼ１００％職場復帰しています。復帰後の職場の１つとして、愛知県内の農業生産者との協働による農業プロジェクトも始めました。今後、１０００坪（約３３００㎡）の土地を借りて農業に本格参入し、食の課題にも向き合います。

――今後はＥＳＧのどの分野を強化していきますか。

柳　21年に監査等委員会設置会社に移行するなどガバナンスを強化してきました。23年度は経営の透明性と効率を高めるために、内部監査室の人員を補強します。「誠実に　確実に」という社是に基づき、社会全体から信頼される会社になるよう努力していきます。

聞き手：斎藤 正一（日経ＥＳＧ経営フォーラム事務局長）

若林 頼房 氏

大王製紙

代表取締役社長 社長執行役員

若林 頼房（わかばやし・よりふさ）氏：1984年慶応義塾大学商学部卒業後、大王製紙入社。2012年執行役員、17年取締役、18年常務取締役、21年より現職

写真：村田 和聡

紙の製造技術を強みにリサイクル促進

廃液やごみを利用した再生可能エネルギーを工場の燃料に活用する。
紙おむつの製造メーカーとして
完全にリサイクルできる仕組みを構築する。

（役職名・肩書を含む全ての情報は、「日経ESG」2023年３月号掲載時点のものです）

――２０２１年５月にサステナビリティ・ビジョンを策定しました。

若林　環境についてはこれまで１つひとつの問題ごとに対応してきましたが、目標を立てて企業戦略として取り組む必要性を実感しています。

「世界中の人々へ　やさしい未来をつむぐ」という当社の経営理念にも通じる、「衛生」「人生」「再生」をサステナビリティ・ビジョンに掲げました。

ティッシュペーパーや紙おむつなどの「衛生」に関わる商品を提供して世界の人が健康に暮らせるようにすることで、お客様の「人生」の質を高めたい。生産活動により環境に負荷がかかる部分は「再生」したい、との思いを込めています。

――50年にカーボンニュートラルを目指すと宣言しました。具体的な取り組みを教えてください。

若林　工場で使用する石炭ボイラーを段階的に停止していきます。代替エネルギーの１つに、紙の製造工程で副生される黒液をエネルギーとして活用するバイオマス発電があります。当社はその電気を再生可能エネルギーの固定価格買取制度（ＦＩＴ）により電力会社に販売していましたが、今後は自社でも使用します。

もう１つは、自治体が家庭や事業者から収集しているごみを、発酵作用を利用するトンネルコンポスト施設で固形化し、燃料にする方法です。現在は香川県の事業者からこの固形燃料を購入していますが、自治体と協力し、この取り組みを各地の自社工場に広げていく考えです。

海外グループ会社で樹皮など建材として使われない木材を固めたペレットの生産を開始しました。将来的にはこれらを燃料として使用することも検討していきます。

――使用済み紙おむつのリサイクル事業に関して共同研究を進めています。どのような経緯で始めましたか。

若林　大人用の使用済み紙おむつはサイズが大きく、尿や便を吸収して重さもあるため、焼却処理の際に負荷がかかり

■ 大王グループの紙おむつリサイクルフロー図

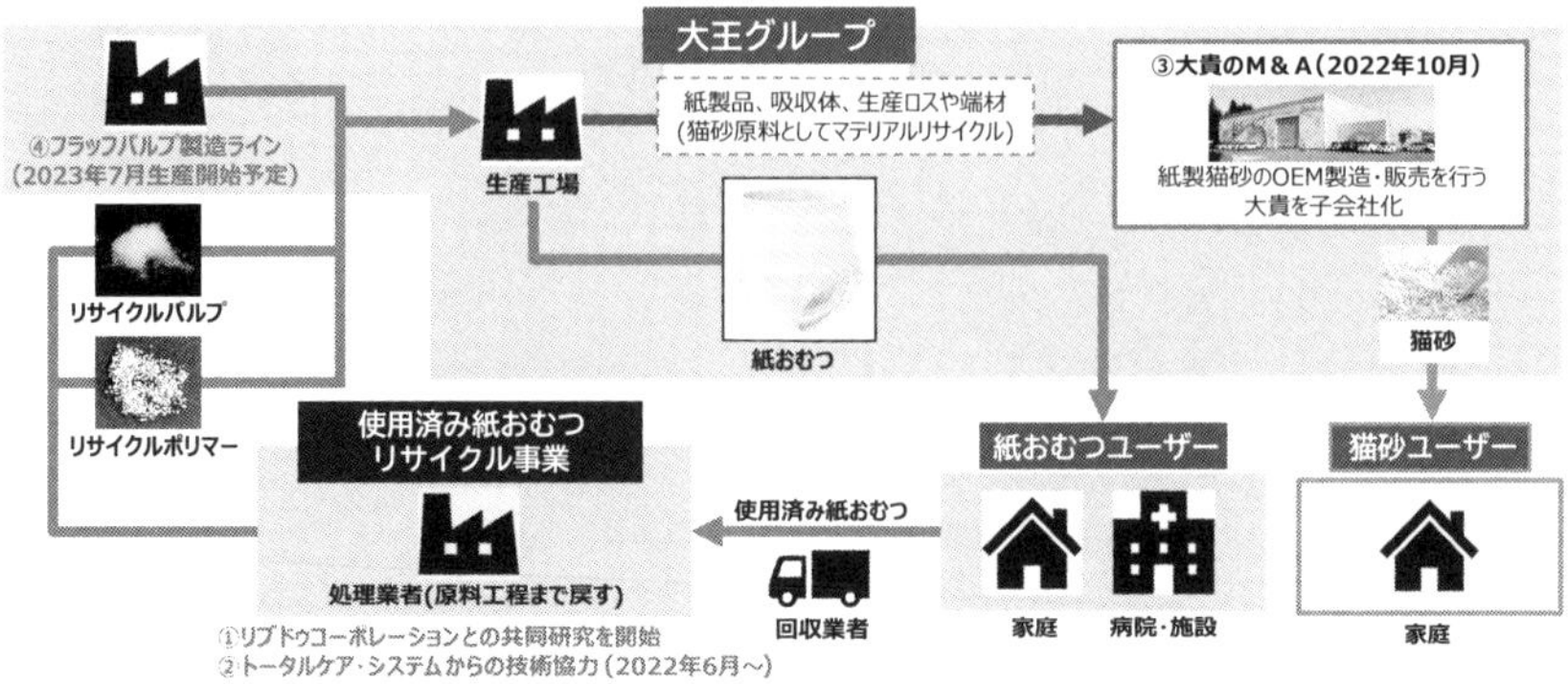

出所：大王製紙

ます。高齢化社会が進むと紙おむつの使用量も増えるため、衛生的に使える部分を取り出し、再利用する必要性が高まっています。

当社の創業者が、古紙回収を含む紙の原料商を営んでいたこともあり、リサイクルへの問題意識は常に持ち続けてきました。紙おむつの再利用ではまず、回収が課題となります。紙おむつの製造・販売を手掛けるリブドゥコーポレーション（大阪市）と共同研究を開始しました。紙おむつの再利用について研究を進めているトータルケア・システム（福岡市）の技術協力を得て、リサイクルシステムを構築していきます。

当社の強みは、リサイクルで取り出した再生パルプを、紙おむつの原材料である吸収体に加工する技術を持っていることです。パルプや吸収体、プラスチックなど再利用可能な部分を取り出した後は、ペットの猫用トイレ砂に転換します。猫砂を製造している企業を子会社化し、使用済み紙おむつの全てをリサイクルできる仕組みを目指しています。

新ブランド「エリプラ」を展開

――紙の包装材などの環境対応商品、「エリプラシリーズ」の特徴を説明してください。

若林　脱プラスチック、減プラスチックの新ブランドです。包装を紙にしたり、皿やカトラリーを高密度の厚紙に替えたりすることで、リサイクルを可能にしています。

現段階ではプラスチックに比べてコストがかかりますが、ＳＤＧｓの観点からカフェチェーンや製菓メーカーなど、様々な企業からの引き合いが増えています。

――様々な部門でサステナビリティを推進しています。グループ全体の体制を教えてください。

若林　20年４月に「サステナビリティ委員会」を立ち上げて、ＥＳＧとＳＤＧｓの両輪から取り組んでいます。担当部署任せにせず、社員に当事者意識を持ってもらうために、私自身も社内向けＳＮＳで「全員総意で取り組もう」とメッセージを発信し続けています。「子供や孫に地球をどのようにして残すのか、私たちがしなければいけないことは何か」という観点で話すと納得してくれる社員が多いですね。

聞き手：小林　暢子（日経ＢＰ 総合研究所主席研究員）

吉岡 晃 氏

アスクル
代表取締役社長CEO

吉岡 晃（よしおか・あきら）氏：1992年青山学院大学理工学部卒業、同年西洋環境開発入社。2001年アスクル入社。医療介護施設向け通販を立ち上げ、収益化を実現。12年取締役、個人向け通販「LOHACO」の立ち上げからCOO（最高執行責任者）として従事、19年8月より現職

写真：中島 正之

クリアフォルダーを再資源化し商品に

企業を持続可能にするための経済価値と
社会価値の向上を両立させる経営を目指す。
オフィス用品のクリアフォルダーの再生品販売を本格化したほか、
商品環境基準の見える化も推進する。

（役職名・肩書を含む全ての情報は、「日経ESG」2023年4月号掲載時点のものです）

――パーパス（存在意義）として「仕事場とくらしと地球の明日に『うれしい』を届け続ける。」を掲げています。

吉岡　アスクルはオフィス用品の購買を便利にすることで、仕事場の日常を支えています。一方で、環境経営を掲げ、「自分たちの仕事が地球にとってもうれしいことになる」という企業の存在意義をパーパスに込めました。仕事場と暮らし、そして地球は１つのものだと考えるからです。

――社会価値と経済価値の両立はときに難しい場合がありますが、アスクルはこれを両立させる「エシカルｅコマース」も同時に打ち出しています。

吉岡　社会価値と経済価値のトレードオンという言い方をしています。事業があってサステナビリティがあるのではなく、事業そのものがサステナビリティにつながっているということです。数多くのｅコマースがありますが、アスクルを使うことが地球への負荷軽減や社会貢献に直結するようなサービスを展開していきたいと考えています。

――「アスクル商品環境基準」とは、どのようなものですか。

吉岡　アスクルは、商品を製造してくれる企業と、それを買ってくれる企業などユーザーをつなぐサステナビリティハブの立ち位置にいます。商品の提供先であるお客様の企業では、サステナビリティ調達やグリーン調達の意識が高まっています。１０００社近くに上るメーカーやサプライヤーに、当社の環境配慮の取り組みを周知したい思いもありました。

そこで、商品の環境配慮レベルを独自に数値化することにしたのです。お客様もサプライヤーも評価の基準にしてもらえます。約４０００のプライベートブランド商品のうち、既に９割以上をスコア化しました。

■ アスクルの資源循環プラットフォームの概要

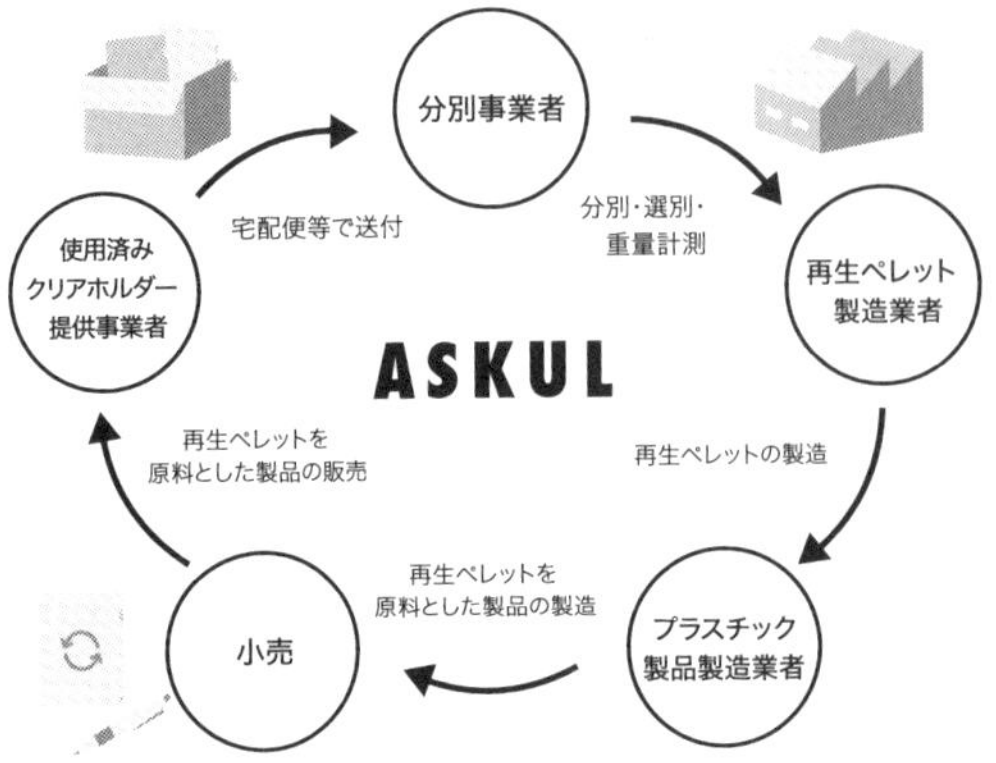

クリアフォルダーの資源循環を実現するプラットフォーム（左）。再生した資源は「Matakul（マタクル）」シリーズとしてクリアフォルダーをはじめボールペンやペン立て、小物入れなどに使用されている

出所：アスクル

資源循環をビジネスに

――「アスクル資源循環プラットフォーム」について教えてください。

吉岡　オフィス用品の代表格であるクリアフォルダーを回収して再資源化し、商品化する取り組みを始めました。環境省の実証事業を経て、2022年4月に事業化したものです。再資源化したものは「Matakul（マタクル）」シリーズとして商品化しました。

　クリアフォルダーに特化していることがポイントです。アスクルはクリアフォルダーで約4割のシェアがあります。ファイリングが楽になった半面、プラスチックごみを生み出しています。そこで、資源循環の取り組みに賛同していただくお客様から使用済みのクリアフォルダーを回収し、再度クリアフォルダーなどの商品として売る仕組みを整えました。

――リサイクル率や価格設定はどうなっていますか。

吉岡　一般的にクリアフォルダーはポリプロピレン100%の単一素材なのでリサイクルは容易です。現在クリアフォルダーの資源循環では99%のリサイクル率です。再生コストがかかるので、現状は新品より少し高くなっていますが、取り組みが広がればコストを下げる余地はあると思っています。クリアフォルダー以外にも、ボールペンやペン立てなどに再生しています。

――21年にアスクルとしては初めての中期経営計画を策定しました。

吉岡　より中長期的な視野に立った経営の推進が求められ、オフィス通販からのトランスフォーメーションを実行に移す計画です。オフィスの概念が変化し、翌日配送のサービスも増えている中で、オフィスを越えて広く「仕事場」に商品を届けることを目指します。事務方のオフィス用品だけでなく、工場や病院・介護施設などの現場で必要な物品を一度に買える「仕事場にとってなくてはならないインフラになる」ことが目標です。

中期計画の１年目では、ウェブサイトを使いやすくリニューアルするための投資が上ブレする目算の誤りがありました。しかし、段階的にリニューアルしたサイトをオープンすると、オフィス用品以外の商品も買われるようになり、トランスフォーメーションの成果を実感しています。

――ＥＳＧ経営の課題は何ですか。

吉岡　業務車両の電気自動車（ＥＶ）への転換を目指す国際イニシアティブ「ＥＶ１００」に加盟していますが、それを推進しながら利益を出すことは非常にハードルが高いです。新しい「仕事場」の領域の商材や新たなターゲット向けで利益を生み出しながら、事業のポートフォリオを成立させていきます。

聞き手：杉山　俊幸（日経ＢＰ 総合研究所主席研究員）

本多 均 氏

ウォータースタンド
代表取締役社長

本多 均（ほんだ・ひとし）氏：1954年4月東京生まれ、77年中央大学文学部卒業。大学卒業後は東京証券に入社。翌年、赤木屋証券に移り、史上最年少の23歳で投資アドバイザーとなる。その後、代議士秘書などを経てジャスト（現ウォータースタンド）に入社。91年より現職

写真：大槻 純一

ペットボトル削減で環境問題を解決

サーバー型浄水器のレンタル事業を通じて、
CO_2排出や海洋プラごみなどの課題に取り組む。
2030年までにペットボトル30億本削減という目標達成に向けて、
自治体や企業との提携を加速する。

（役職名・肩書を含む全ての情報は、「日経ESG」2022年8月号掲載時点のものです）

――水道直結式のサーバー型浄水器、「ウォータースタンド」のレンタル事業について進捗状況を教えてください。

本多　家庭向けに加えて、自治体や企業に導入を提案しています。２０２２年4月末時点で33自治体が導入しています。5月以降も群馬県上野村や東京都町田市、静岡県浜松市と協定を結ぶなど、取り組みが加速しています。

環境省は、国立公園のうち先行して脱炭素化に取り組むエリアを「ゼロカーボン・パーク」として推進しています。妙高戸隠連山国立公園のある新潟県妙高市や、伊勢志摩国立公園のある三重県志摩市もウォータースタンドを導入しました。これらの自治体では、ペットボトルの削減やプラスチックごみによる海洋汚染防止に向けて、市内のホテルや施設にサーバーを設置し、マイボトル持参を奨励しています。

――自治体で導入が加速している要因は何でしょうか。

本多　ウォータースタンドとマイボトルの組み合わせでペットボトルが削減できます。実際、導入してみると使い捨てペットボトルが目に見えて減り、その効果が実感できます。ＳＤＧｓの取り組みとして非常に分かりやすいことが理由の1つです。

首長がＳＤＧｓに積極的な自治体は話が早く進みます。例えば当社が本社を置くさいたま市では教育委員会と協定を結び、市立の小中学校全てにウォータースタンドを設置しました。児童生徒がマイボトルを持参して給水するだけでなく、水を通じてＳＤＧｓについて学べるように学習用のパネルも提供しています。

ごみとして排出されるペットボトルが削減できれば、ごみ収集車が排出するCO_2やサーマルリサイクルによる燃焼で排出するCO_2も減り、全体として行政コストを削減できます。まさに〝一石三鳥〟の取り組みです。

■ さいたま市立の全小中学校にサーバーを無償で提供

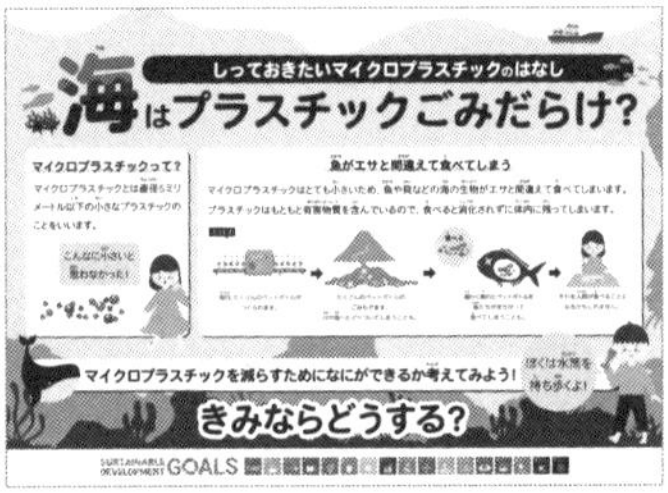

左／2021年7月、さいたま市教育委員会とさいたま市立の全小中学校に無償でウォータースタンドを設置する協定を締結。右は細田眞由美教育長。上／サーバーの近くにはSDGsに関するポスターを張っている

出所：ウォータースタンド

海洋プラごみの削減に寄与

——ペットボトルの削減は、海洋プラスチックごみ問題の解決にも役立ちます。

本多　海洋プラスチックごみは大きな問題です。プラスチックは自然環境に放置されても短期間で自然界に返ることはないので、過去に製造されて海に捨てられたプラスチックごみは海中に残り続けます。世界で毎年、少なくとも８００万ｔものプラスチックごみが海に流出していると推計されています（出所：ＷＷＦジャパン）。世界経済フォーラムの報告によると、50年までに海洋中に存在するプラスチックの量が、重量ベースで魚の量を超過すると予測されているほどです。

さらに直径５㎜以下の微細なマイクロプラスチックは、私たちが普段食べている魚介類にも含まれていることが確認されています。魚介類を通してマイクロプラスチックを摂取しても、体外に排出されるため、それほど深刻ではないという指摘もあります。

ただ、マイクロプラスチックに吸着した化学物質は、プラスチックを通じて生物組織に移行することが確認されています。有害な化学物質が人体に蓄積する可能性は否定できません。これから数十年後に影響が出ないと

も限りません。

たとえ小さな一歩でも、マイボトルを持ち歩いてペットボトルを削減していくことが重要です。

――企業への提案も進めています。

本多　企業がオフィスにウォーターサーバーを導入する事例が増えています。自動販売機を撤去するのではなく、新たな選択肢としてウォータースタンドを並べて置くことで、ペットボトル飲料の削減につながり、プラスチックごみ削減や脱炭素に役立ちます。

ウォータースタンドは月額５０００円ほどでサーバーをレンタルするビジネスモデルですが、企業などに向けて、レンタル費用を払わずに収益化できる可能性も提案したいと考えています。サーキュラーエコノミー社会の到来を視野に入れ、使用量に応じた料金プランも検討しています。

■ 総合職の5割は女性社員

総合職社員の5割を女性が占めることから、女性が活躍できる職場づくりを進める。写真は、サーバーのレンタル先を自転車で訪問する専任スタッフ

出所：ウォータースタンド

膨大な量の商品輸送によるCO_2や大量の廃棄プラスチックを排出するリニア型経済から循環型経済に移行し、環境問題に取り組むことが重要です。

――ペットボトルの削減で３R推進協議会の会長賞を受賞しました。

本多　受賞は大変光栄ですが、30年までに30億本のペットボトル削減という壮大な目標の通過点に過ぎません。一層気を引き締めて、目標達成を目指します。

聞き手：小林　暢子（日経ＢＰ 総合研究所主席研究員）

写真：太田 未来子

金子 文雄 氏

大栄環境

代表取締役社長

金子 文雄（かねこ・ふみお）氏：大栄環境設立時の発起人の一人。長年にわたり強いリーダーシップで大栄環境グループ全体の経営をけん引。1991年取締役就任を経て、2002年に取締役副社長、07年より現職

循環経済実現に向けて施設拡充を加速

2022年12月に東京証券取引所プライム市場に上場し、ガバナンス体制の強化と知名度向上を目指す。30年を目標に、循環経済実現のための施設拡充とエネルギーの地産地消を図る。

(役職名・肩書を含む全ての情報は、「日経ESG」2023年4月号掲載時点のものです)

――２０２２年12月、東京証券取引所プライム市場に上場しました。

金子　当社は１９７９年の設立以来、家族的な雰囲気を大切に経営してきました。２０１７年に子会社の上場を計画した際、ガバナンス面で東証などからアドバイスをもらったことがあるのですが、グループ会社や従業員も増えて、内部統制が課題になっていたことから、19年に上場を決意し、今回実現できました。

一番の目的はガバナンス体制の強化です。持続的な成長には、創業メンバーの次の世代による経営のかじ取りが不可欠です。それにはコーポレートガバナンス・コードにのっとった権限委譲や公平公正な人事制度などの整備が必要だと考えました。

もう１つが知名度・認知度の向上です。コア事業の「廃棄物処理・資源循環」は重要な社会インフラですが、廃棄物処理会社というだけでネガティブな印象を持たれます。それを払拭し、透明性を持って事業を進めている会社だと知ってもらうために、上場は効果的だと判断しました。

――22年は事業面でどのような変化がありましたか。

金子　コロナ禍で成長が鈍化する中でも、施設拡充に力を注ぎ、選別・破砕・再資源化施設と土壌浄化施設の能力増強を図りました。再資源化施設は日量３万ｔから5万３０００ｔ、土壌浄化施設は同６５００ｔから1万２０００ｔと、ともに約１・８倍になりました。

秋には三重県の伊賀リサイクルセンターで、有機性廃棄物リサイクルでは国内有数の処理能力を持つメタン発酵施設と堆肥化施設を稼働させました。最終処分場は伊賀市、福島県小野町、兵庫県三木市など7カ所で稼働中で、和歌山県御坊市では第２期拡張の施設設置許可を取得しました。

当社では持続可能な「１００年企業の基盤」をつくる計画を進めています。大手動脈系企業の廃棄物処理業参入が相次ぐ中、競争力確保のために22年度から3年間の中期経営計画で施設増強計画を打ち出しました。22年度は計画通り施

■ 大栄環境の事業概要

・地域の理解でなしえた圧倒的な施設群と許可能力
・参入障壁の高い大型焼却施設、および大規模な最終処分場
・主要な施設で一般廃棄物の許可取得　　（2023年2月1日現在）

収集運搬	中間処理		最終処分
車両保有台数 690台	選別・破砕・再資源化施設 総許可能力 52,986 t/日	焼却等熱処理施設 総許可能力 2,067 t/日	最終処分場 総設置許可容量 31,793 t/日
	土壌浄化総許可能力 11,915 t/日		

取引自治体数：414＊　災害支援協定締結自治体数：151　（＊2022年3月31日現在）

地域の理解の下に運営する施設群を保有し、その中でも参入障壁の高い大型焼却等熱処理施設と大規模な処分場を運営する。主要な施設では一般廃棄物処理の許可を取得している

出所：大栄環境

設を拡充できました。

――投資計画とそこで目指す水準について教えてください。

金子　当社の強みは廃棄物処理・資源循環で、地域の理解の下で運営する施設群を保有していることです。参入障壁が高い大型焼却等熱処理施設と最終処分場を持ち、一般廃棄物処理の許可も取得しています。設備投資では、30年を目標に、埋め立てごみを受け入れる最終処分場の増設に加え、焼却処理施設の能力を日量2000tから4000tへと倍増させます。

この数年、最終処分場にプラスチック系廃棄物を受け入れており、現在は4割ほどを占めています。処分場をより有効に使うために、可燃物とプラスチックを焼却する発電施設でエネルギーに変えていきます。

地産地消の公民連携事業推進

――今後の事業展開の戦略について聞かせてください。

金子　現在の売上構成は、メーカーとゼネコンからの廃棄物がそれぞれ約3割、医療廃棄物が1割弱、自治体の一般廃棄物が約2割、その他が1割です。拡大したいのは自治体との取引で、既存取引の深掘りと新たな自治体との関係の創出に注力します。

過疎化が進む地方自治体が自前で焼却施設を造ることは難しい。そこで提唱しているのが「地域循環共生圏」の構築です。当社が施設を建設・運営して、自治体と地域の廃棄物を処理し、エネルギーや資源に変える地産地消の公民連携事業です。既に３カ所の地域と協定を結んでいます。30年までに12の地域で協定締結を目指します。

――持続的な成長に向けた施策を教えてください。

金子　現在の市場は、産業廃棄物、リサイクル、一般廃棄物、災害廃棄物の４つの分野で、合計７兆２０００億円と見ています。当社の売り上げは21年度６５０億円ですが、30年に２倍の１３００億円は十分に可能です。一方、処理料金の上昇で、全国に１万社あるとされる中間処理業者の経営が厳しくなっています。20年４月には関東の中間処理業者が当社グループ入りしましたが、今後も積極的にＭ＆Ａ（合併・買収）を進めます。

今まで廃棄物処理会社は動脈系企業からパートナーと認識されておらず、環境政策でも意見を求められませんでした。今回の上場を機に、循環経済実現に向けてＥＳＧ施策の展開と産業界、社会への発信をより一層強化していきます。

聞き手：河井 保博（日経ＢＰ 総合研究所主席研究員）

日経ＥＳＧについて

「日経ＥＳＧ」は企業が持続的に成長するために欠かせないＥＳＧ（環境・社会・ガバナンス）に焦点を絞った経営誌です。

投資家が注目するガバナンス改革、成長し続けるための人的資本投資、対策が待ったなしの脱炭素・気候変動問題、多様な人材を生かすダイバーシティ経営、そしてビジネスの魅力と競争力を伝える情報開示――。企業は今、ＥＳＧを軸とする体質改善を急ピッチで実現することが求められています。

「日経ＥＳＧ」は、これからＥＳＧに取り組む方にも、既にＥＳＧ経営・ビジネスを実践されている方にも役立つ、世界の動向を踏まえたＥＳＧの最新情報を、豊富な企業事例と共にお届けします。

●ご購読・最新号のご案内はこちらから

https://nkbp.jp/esg

●日経ＥＳＧ電子版はこちらから

https://project.nikkeibp.co.jp/ESG/

日経ＥＳＧ経営フォーラムについて

「日経ＥＳＧ経営フォーラム」は、日本経済新聞グループの日経ＢＰが運営する会員制サービスです。全２８９社（２０２３年６月１日現在）がフォーラム活動に参加しており、会員数は増加中です。

年間を通じてＥＳＧ経営に関する最新情報を学べる多数の研究会やウェブセミナーの開催、独自企画の「ＥＳＧブランド調査」などを実施しているほか、会員企業のＥＳＧ経営の推進を広く情報発信することも支援しています。

●日経ＥＳＧ経営フォーラムの活動内容はこちらから

https://nkbp.jp/ESGF

経営者が語る 成長の源泉 ESG経営

2023年6月19日　第1版第1刷発行

編　著　日経ESG経営フォーラム

発行者　北方雅人

編　集　馬場未希、片山真理子

発　行　株式会社日経BP

発　売　株式会社日経BPマーケティング
〒105-8308　東京都港区虎ノ門4-3-12

装丁・
本文デザイン　相羽裕太（株式会社明昌堂）

制　作　株式会社明昌堂

印刷・製本　中央精版印刷株式会社

本書籍に関するお問い合わせ、ご連絡は下記にて承ります。
https://nkbp.jp/booksQA

ISBN978-4-296-20258-4